新编21世纪高等职业教育精品教材 · 公共基础课系列

职业比较与就业指导（第3版）

主　编　王韶明
副主编　张新成　王洪彩　尚绪强　盖奇庆
审　校　夏廷成

Vocational Comparison and Employment Guidance

中国人民大学出版社
· 北京 ·

图书在版编目（CIP）数据

职业比较与就业指导/ 王韶明主编．-- 3 版．-- 北京 ：中国人民大学出版社，2022.1
新编 21 世纪高等职业教育精品教材．公共基础课系列
ISBN 978-7-300-29983-9

Ⅰ.①职… Ⅱ.①王… Ⅲ.①大学生-职业选择-高等职业教育-教材 Ⅳ.①G717.38

中国版本图书馆 CIP 数据核字（2021）第 207107 号

新编 21 世纪高等职业教育精品教材・公共基础课系列
职业比较与就业指导（第 3 版）
主　编　王韶明
副主编　张新成　王洪彩　尚绪强　盖奇庆
审　校　夏廷成
Zhiye Bijiao yu Jiuye Zhidao

出版发行	中国人民大学出版社		
社　　址	北京中关村大街 31 号	**邮政编码**	100080
电　　话	010－62511242（总编室）		010－62511770（质管部）
	010－82501766（邮购部）		010－62514148（门市部）
	010－62515195（发行公司）		010－62515275（盗版举报）
网　　址	http://www.crup.com.cn		
经　　销	新华书店		
印　　刷	天津鑫丰华印务有限公司	**版　　次**	2015 年 2 月第 1 版
规　　格	185 mm×260 mm　16 开本		2022 年 1 月第 3 版
印　　张	13.5 插页 1	**印　　次**	2023 年 12 月第 4 次印刷
字　　数	298 000	**定　　价**	40.00 元

序言

Foreword

党的二十大报告明确指出要“办好人民满意的教育”，要“全面贯彻党的教育方针，落实立德树人根本任务”，不断“深化教育领域综合改革，加强教材建设和管理”。本教材的编者正是怀着对党的教育事业的初心，辛勤耕耘，广纳读者意见，不断充实和完善教材内容。

现在《职业比较与就业指导（第 3 版）》与大家见面了。这本教材之所以得到广大读者的认可，我想原因有三：一是该教材汇集了编写者长期理论研究与实践工作的成果，比较贴近实际；二是区别于其他就业指导教材，该教材在具体运用心理学理论指导就业、创业工作实践方面比较实用；三是与人文素质和职业素养培养紧密结合，比较生动、真实。

“十四五”时期，我国要全面建成小康社会、开启建设社会主义现代化国家的新征程。面对新形势，编写者坚持以习近平新时代中国特色社会主义思想为指导，紧紧围绕提升就业、创业指导服务水平，引导学生和择业者转变就业观念，提高综合素质，帮助其熟悉国家就业、创业政策，了解社会职业信息，掌握求职技巧，不断提升就业竞争力和主动适应社会的能力，为“和谐就业”这一目标的实现做了非常有意义、有价值的工作。

《职业比较与就业指导（第 3 版）》的特点在于启发学生和择业者的职业意识，让择业者学会运用职业发展的理论来思考和规划自己的职业生涯；重在引导学生和择业者经过学习，将之内化为自己的主观意识、主动行为。特别是编写者提炼的学生在职业选择、职业生涯规划方面的实例，为读者提供了思考自己职业发展的路径。该教材每章都有适当的实训练习题，可以帮助读者理解学到的理论并掌握应用方法；结合人文素养培养需求，新增了“思政园地”，更加具有新意和特色。相信该教材再版对于择业者在就业创业方面会起到有益的帮助。

人力资源和社会保障部高技能培训联合委员会副秘书长

山东省高职高专优秀传统文化教育与传承研究会会长

崔秋立

前言

Preface

《职业比较与就业指导（第3版）》是按照党的二十大报告着眼于新时代新征程，针对新形势新情况，对实施就业优先战略作出新的全面部署，明确就业优先的战略任务，促进高质量充分就业的新要求，以及教育部印发的《职业院校教材管理办法》相关规定修订的。本教材体现了课程思政要求，注重把握修订的具体内容与国家相关时政相结合，使教材的内容质量有了更大提升。

在修订过程中，编者多次征求专家和使用者的意见，并按照高等职业院校《就业创业课程标准制订（修订）指导意见》和国家教育行政部门对人文素质课课程标准的设置要求，结合优质院校建设对就业创业指导课程的具体意见，进行了较全面的调整和完善。更加关注引导学生和择业者端正就业、择业、创业的态度，进一步促进就业、择业、创业的成功。

再版内容更加注重使准备就业者和择业者全面、深入地了解新发展阶段的社会和职业变化趋势，了解自己的个性特点，通过分析职业特征，按照职业目标，掌握就业、择业、创业的方法和技能并做到有准备地从容就业、创业。

再版教材修订得到盖奇庆、王洪彩、尚绪强、张新成、袁燕、王日茂、夏廷成、张传龙等同志以及山东劳动职业技术学院各系部教育教学一线同仁的支持和帮助。由于编者水平和资料有限，恳请广大读者对本教材的不足给予指正，支持我们把教材修改得更加适用。

编　者

目录

Contents

第一章
职业比较与职业生涯

职业比较源于比较教育学。比较教育学是社会科学的一门学科，是用比较分析的方法研究当代本国与外国教育的理论和实践，找出教育发展共有的和特有的特征，揭示其经济、社会、政治和哲学基础及民族特点，以促进和繁荣本国的教育事业。根据比较教育学的原理，我们把职业比较研究的特点归纳为以下四点：

（1）职业比较研究用比较法作为研究方法。比较是确定事物同异关系的思维过程和方法。所以，只有两个以上的事物之间才能进行比较。就这个特点来说，职业相关比较研究是对两个以上职业、行业、区域、环境乃至行为、心理等进行比较的学科。

（2）职业比较研究是研究职业的整个领域。包括生涯规划、自我认识、兴趣分析、价值观、专业、活力与能力等，而且范围限定没有统一的标准要求，可多可少。

（3）职业比较研究的时间以现在为中心。尽管职业比较教育有其延续性，但是它不同于教育史。从时间上看，教育史沿着纵向的关系进行考察，而职业比较是以现在为中心，按照横向的关系进行研究。

（4）职业比较研究积极为就业实践服务。这个特点应该是职业比较最重要的一个特点，通过职业比较让准备就业者和择业者，全面深入地了解社会和职业，了解自己的个性特点，掌握择业、就业的方法和技能，在就业中达到个人与社会的默契。

关键提示

职业生涯必须有规划，而且必须科学规划。这好比我们出门旅游之前都会有一份精心安排的计划一样：去哪里、和谁去、如何去、准备带什么……计划周全后方能出发。广大职业院校的学生和择业者都处于职业生涯的探索阶段。这一阶段的主要任务是认识自我，进行职业探索，通过系统的比较完成初步的职业定位。本章将向大家介绍如何科学地设计自己的职业生涯，并附有职业生涯设计案例供参考。

第一节　职业内涵、演变与特征

职业对于大家来说是既熟悉又亲切的话题。人一生中的大部分时间都在与某些职业打交道，大量的社会资源也是通过职业进行积累和分配的。如今，职业已经不仅仅是个人解决衣食住行的谋生手段，更是实现自我价值、追求人生意义的重要途径。

一、职业的含义

什么是职业？从理论上说，职业是人们从事的相对稳定的、有经济收入的、专门类别的社会劳动，是人们享有公民权利、承担公民义务与社会责任的重要体现。职业存在于社会分工中，一定的社会分工或社会角色的持续实现就形成了职业。

人们一般习惯使用“工种”“岗位”等概念。一个职业一般包括几个工种，一个工种又包括一个或几个岗位。职业与工种、岗位之间是包含和被包含的关系。例如："焊工"职业包含"电焊工""气焊工"等多个工种。因此，在我们的职业生涯中，无论做什么工作，都要看清工作的本质。了解这一点是非常必要的。很多人在寻找工作的时候都不知道自己要做什么，或是逼迫自己硬着头皮去做一些不喜欢的事，这是很可悲的。职业与我们每个人都有密切的联系，每个具有劳动能力的人都会在他的一生中从事一种或几种职业，都会有自己的职业生涯，并通过职业生涯实现自己在社会中的发展，实现自己的理想和价值，为家庭、组织和社会作出贡献。了解职业、认识职业、比较职业，对我们选择职业、寻求职业发展是很重要的。下面，我们从几方面进行比较。

（一）职业经济性比较

职业具有经济性。它不同于其他物质的经济性，表现在专指人们通过从事职业活动取得一定的经济收入。这既是人们从事职业活动的基本动机，也是从事职业活动的结果。职业与人们的生存需要直接相关。现阶段，劳动还是人们谋生的需要，人们必须通过从事一定的职业活动获取自己生存的必要条件。职业就是一个人为了不断取得个人收入而连续从事的、具有市场价值的特殊活动，这种活动决定从业者的社会地位。

山东大学哲学与社会发展学院社会学系通过调查，公布了一项在山东区域内的职业声望调查结果。此次调查选择了能反映中国职业结构的 100 种职业，按各职业在公众中声望的高低顺序排列的前 10 名如下：科学家、大学教授、工程师、物理学家、医生、经济学家、社会学家、法官、飞行员、检察官。此次调查发现，明星收入虽高但声望未必高。例如：收入颇丰的时装模特、影视明星等，人们对其职业地位的评价并不高，分居第 66 位和第 85 位。由此可见职业经济性比较的价值。

职业院校的学生已经具备"社会人"的基本条件。从毕业到就业就是独立生存的开始，就是以"社会人"的身份进入社会的开始，而选择职业、从事职业活动会为新的生活奠定必要的基础，这个基础就是经济收入。

职业的经济性将职业活动和个人出于兴趣爱好或出于某种责任感而从事的活动，如收集活动（集邮）、社会公益活动（经常参加义务劳动）等区别开来。

（二）职业价值性比较

职业活动既是个人生存的需要，也是对他人有利的活动，二者是不能分开的。只对自己有利而对他人不利的活动不能称为职业活动。对他人有利进而对组织、对社会有利，就是职业的价值性。职业的价值性是其经济性的前提条件。

怎样做到对他人有利？就是要为他人服务，满足他人需要，为他人提供利益。在现代社会中，职业活动对他人有利，要么是直接对所服务的顾客有利，如零售企业中营业员的销售工作；要么是对组织中各个部门、各个成员相互合作、协调地开展工作有利，如仓库保管员、办公室文秘的工作。如果不是这样，该职业就不会存在，或者从事该职业的人就不是一名合格的从业者。

职业活动的价值性要求我们尽早树立服务意识，明确从事职业活动不能站在个人的立场上，不能从个人出发，哪怕我们从事的是自由职业，也要站在有利于他人的立场上。尽管任何一个人从事职业活动都是为了取得一定的经济收入，获得个人生存的经济基础，但这一定是服务的结果。认识不到这一点，就不能很好地开始自己的职业生涯，就可能在职场中走弯路。微软创始人比尔·盖茨曾说“职业是人的使命所在，没有职业就没有使命”。使命是比自己的生命还重要的东西。没了它，生命就会暗淡无光、脆弱无比。一个找到工作使命的人，必是一个坚韧不拔的人。在他们的大脑里始终充满着强烈的服务意识，他们要服务所在的公司，服务客户，服务大众，服务国家。一个找到自己工作使命的人，比以往任何时候都明白什么是追求、什么是生活以及应该怎样去开创自己的事业。

因此，每位即将从事职业的人都要记住：利己首先要利他。我们从事任何职业活动都必须树立服务意识；服务他人、服务组织、服务社会的能力越强，拥有的价值就越大。

（三）职业社会性比较

职业是个人与社会相结合的方式之一。个人与社会的结合方式有多种。例如：家庭是一种社会结合方式，非正式群体是一种社会结合方式，网络也是一种社会结合方式。职业是一种正式、稳定的社会结合方式，也是除家庭之外最重要的社会结合方式。

职业的社会性表明一个人从事职业活动必然要与他人联系，包括同事、领导、下级、客户、供应商、关系群体成员等。我们从事的职业活动会与他人从事的职业活动相互联系、相互促进。我们工作的好坏会对他人有直接或间接的影响，他人工作的好坏也会对我们有直接或间接的影响。百度公司创始人李彦宏创造的水涨船高的传奇故事就是一个鲜明的实例。李彦宏带领百度公司员工一直尽职尽责地工作，共同渡过了创业难关以及互联网低潮时的坚韧打拼阶段，创业初期的员工以自己的能力和表现获得公司的期权，与公司结成牢牢的利益共同体，并与公司一起收获了巨大的成功。这个与公司、社会共命运的实例说明：职业的社会性更要求我们树立合作意识、团体意识、组织意识，个人必须融入群体，要摒弃以自我为中心和个人至上的观念。

（四）职业专门性比较

职业是社会分工的必然结果，是社会分工的具体体现。社会分工因劳动对象、劳动条件、劳动方式不同而相互区分，职业也是如此。每一个职业都有自己特定的活动内容、活动方式。职业分类是以工作性质的同一性为基本原则，对社会职业进行的系统划分与归类。工作性质是一种职业区别于另一种职业的根本属性，一般通过职业活动的对象、从业方式等的不同予以体现。随着经济的发展和科技的进步，职业的种类也不断发生变化。

国际劳工组织通过的《国际标准职业分类（2008）》，将职业分为10个大类、43个中类、125个小类、436个细类。1999年，我国劳动和社会保障部正式颁布了《中华人民共和国职业分类大典》，将我国职业分为8个大类。2004年8月，我国建立了新职业信息发布制度。从那时起，几乎每个季度都发布一批新的职业，这一“定制”引起社会各界的广泛关注和高度重视，也为毕业生和择业者选择职业拓展了渠道。

职业的专门性一方面形成了不同职业的专门技术和技艺，需要人们学习和掌握；另一方面形成了不同职业的道德规范和行为规范，要求人们遵守。前者就是职业技能，后者统称为职业规范。另外，职业的专门性也是职业院校设置专业的重要依据，学习专业课在很大程度上就是学习职业的相关知识和技能。因此，必须重视专业课学习。

中、高等职业教育是就业前的准备性教育，同学们在学习期间既要学习相关职业技能，也要了解相关职业规范；既要锻炼各项能力，也要培养良好的职业素质。这样做将为毕业时的求职择业和今后就业奠定良好的基础。千万不要“书到用时方恨少”，现代社会竞争激烈，没有准备或准备不足，机会来到眼前恐怕也无法抓住。

（五）职业稳定性比较

职业产生于社会分工，以一定的生产经营管理技术为基础，满足一定的社会需要。职业一旦形成便会在或长或短的时期内存在和发展。有些职业存在的历史十分久远，如一些手工制作活动、农业种植活动等；有些职业存在的历史比较短暂；有些职业是近几年才出现的，如 IT 业中的一些职业。

职业的稳定性使人们学习掌握职业知识和技能成为可能，也使人们的职业生涯发展和规划成为可能。前提是我们必须认识到工作是人的天职，履行这个天职最为重要的是要有相关的技能，就像猫一定要学会抓老鼠一样。如果没有好的工作态度和技能，就无法履行职责，更无从讲求稳定性。我们应该利用职业的稳定性，充分掌握职业知识和技能，更好地规划个人职业生涯。

二、职业特征比较

不同时代、不同经济和社会发展阶段，职业表现出以下四个方面的特征。

（一）时代特征

1. 数量比较

从大的方面看，在农业社会和工业社会的不同发展阶段，职业在总体数量上有着明显的区别。随着社会的进步，职业数量总体上是不断增加的。过去人们常说“三百六十行”，而现今社会中的职业远远不是“三百六十行”所能概括的，而是以千行甚至万行计。职业数量的增加反映了社会分工在不断细化，反映了人们从事的劳动的多样化。

思考

请同学们列举你们所熟知的几种职业，有哪些是过去有而现在已经没有的？有哪些是现在有而过去不曾有过的？

2. 结构比较

在不同经济和社会发展阶段，职业的结构有很大区别。通常我们按产业结构来划分职业结构，即第一、二、三产业中的职业结构。农业社会主要以种植、采集、畜牧、渔猎等职业为主，工业社会以各种制造业中的职业为主。

我国自改革开放以来，经济发展迅速，社会变化快，经济结构也已经发生了很大的改变，相应地带动了职业结构的变化。这种变化尤以东部地区及大中城市最为显著，北京市第三产业创造的产值与国内生产总值之比早在 20 世纪 90 年代后期就在全国率先达到了 50%以上，北京市从业人口也更多地集中在第三产业。2015 年第三季度的国家统计局公报显示，我国第三产业的产值已经超过 GDP 的 51%。以高新技术、知识经济、移动互联网为标志的新兴产业迅猛发展，中国经济学界泰斗、北京大学教授厉以宁认为，中国开始进入后工业化时代。

应该说，职业结构的变化对职业院校学生求职就业有着更为直接的影响，关注职业结构的改变应该是职业院校学生个人职业生涯规划中的一个重要方面。

3. 活动内容和方式比较

同一职业在不同时代或经济社会发展的不同阶段，其内容和方式也会部分地改变。例如：过去的办公室文秘主要是抄抄写写，现在的文秘要利用各种办公自动化设备和手段开展工作；计划经济时期的产品销售员是坐等顾客上门，如今的产品销售员则必须制定产品推销计划、开发市场、寻找客户、交流沟通、提供售后服务，其业务内容与过去相比发生了很大变化。

思考

同学们可以试着描述在你们所感兴趣的职业中人们是如何工作的。

（二）多样性特征

多样性是指职业的数量和职业种类不断增加，反映了经济与社会的发展变化，也为求职者提供了越来越广阔的选择空间。根据国情，我国职业分类现已公布的有哪些呢？

《中华人民共和国职业分类大典（2015 年版）》将我国的所有职业分为八大类：党的机关、国家机关、群众团体和社会组织、企事业单位负责人；各类专业技术人员；办事人员和有关人员；社会生产服务和生活服务人员；农、林、牧、渔业生产及辅助人员；生产制造及有关人员；军人；不便分类的其他从业人员。

《国民经济行业分类》（GB/T 4754—2017）将国民经济行业划分为 20 个门类：农、林、牧、渔业；采矿业；制造业；电力、热力、燃气及水生产和供应业；建筑业；批发和零售业；交通运输、仓储和邮政业；住宿和餐饮业；信息传播、软件和信息技术服务业；金融业；房地产业；租赁和商务服务业；科学研究和技术服务业；水利、环境和公共设施管理业；居民服务、修理和其他服务业；教育；卫生和社会工作；文化、体育和娱乐业；公共管理、社会保障和社会组织；国际组织。

在了解职业多样性和分类时，我们通常还要涉及“专业”及“专业设置”的概念。专业是指职业院校根据学科分类或者生产部门的分工把学业分成若干个具体的门类。专业设置是依据我国社会发展对人才的需求而确定的。其中，国家产业分类及职业分类是专业设置的重要依据。

（三）层次性特征

层次性特征是指职业之间的社会地位及社会声望有高低之分。

1. 横向比较

横向比较是职业之间的社会地位和社会声望的对比，不同职业在人们心目中具有不同的社会地位和社会声望。不同职业的社会地位和社会声望的区别主要是由三个方面的因素造成的。

（1）职业环境。包括职业的自然环境和社会环境，前者如井下作业、室外作业、高空作业等；后者如工作的技术条件、劳动报酬、福利待遇、晋升机会等。

（2）职业的责任和功能。指的是一个职业能够对社会发展承担什么样的责任、作出多大的贡献。例如：科学基础研究和工程技术应用是有区别的，承担一个组织的管理决策和在一线从事执行性、操作性工作是有区别的。一个职业承担的社会责任越大、贡献越大，人们对它的评价就越高。

（3）职业对从业者的素质要求。显然，对从业者素质要求越高，人们就会认为该职业具有越高的社会地位和社会声望。

2. 纵向比较

纵向比较是同一职业内部不同层级之间的社会地位和社会声望的对比。例如：同是大学教师，有助教、讲师、副教授、教授的层级区分，而同是商品营业员，也要分为初级、中级、高级和技师四个技术等级。按照所要求的能力和责任的不同标准，工作可以分为以下六个层次。

（1）非技能性工作。此类工作不要求独立决策和创造能力。

（2）半技能性工作。在有限的工作范围内要求具备最低限度的技能和知识，具备一定的操作能力。

（3）技能性工作。要求具备熟练的技术、专门的知识和判断力。

（4）半专业性和管理工作。要求具备一定的专门知识和判断力，对他人承担最低限度的责任。

（5）专业性工作。要求具备大量的知识和判断力，具有相当的责任和自主权。

（6）高级专业性和管理性工作。要求高水平的知识、智力，拥有较大的自主权，承担更多的决策和监督责任。

（四）地域性特征

职业在地域分布方面具有相对的地域集中性。例如：我国汽车制造业几大集团主要分布在长春、上海、广州、重庆、北京、南京等地，相应地也就集中了相关职业。以北京为例，海淀区集中了数以百计的高等院校和科研机构。近几年，高新技术产业在这一地区快速发展，因而集中了教师群体、科研工作者群体和大量的高新技术产业从业人员，并且每年吸引着数以万计的大学毕业生从全国各地来到北京，来到海淀区。

职业的地域性反映了地区或地域之间经济与社会发展的不同特征。一般来说，一个地方的经济与社会发展水平越高、速度越快，越能够吸引和聚集相关的职业和从业人员。

三、职业发展

（一）职业演进过程

人类的社会劳动分工产生于原始社会后期。第一次社会大分工是畜牧业从农业中分离出来，从此社会经济划分为两大领域，也就形成了两类职业；第二次社会大分工是手工业从农业中分离出来，从而形成了手工制作领域的各种职业，如纺织、制陶、酿酒、建筑等。

农业社会延续了几千年，生产力一直处于较低的水平。职业的演变速度非常缓慢，很少出现新的职业，传统职业的活动内容和方式大体不变。例如：在我国农业生产中，“刀耕火种”的方式延续了上千年。

人类发展在工业社会进入崭新时代，生产力快速发展，科学技术的开发和应用极大地促进了社会分工。新的产业、新的行业、新的劳动手段和劳动方式层出不穷，从而极大地促进了职业的演变和更替。现在的大部分职业都是在这个时代出现的。

在18世纪的工业革命时期，纺织和采掘是先行工业国家的主要经济活动，集中了大批劳动人口；19世纪下半叶，冶金、交通、能源是主要工业国家的重要经济活动；20世纪上半叶，各种加工制造业占据了经济活动的主要位置，如汽车制造、家用电器产品制造等；20世纪下半叶，电子计算机行业成为主要的经济活动，并且从那个时期起，第三产业开始以日益加快的速度发展，吸收了越来越多的劳动人口。

进入21世纪，经济活动及职业的发展又呈现出新的特点，主要体现在下列四个方面。

1. 高新技术产业发展迅速

高新技术产业的发展使得相关职业以集群的方式迅速出现，并且以其技术含量高、对从业人员素质要求高、工作回报大的特点吸引了众多的新生劳动人口，其中尤以受过高等教育的大学生为主。

2. 第三产业仍是主力军

第三产业中的传统行业，如商业（批发业、零售业）和服务业（餐饮业、修理业、生活服务业）依然占据重要位置，而越来越多的新型行业，如旅游、保险、理财、咨询和培训、体育和健身、娱乐和文化传播等正在日益走进人们的生活，成为人们特别是新生劳动人口的职业选择。

3. 职业的内涵和方式变化巨大

有些延续了几十年甚至几百年的职业，其活动内容和活动方式也产生了新的变化。例如：销售产品，过去就是一买一卖，现在为顾客提供购买咨询服务是其主要内容；维修家用电器，过去维修人员掌握维修技术基本上就行了，现在则要掌握与顾客沟通的技巧。

4. 职业素质要求提高

职业对从业人员素质的要求发生了很大变化。特别值得注意的是，建立在技术进步和社会需要基础上的职业的发展变化，使得职业能力越来越多地表现为心智能力。也就是说，“动手能力”越来越多地演变为“动脑能力”。这种改变是趋势性的。职业院校学生应该特别注意这种变化，有意识地调整自己的认知方式和兴趣特点，以适应职业变化提出的新要求。

（二）职业发展因素比较

以社会分工为基础的职业的形成和发展主要受下面两个因素的影响。

1. 科学技术的进步与应用

科学技术的进步与应用会促成新的社会分工产生，并且会改变劳动方式与劳动过程，从而形成新的职业，或改变现有职业的活动内容与活动方式，这样的例子数不胜数。

现代纺织技术改变了纺织劳动，造就了现代纺织工人；蒸汽机车的问世带来了火车司机这个职业；电子计算机使得一大批人成为计算机操作者；手机的普遍使用又使得一批人以手机维修为谋生手段；等等。科学技术是推动生产力发展的主要动力，也是促进职业形成与发展的最重要因素。

2. 社会需求

职业的形成和发展离不开社会需求的拉动，这在第三产业领域表现得更为明显，因为第一产业领域的经济活动多是以直接服务于人们的生活为目的的。例如：节约家务劳动时间的需要催生了家政服务这个职业；家庭投资理财的需要使个人理财顾问成为一个新兴职业；导游为人们外出游览提供服务；速递公司的员工使人们可以足不出户寄送或收取信函和物品；为了提高核心竞争力，一个组织可以把自己的非核心业务外包给专业公司，从而催生了诸如人力资源代理、财务代理、工商税务代理等职业活动。

可以预计，随着社会进步，组织、个人和家庭需求的日益多样化和需求水平的不断提高，为满足这些需求而形成的职业会越来越多。为此，关注科学技术的进步和应用，关注社会需求的变化，会使我们的职业选择更加多样和灵活，职业发展的空间会越来越大。

第二节 职业生涯规划与管理

关键提示

职业是需要用一生去经营的事业。职业生涯，即事业生涯，是指一个人终身经历的所有职位的整体历程，是生活中各种事件的演进方向和历程，是个人独特的自我发展组合。我们希望每个择业者，特别是职业院校学生，增强职业意识，对职业生涯进行有阶段、有目标的精心设计，并在实施过程中审时度势、因势利导，不断经营自己的职业，实现人生最大价值。

一、职业生涯阶段比较

职业生涯是贯穿个人一生的漫长过程。科学地将其划分为不同的阶段，明确每个阶段的特征和任务，做好规划，对于更好地从事自己的职业，实现自己的人生目标非常重要。

对于职业生涯阶段的划分，各国专家学者有不同的理论和方法，这里主要按时间维度、年龄层次划分。

（一）按时间维度划分

按照规划的时间维度划分，职业生涯规划可以划分为短期规划、中期规划、长期规划和人生规划四种类型：（1）短期规划，即两年以内的规划，主要是确定近期目标，规划近期应完成的任务；（2）中期规划，一般涉及2～5年的职业目标和任务，是最常用的一种职业生涯计划；（3）长期规划，即6～10年的规划，主要是设定较长远的目标，以及为实现此目标应采取的具体措施；（4）人生规划，是对人生整个职业生涯的规划，时间长达40年左右，用来设定整个人生的发展目标和阶梯。

职业生涯规划从短期到中期，再到长期，直至整个人生规划，如同台阶，需要一步步地发展。但在实际操作中，跨度时间太长的规划由于环境和个人自身的变化难以把握，而时间跨度太短的规划意义又不大，因此，人们一般把个人职业生涯规划的重点放在2～5年的中期规划，这样既便于根据实际情况设定可行目标，又便于随时根据现实的反馈进行修正或调整。

（二）按年龄层次划分

按年龄层次划分，人生有五个职业发展阶段。

1. 成长阶段（0～14岁）

这一阶段是从对职业的好奇、幻想到兴趣，再到有意识地培养职业能力的逐步成长时期。受家庭和环境的熏陶，通过游戏、学习等活动发展自我观念，开始形成初步的职业意识和职业梦想。

2. 探索阶段（15～24岁）

这一阶段是把职业梦想与现实环境相结合的探索时期。主要通过文化基础知识和专业知识、专业技能的学习，通过一些社会实践活动的磨砺，评估和确定职业目标、职业期望，并进行初步的职业尝试。

3. 立业阶段（25～44岁）

这一阶段是发展职业、追求成功的时期。经过早期试探，逐步形成安定于某类职业的趋势，开始认同所选择的职业，经过经验积累，逐步建立起稳定、专业、能独当一面的地位，并不断提高各项能力。工作职位或工作项目可能有所变动，但不会轻易改变职业。

4. 维持阶段（45～65岁）

在这一阶段，心态趋于保守、稳定，尽量维持、巩固已取得的职业成就。这一阶段是收获的季节，是事业上获得成功、大显身手的时期。由于知识更新很快，要注意及时充电。

5. 衰退阶段（66岁以上）

这一阶段是部分或全部退出职业角色，转换为轻松、能维持生命活力的新角色的时期。延缓衰退、保持健康是此阶段的主要心态。

职业生涯阶段划分的理论有助于择业者根据不同年龄阶段、职业发展的不同任务和价值追求，制定职业生涯发展计划。

人类的追求无止境。职业生涯能使人获得物质生活和精神生活的满足，最大限度地满足人的心理需求。当然，职业生涯要立足知识创新时代的变化趋势，使择业者充分认识自我。要客观地分析社会环境，克服个人发展障碍，勇敢地面对社会竞争环境的挑战，能够有的放矢地沿着一条促进自我发展的正确的职业道路，到达成功的彼岸。

二、职业生涯影响因素比较

人生的职业历程有种种不同的可能：有的人从事科研，有的人经商，有的人做管理，有的人提供社会服务；有的人终生从事一种职业，有的人经常变动岗位；有的人事业有成，有的人碌碌无为。影响人生职业生涯发展的因素是多方面的。其中，既有社会因素，也有家庭和个人因素；既有教育因素，也有身心因素。总的来看，影响职业生涯设计的因素应当包括如下几个方面。

（一）教育因素比较

教育是赋予一个人才能，塑造人格，从而促进个人全面发展的活动。教育奠定了个人的基本素质，一个人通过接受教育与培训，形成了自己特有的知识结构、能力结构和职业素质结构，对个人的职业生涯会产生巨大的影响。

1. 受教育程度对职业选择的影响

一般来说，受教育程度不同的人在作职业选择时具有不同的能力。接受过较高水平教育的人，在就业以后会有较大的发展；在职业不如意时，再次进行职业选择的能力和竞争力也较强。职业的进展深受正规教育或专业培训的影响，教育程度是事业成功中不可缺少的因素。

2. 所学专业对职业选择的影响

人们所接受教育的专业、学科门类对职业生涯起着决定性作用。人们在选择职业、转换职业时往往与所学的专业有一定的联系，或以该专业的理论知识、技术能力为基础，流动到更高层次的职业岗位上。

各级各类职业教育是面向就业的教育，针对不同的社会职业岗位群，每位同学都有学习的专业，毕业时势必打上专业的烙印。如果在大学期间学习的是工程专业，毕业后再想从事医学工作的可能性便微乎其微了。

3. 不同层次教育对职业选择的影响

所接受的不同层次的教育、所学的不同学科门类内容、所在的不同院校及其不同的教育思想，都会对受教育者产生不同的影响，形成不同的思维模式，从而会采取不同的态度对待自己、对待社会、对待职业生涯的发展。

职业教育以培养社会职业需要的实用技能型人才为己任。职业院校毕业生定位明确，是技术操作层面的银领、蓝领阶层。同学们要重视职业技能的培养，在校期间珍惜专业学习机会，把专业技能学懂、学实、学透，同时注重一专多能的培养，以求得到更多的职业发展机会，争取在职业生涯发展中获得主动权。

（二）环境因素比较

互联网技术缩小了不同地区间的沟通距离，竞争日趋激烈，个人空间逐步扩大。变革的社会没有一成不变的事物，个人职业发展必须考虑职业环境需求和变化趋势。分析职业环境，就要认清所选职业在社会大环境中的发展状况、技术含量、社会地位和未来发展趋势等。职业院校学生应当通过环境因素分析，认清社会热点职业和职业环境发展趋势，选择职业生涯目标。环境因素包括社会环境和组织环境两大方面。

1. 社会环境

来自社会环境的影响主要是指政治体制、经济政策、社会文化习俗、职业的社会评价、人才市场的管理机制等。社会环境因素不仅决定社会职业岗位的数量、结构、层次等方面，还决定人们对不同职业岗位的接受、赞誉或贬低的程度，因而决定了个人步入职业生涯的基本方式、开始职业生涯后的基本态度以及由此引起的个人职业生涯的变化。

例如：中华人民共和国成立前从事文艺表演职业的从业者被称为“戏子”，他们的社会地位非常低，许多人常常是迫于无奈选择此行业。中华人民共和国成立后，文艺工作者的地位发生了巨大变化，从事文艺工作成为人们能正常接受的职业选择。而改革开放后，社会经济体制的变革带来社会分配的变化，影视技术的发展使得各种雅俗文化得到长足发展，演艺界从业人员，特别是一些名人、明星成为很多青少年追捧的偶像，文化表演艺术职业因此也成为许多年轻人向往的职业。

2. 组织环境

来自组织环境的影响包括行业环境和企业环境。由于科学技术的飞速发展，有些行业发展迅猛、蒸蒸日上，有些行业则日趋萎缩、逐步消亡。人们在选择职业时，自然不会考虑后者。企业文化氛围、发展空间也是人们在选择职业时要考虑的因素。同学们在学习期间，要关注国家政策导向，了解国家对某一行业是支持、鼓励和引导，还是限制、控制和制约，尽可能选择那些发展前景较好、发展空间较大的行业。

在选择企业时有必要通过个人可能获得的一切渠道了解企业的经济状况、企业文化、发展空间、用人机制等情况，确定自己的职业生涯在该企业中有没有足够的发展空间，衡量自己的目标在该企业获得实现的可能性。

（三）家庭因素比较

家庭是个人成长的第一所学校，是造就个人素质、影响人生发展的重要因素之一。人从幼年起，就受到家庭深刻的、潜移默化的影响，形成一定的价值观和一定的行为模式，有的人还从家庭中自觉或不自觉地学到某种职业知识和技能。此外，家庭其他成员在个人择业和就业后的变动中，往往具有一定的干预或影响作用，也会对人的职业生涯产生很大影响。

1. 干扰职业选择

目前，中国的职业歧视现象还比较严重，家长的不正确教育在某种程度上助长了职业歧视。很多家长不希望孩子从事艰苦的工作，在教育孩子时常常会说：“你不好好学习，长大以后扫马路。”这样的教育引导会让孩子轻视保洁工作，长大后自然不会选择这个行业。

很多家长在帮助孩子填报志愿时，第一考虑的不是自己的孩子最适合从事什么工作，而是希望孩子将来从事环境好、工作轻松、社会地位高的职业。那么，是不是所有孩子都适合上大学？孩子考上大学后，是否就能找到好工作、过上好生活？这几年，大学毕业生一路走低的就业率就是一个非常危险的信号。很多家庭只有一个孩子，孩子付出了相当大的努力，家长投入了大量的资金，可经过三四年的学习后却找不到工作，这对家庭来说压力很大，也会影响社会安定。

每个人爱好不同、兴趣不同、能力不同、特长不同。对于一部分孩子来说，可能更适合做技师、技工。据国家人力资源部门的统计，目前我国高级技工缺乏，高级技工的薪水已经超过白领，当技工也有大好前途，然而家长对这方面的关注太少，其职业选择的观念需要转变。家长应当认识到，对每个孩子来说，适合他自己的职业才是最好的职业。

2. 干扰专业选择

许多孩子深受父母或亲戚的影响，他们从亲人的教育或态度中形成对某些职业的看法和认识，从而影响对专业的选择。

在选择专业时，孩子应当有更加广泛、自由的选择权。父母的强制、包办会令孩子一开始就厌烦被迫选择的专业，再好的专业也提不起他们的兴趣，这势必会影响孩子的学业和就业。孩子在选择专业时，要结合自己的兴趣、爱好，参考父母、老师等年长者丰富的社会经验作出客观的选择，但是也不能一味追求爱好，不考虑客观的就业形势和社会需求。

3. 干扰职业变动

父母、亲人在孩子就业后的职业变动上往往扮演重要角色，对子女择业施加影响或给予直接帮助，这种情况在中国表现得尤其突出。有些人变动工作可能不是对目前从事的职业不满意，而是为了家庭而选择收入较高、较为稳定的职业，这是对家人、对社会所承担的义务。但在职业变动前，首先要明确为什么而改变，避免因他人因素影响过大，限制了个人兴趣和自我能力的发展。

（四）自我因素对比

1. 自信常常使自己的梦想成真

喜欢挑战、战胜失败、突破逆境是自信心强的特点。没有自信心的人会变得平庸、怯懦、顺从。顺利的环境为事业发展提供了广阔的空间，而逆境为开拓和创新提供了信心和勇气，有挑战才有成功。“天助自助者”是一条屡试不爽的格言，它被漫长的人类历史进程中无数人的经验所证实。自立精神是个人发展与进步的动力和根源。从做人的角度来看，只有忠诚于自我，对自己的未来负责，才能找到属于自己的职业生涯。

2. 健康对于职业选择尤为重要

几乎所有的职业都需要健康的身心。如果没有好的身体，就不可能坚持工作，也就不可能有好的职位。为保持健康的体魄，工作、学习之余应当注重体育锻炼。随着生活节奏的加快和社会压力的增大，现代人的心理健康问题日益突出，也越来越受到人们的重视。没有健康的心理，根本无法适应社会，更谈不上正常工作。为了拥有健康的心理，要不断加强对正确的人生观、世界观的学习。

3. 性别往往影响职业生涯

虽然男女平等的观念已被现代社会普遍接受，但性别因素在职业选择上仍然扮演着重要的角色。尽管有些工种确实需要男性从事如矿下作业，然而事实是更多的人是在潜意识里歧视女性。同时，“性别歧视”背后隐含着深刻的经济学背景。

山东省就业办“山东大学生就业问题研究”调查数据显示，从员工职业分类来看，用人单位对性别有如下评价：

“办公室秘书”中，女性大学生员工的业绩评价远高于男性，选“女比男强”与“男比女强”的比例为 8∶1；

“技术人员”中，选“女比男强”与“男比女强”的比例为 1∶4.6；

“销售人员”中，选“女比男强”与“男比女强”的比例为 1∶9.33；

“管理人员”中，选“女比男强”与“男比女强”的比例为 1∶3.71；

“生产工人”中，没有一家用人单位选择“女比男强”。

同时，“婚姻”对男女大学生的工作业绩影响更为明显。用人单位选择“婚姻会导致女大学毕业生业绩‘下降’与‘上升’”的比例为5.67∶1；选择“会导致男大学毕业生业绩‘下降’与‘上升’”的比例为1∶15。可见，用人单位普遍认为婚姻会导致女性业绩下降，男性在婚后业绩反而会上升。

因此，我们每个人（尤其是女性）规划自己的职业理想时，不可忽视性别差异，以便充分发展自己的性别特色，并使自己能够成功。

三、职业生涯管理

职业生涯活动伴随我们大半生，但是根据2018年对全国81所高职高专院校学生职业生涯规划调查：86%的人对职业规划不清晰，认为毕业后无目的，无规划；14%的人随遇而安，能找到什么工作就做什么工作。

（一）职业生涯管理的意义

学生了解职业生涯十分必要，其意义表现在以下几个方面。

1. 缩短职业适应期，减少职业试错过程

职业教育阶段正是个人职业生涯早期的学习探索阶段，正处于学习生涯结束期和职业生涯开始期。在这一交替时期，个人将认真探索各种可能的职业选择，对自己的天资和能力进行现实的评价，并根据未来的职业选择做出相应的教育决策，并最终完成自己的初次就业。在这一时期，合理规划职业生涯之路，不仅有助于缩短职业适应期，减少职业试错过程，而且对今后的职业成功及对社会的贡献都有很大帮助。

2. 正确认识个性特质，挖掘潜在资源优势

有许多学生对自己并不了解，尤其是不了解自身的优势和劣势。因此，在职业选择过程中具有比较大的盲目性和不切实际。一份行之有效的职业生涯规划将会产生如下积极影响。

一方面，引导学生正确认识自身的个性特质、现有与潜在的资源优势，帮助其重新对自己的价值进行定位并使其持续增值；引导学生对自己的综合优势与劣势进行对比分析。

另一方面，使学生树立明确的职业发展目标与职业理想。引导学生前瞻与实际相结合的职业定位，搜索或发现新的或有潜力的职业机会。使学生学会如何运用科学的方法采取可行的步骤与措施，不断提升职业竞争力，实现自己的职业目标与理想。让学生由被动就业转变为主动就业，并且能动性地选择就业方式（推荐就业、自主就业、自主创业），开辟属于自己的职业人生。

3. 了解社会资讯，规划长远发展

在职业生涯规划过程中，学生或择业者需要不断获得外部信息，包括职业、组织、社会等多方面的信息。尤其是在校学生获得的外部信息越多，心理上的准备也就越充分，在规划自己未来发展的时候，就能够根据社会的需要，考虑眼前利益和长远发展的关系，合理地作出规划。

4. 职业培训，知识积累，增强信心

在诸多影响个人职业生涯成功的要素中，信心排在第一位。职业生涯规划的过程是学生不断学习的过程。随着知识和技能的积累，接受的培训和教育的增多，对自己和职业工作认识的加深，自信心也就会逐渐建立起来。

5. 明确方向，促成自我实现

面对人生的大舞台，每个人都渴望实现自我价值，职业院校学生也是如此。从心理学的需求层次理论分析，人的需求是由低级向高级推进的，即生理需求→安全需求→爱和归属的需求→受尊敬的需求→自我实现的需求。而所有这些需求又必须通过职业生涯活动来实现。我们可以通过从事一份职业来获得生理、安全、爱和归属、受尊敬的需求，我们更能通过从事一份职业来发挥自己的潜能，实现自我价值。然而，有一份工作并不能保证我们实现所有这些需求。谁都希望能在自己的职业生涯中有所成就，并愿意为成功付出勤奋和努力。但是，成功仅靠主观努力是不够的，还要看是否选择了正确的方向。因此，一份正确的职业生涯规划能为实现自我价值创造机会，并能够扬长避短，最终迈向成功。

显而易见，无论学习或者工作，大家都应该有目标。如果没有切实可行的目标作为驱动力，人们就很容易对现状妥协。而为自己的职业生涯做份计划，就是根据自身的兴趣、特点，给自己定个目标，并让自己的职业目标与生活目标相一致，将自己定位在一个最能发挥自身特长的位置上，追求最佳职业生涯，最大限度地实现自我价值。

（二）职业生涯管理的方法

个人对职业生涯进行管理就是作职业决策。例如：应当找文秘工作还是计算机方面的工作？该去大的公司还是先从小的公司做起？想成为一名管理者还是只想当一名普通员工？目前是否应当换一个老板？换工作后会对家庭产生什么样的影响？上述这些问题对于每一个即将走入职场或已在职场的人来说，都可能会遇到，对这些问题的回答就是对自己的职业生涯进行管理的过程。在现今有诸多不确定因素的市场环境中，大家需要为自己的事业采取更加积极的、负责任的态度。这里所说的职业生涯管理过程是指个人对自己的职业生涯作出合理的、合适的决定。在此过程中，会用到以下几种方法。

1. 自我测评法

自己不喜欢干或是能力达不到的工作都会让你感觉压力很大、干不下去，只有自己喜欢而且力所能及的工作干起来才会如鱼得水。而达到这种状态是建立在人对自己的兴趣和能力了解的基础之上。自我测评也就是自我职业测评。职业测评是心理测评的一个分支，题目是经过心理学家精心研究设定的，只要如实回答，就能大概了解自己。“如实”就是自己认为怎么答就怎么答，而不是参照别人的看法去回答，这一点特别值得注意；否则，就失去了自测意义。更为严重的是，以不真实的后果为基础去设计自己的人生，将起到误导作用，把自己引入歧途。一定要凭第一感觉回答，按照自己的认识、自己的习惯去答，而不是考虑别人会怎么认为，这样才有实际意义。若能如实回答，就能大概了解自己。

2. 计算机测评法

计算机测评法借助现代化测试手段，与自我测评法相比，其科学性、准确性较高，是了解自己、认识自己的一种有效方法。测评软件有多种类型，有人格测试、智力测试、能力测试、职业兴趣测试、潜能测试、管理能力测试等，可测试人的方方面面。不同的测试有不同的题量，有的100多道题，有的200多道题……题目非常简单，每道题给出几个答案，你认为哪个对，就在哪个题号上打个钩。做完题后，将题号输入计算机，几分钟后计算机就会生成结果，将测评者的性格、兴趣、特长、气质、智商、情商等分析得一清二楚，使自己能够较全面地认识自己。

知道了测评的方法，再进一步就是将测评结果在职业规划中较好地应用。在现代社会，测评已经成为职业生涯规划前人们了解自己的一个重要的工具。测评可以帮助人们拓宽思路，让接受测评者通过对自己的性格、心态的了解，对适合自己的岗位性质、工作特质的理解，认识到更多的可能性，从而拓宽自己的思路和择业范围。根据报告提出的优劣势、适合的工作、适合的职业、适合的工作环境、发展建议，可以更清晰地规划自己的职业生涯。一般来说，测评的内容包括如下几方面：

（1）职业兴趣——自己喜欢什么工作？

在职业选择上，每个人都会有自己的偏好。职业兴趣对人的行为有强大的驱动作用，因此要了解自己的职业兴趣，并尽可能从事有趣的职业。职业兴趣测评对于明确职业兴趣、协助职业选择、拓展职业范围都具有重要作用。霍兰德职业倾向测验量表是公认的、权威的职业倾向测验量表。该测验量表可以帮助测评者发现和确定自己的职业兴趣和能力特长，从而更好地作出求职择业的决策。

（2）能力倾向——自己擅长做什么工作？

能力不同，对职业选择就有差异。职业规划中，能力是知己最重要的方面，它是事业成功的必要条件。如果人们能够及时、准确地了解自己的优势能力，并在制定职业目标时予以充分考虑，就会极大地提高达到职业目标的概率，否则就会走弯路。例如：王小威，山东某学院 2009 年毕业生，进入一家民营医药公司，志向是做职业营销经理，经过一年职场历练，业绩平平，感觉职业选择有误区，通过个人能力反思，经过慎重考虑，决定进入质量技术部门做技术工作，又经过一年的工作，成绩显著，被提升为业务主管。

能力测验通常包括记忆测验、创造力测验、观察力测验、应变力测验、想象力测验、智能测验、技能测验、分析能力测验、行动能力测验、管理能力测验、情绪测验、人际关系测验等。能力测验不仅可以预测成功，而且在预测失败方面会有更大的效果，可以有效地预测要避免从事的职业。

（3）价值观——自己为什么喜欢这样的工作或生活方式？

每个人工作都是为了满足一定的需要，但很难找到一份完全满足自己需要的工作。如何取舍，价值观起着重要作用。价值观是人对客观事物的需求表现出来的评价，包括从人生的基本价值取向到个人对具体活动或事物的有用性、重要性、价值的判断。价值观测评有助于职业决策和提高工作满意度。

（4）性格——自己为人处世、处理事情的方式与风格是什么？

人的性格千差万别，或热情外向或羞怯内向，或沉着冷静或火爆急躁。职业心理学的研究表明，不同的职业有不同的性格要求。虽然每个人的性格都不能百分之百地适合某项职业，但可以根据自己的职业倾向来培养、发展相应的职业性格。不同性格特征的人，对企业而言，决定每个员工的工作岗位和工作业绩；对个人而言，决定自己的事业能否成功。性格测评有助于了解自己的行为方式，为职业决策和行动提供可靠依据。

在使用相关测评工具时，既要考虑其信度、效度及其常模等问题，也要考虑应用的工具是否适合中国人等因素。

案例1-1

合适的职位

刘欣从一所旅游学校毕业后，应聘进了当地的一家大酒店工作，内向的她在这家酒店的公关部属于另类。她一向自知和巧舌、俏丽的其他女同事相比，沉默的她是肯定抢不来风头的。于是，专职负责对外联络的她专心地把工作做到近乎完美。阴差阳错地，部门经理跳槽后老板竟然认定踏实的她是最佳人选，就这样她意外地成了公关部经理。

任职不到一年，她几乎被工作压垮了：公关部经理任务杂、要求高、应酬多，性格内向的她感到压力重重，觉得很多时间精力都花在了无谓的事情上；向老板汇报时，拙于言谈的她更是经常被问得哑口无言。从老板的脸色中她读到了越来越多的不满，而她也对这份工作产生了前所未有的厌烦。

[分析]

一个人如果找到适合自己性格、气质和爱好的工作职位，做到人和工作的最佳匹配，则会如鱼得水，在工作岗位上大展宏图；相反，再好的岗位，如果不符合自己的喜好和特点，一段时间后就会使人厌倦，出现职业倦怠。

如果你并不喜欢目前的岗位，仅仅是看在“钱”的份上才疲于应付，那劝你长痛不如短痛，找个机会向上司言明自己的处境和期望，坦陈这一岗位不适合自己的理由，让上司给你安排一个能发挥专长的岗位。另外，适时换岗也有助于克服职业枯竭。

案例1-2

×××职业生涯规划

设计时间：20××年×月×日　星期四　16:00

设计地点：某高等职业院校

规划年限：45年

年龄跨度：21～65周岁

起止时间：2008—2052年

第一部分　自我分析

业余爱好：旅游、文学、听音乐，对中国历史特别感兴趣。

喜欢的文学作品：《三国演义》《隋唐演义》等。

喜欢的影视作品：《大染坊》《闯关东》《五星大饭店》等。

自身特质分析：之前做的性格测试结果显示是黏液质，我也觉得自己很多方面都符合黏液质人群的特点，如安静、埋头苦干等。黏液质的人比较适宜的职业是管理人员、科研人员、工程师、教师、医生、律师、会计、审计、统计等。

个人优劣势分析：优势主要是无论在学习、生活还是工作上都比较细心、认真、肯吃苦。劣势主要是不太豪放、有点自卑，不过以后我要努力改正。

第二部分　环境分析

家庭环境分析：我来自农村的一个普通家庭，家庭经济情况很不乐观，上大学期间的学费是办了助学贷款才解决的，所以我想毕业以后赶紧找工作赚钱。我不打算考研，我在网上查过，研究生的学费一年要一万多块，家庭无法承担这么多的学费。

学校环境分析：我就读的学校是独立设置的艺术院校之一，是山东最好的一所美术、设计类院校。我就读的设计管理专业是一个刚刚起步的新专业，我们是全国第三届学生，在这三年里学习了设计、管理还有策划等知识，学的东西很多。

社会环境分析：因为这是一个新兴专业，在山东知道这个专业的企业并不多，而真正招聘设计管理人才的企业主要集中在北京、上海等大城市，而且大部分是外资企业，需要具有很高的英语水平，而我的英语水平很一般，况且我也不想离开山东找工作，所以有可能不能从事设计管理方面的工作。不过我们这个专业也比较适合搞企业策划，山东经济飞速发展、企业众多、竞争激烈，特别需要企划方面的人才，所以我打算毕业后从事企划工作。

职业分析：现在的企业竞争已经转向品牌竞争，而品牌的建立、传播、策划等一系列活动以及公司的未来发展规划等都需要企划部，所以企划部在公司中起着至关重要的作用，企划行业具有良好的发展前景。

第三部分　确定职业目标和具体阶段目标

职业目标：将来当企划人员，从事企划工作。

职业策略：想进入比较有影响力的公司，从事企划工作，打算在山东发展。

职业路径规划：公司小职员→销售人员→进入企划部从事一般性的工作→直接参与公司的各种策划→企划部的骨干→企划部副主管→企划部主管（希望有可能）。

在校期间的目标：

1. 学业方面：现在已经到了大三下半学期了，最重要的还是专业课，因此要抓紧学习专业知识，提高课堂效率，认真完成专业作业。充分利用课余时间阅读相关书籍，去图书馆借一些关于营销、管理、品牌、策划以及广告类的书籍，同时认真完成自己的毕业设计、毕业论文，使自己能够顺利地毕业。

2. 思想政治方面：认真学习领会时事政策理论，树立正确的人生观、价值观、世界观，避免以后在社会中误入歧途。

3. 社会实践方面：积极参加学校、学院组织的各种活动，在暑假的社会实践中希望可以到相关公司实习。

第四部分　未来人生的职业目标规划

1. 学习期：21～30岁，这是我进入职业生涯的初始阶段。毕业后通过应聘进入一家比较有影响力的公司工作。在公司上岗前的培训中要认真学习，提升自己的能力。先从公司的小职员做起，在工作中做到认真、积极、负责，以实际行动让公司领导发现自己，然后提升为公司的销售人员。在从事销售工作的时候不断地了解社会和积累经验，学会为人处世的方式方法，学会处理好同事之间以及与上司之间的关系，同时也要保证自己有良好的工作业绩，充分展示自己在企划方面的能力，使上司发现自己，从而把我调到企划部工作。

2. 成长期：31～45 岁，在企划部先从一般的工作做起，主要从事市场调研以及负责一些文秘性质的工作，包括整理资料、打印文件等，在部门搞策划项目的时候也积极参与，不断地学习新知识，积极地表现自己，使部门领导可以让我直接参加公司的各项企划项目。企划讲究的是创新，只有好的点子才可以得到领导的青睐，而好点子并不只是突发奇想想出来的，而是靠平时的不断学习积累而成的，所以在平时要多加学习、充实自己，在做项目时不断地推陈出新，从而成为企划部的骨干力量。

3. 高峰期：46～60 岁，凭借自己的能力和工作业绩得到领导赏识，提升为企划部副主管，既要参加策划项目，又要管理策划团队。因为在学校学了很多管理的课程，同时步入社会也有很多年了，对管理肯定有了更深入的了解，所以我应该有能力管理好团队，管理好企划部，如果还有可能希望做到企划部主管的位置。

4. 稳定期：60 岁以后，这段时间我没有认真考虑过，因为已经到了法定的退休年龄，我应该退休离开自己的职位，不过在退休之前我还要做好职位的交接工作，为公司寻找合适的接班人，负责对企划部的人员进行培训等。65 岁以后就可以安心地离开工作岗位，然后回到生我养我的农村老家养老，其实我从小就有一个愿望：就是等我将来有了钱，就在老家后面建一个仿古的小花园，等我退休回家，可以在小花园里喝茶、聊天，可以总结自己的人生经验，特别是自己在企划方面的工作经验，写成一本书，将自己在工作中的经验、心得和大家一起分享。

[分析]

制定这份职业生涯规划对规划者的影响：可以帮助其树立自己的人生目标。只有确立了目标，才会清楚自己前进的方向，才会知道自己是为了什么而奋斗，然后在生活和学习中才会有动力和热情，才不至于使自己浑浑噩噩地度过大学时光。在制定这份职业生涯规划时，规划者对主客观因素进行仔细的分析、总结和测定，找出了自身所具有的潜质、优点和缺点，在此基础上，制定出恰当的目标，免得以后在学习和工作中产生盲目性。

实训练习

1. 如何理解职业的含义？
2. 职业生涯的影响因素有哪些？
3. 测试成人多元智能自测量表（见拓展资源）并作出分析。

拓展资源

成人多元智能自测量表

	很符合	不太符合	不符合
一、语言智能			
1. 喜欢模仿方言	2	1	0
2. 有写日记的习惯	2	1	0
3. 一有时间，就会捧着一本书	2	1	0
4. 善于跟各种各样的人说话	2	1	0
5. 总是能耐心地听别人讲述	2	1	0
6. 写作时感到文思泉涌	2	1	0
7. 对外语学习很感兴趣	2	1	0
8. 和别人意见不同时总能说服别人	2	1	0
二、数学智能			
1. 对各种物品的功能都要了解得很清楚	2	1	0
2. 有掂量物体的习惯	2	1	0
3. 喜欢做数学运算题	2	1	0
4. 善于找出事物之间的逻辑关系	2	1	0
5. 觉得数学公式比语言描述更容易理解	2	1	0
6. 对什么都喜欢作出假设	2	1	0
7. 思考问题时能进行层层推理	2	1	0
8. 喜欢用抽象的符号来替代语言文字的描述	2	1	0
三、身体-运动智能			
1. 喜欢摆弄物体	2	1	0
2. 能很好地保持身体平衡	2	1	0
3. 手眼的配合很协调	2	1	0
4. 对穿针线等精细活很在行	2	1	0
5. 喜欢跑步、打球等体育项目	2	1	0
6. 走路时体态轻盈	2	1	0
7. 学东西时总喜欢亲自动手	2	1	0
8. 每天总保持一定的运动量	2	1	0
四、视觉-空间智能			
1. 对各种物品的形状和颜色等很敏感	2	1	0
2. 善于玩“走迷宫”的游戏	2	1	0
3. 哪怕是第一次去的陌生地方都不会搞错方向	2	1	0
4. 能在交通拥挤的地方自如地穿梭前行	2	1	0
5. 理解新学的事物时脑中会浮现一幅幅图像	2	1	0
6. 喜欢摄影或绘画	2	1	0
7. 能自己设计一些图案或形状各异的物品	2	1	0

8. 喜欢用坐标图等来替代语言文字的描述 ………………… 2 1 0

五、音乐智能

1. 喜欢听各种各样的声音 …………………………………… 2 1 0
2. 每天都要有音乐陪伴 ……………………………………… 2 1 0
3. 一首新曲子，只要听几遍就能哼出来 …………………… 2 1 0
4. 善于捕捉各种曲调所表达的意义 ………………………… 2 1 0
5. 喜欢购置大量的录音带等声像资料 ……………………… 2 1 0
6. 听到不同曲子时会有很多联想 …………………………… 2 1 0
7. 只要给出音乐片段，就能说出所蕴含的意义 …………… 2 1 0
8. 能够弹奏乐器 ……………………………………………… 2 1 0

六、人际关系智能

1. 孝顺父母 …………………………………………………… 2 1 0
2. 与陌生人交谈都能有一见如故之感 ……………………… 2 1 0
3. 有许多一直保持联系的朋友 ……………………………… 2 1 0
4. 善于同各种人打交道 ……………………………………… 2 1 0
5. 在各种场合都会成为受人关注的对象 …………………… 2 1 0
6. 在同事中很有号召力 ……………………………………… 2 1 0
7. 善于从别人的表情中揣摩其内心想法 …………………… 2 1 0
8. 总能赢得大家的喜爱 ……………………………………… 2 1 0

七、内省智能

1. 对自己有一个适度的评价 ………………………………… 2 1 0
2. 经常能保持心情愉快 ……………………………………… 2 1 0
3. 总为自己设定一个新的人生目标 ………………………… 2 1 0
4. 对人生有自己独特的价值观 ……………………………… 2 1 0
5. 喜欢独自一人思考…………………………………………… 2 1 0
6. 清楚地知道自己的弱点 …………………………………… 2 1 0
7. 总有很高的生活热情 ……………………………………… 2 1 0
8. 总能独当一面完成任务 …………………………………… 2 1 0

八、自然观察者智能

1. 对自然环境的变化很敏感 ………………………………… 2 1 0
2. 了解各种植物的名称和特性 ……………………………… 2 1 0
3. 喜欢到野外勘察 …………………………………………… 2 1 0
4. 对生物链等问题感兴趣 …………………………………… 2 1 0
5. 喜欢观察星座等天文现象 ………………………………… 2 1 0
6. 经常收集石头或其他标本 ………………………………… 2 1 0
7. 对动物充满好奇，总想了解它们的习性 ………………… 2 1 0
8. 喜欢到森林等纯自然的地方去旅游 ……………………… 2 1 0

评分标准：很符合为 2 分；不太符合为 1 分；不符合为 0 分。

每项智能若有 13～16 分，说明你的这项智能发展得很好；

每项智能若有 9～12 分，说明你的这项智能发展得较好；
每项智能若低于 8 分（含 8 分），说明你在这方面要努力。

思政园地：用中国故事鞭策自己前行

司马光警枕励志

司马光是北宋政治家、史学家、文学家。年轻时是一个贪玩贪睡的孩子，为此他没少受先生的责罚和同伴的嘲笑。在先生的谆谆教诲下，他决心改掉贪睡的坏毛病。为了早早起床，他睡觉前喝了满满一肚子水，结果早上没有被憋醒，却尿了床，于是聪明的司马光用木头做了一个警枕，早上一翻身，头滑落在床板上，自然惊醒。从此以后，他天天早早地起床读书，坚持不懈，终于成为一位学识渊博、写出《资治通鉴》的大文豪。

第二章
自我认识与职业定位

高职高专院校开设就业、创业指导课的目的，是对学生进行比较系统的择业、就业思想和技巧的教育。通过对本课程的学习帮助学生正确地把握目前就业市场的需求形势和国家、各省市有关大学生就业的制度和政策，帮助毕业生释疑解惑，调整好心理状态，顺利走上工作岗位。那么，清晰的自我认识和职业定位就尤为重要。

但是，据不完全统计，仅有10%的学生能够针对自身特点设计职业生涯规划，90%的学生存在以下问题：

(1) 不重视职业生涯规划，缺少职业生涯及职业生涯规划的相关知识。

(2) 自我评估不到位，无法用科学的方法全方位进行自我认识。

(3) 对职业的认知程度不够，在进行职业定位时往往单凭兴趣，缺乏客观依据和科学方法。

(4) 职业目标设定大而空，只有大理想、大目标，缺少短期目标及实施计划。

针对以上问题，笔者认为，职业院校开设就业指导课不能形同虚设，针对就业形势，必须尽快让学生树立职业规划意识，学会如何科学合理地设计自己的职业生涯，进而做好自己的职业定位。

个人的职业生涯规划分为四个阶段，包括职业生涯设计阶段、职业生涯专业化阶段、职业生涯进入阶段、发展与调整职业阶段。这四个阶段是递进的关系。职业生涯设计阶段是个人进行职业生涯规划的第一个阶段，在校生正处于这一阶段。科学、合理的职业生涯设计，是在校生顺利踏入社会，走上职业岗位，并在实践中不断发展和提高的重要前提。值得一提的是，对在校生而言，把自己的职业生涯设计落实到纸面上十分重要。一方面，能鞭策自己，提供实现目标的动力；另一方面，比较和参照个人的职业生涯发展变化进行及时调整。制定职业生涯设计方案是个人对职业生涯进行评估、反馈、修正的重要依据。那么，如何科学合理地进行自己的职业生涯规划呢？

第一节　自我比较与评估

老舍先生说："一个真认识自己的人，就没法不谦虚。谦虚使人的心缩小，像一个小石卵，虽然小，而极结实。结实才能诚实。"

关键提示

"知己"是职业生涯规划的基础，只有对自己有了充分的认识和了解，规划中的"定向""定位""定点"才能比较准确。一般来讲，在进行职业规划时要了解自身的四个主要特征，即性格、气质、兴趣和能力。历史证明，成功人士之所以成功，是因为他们从事的职业与自己的性格、气质、兴趣、能力相匹配；相反，失败者们则总是想在与自己性格、气质、兴趣、能力不匹配的领域获得成功。

一、性格与职业比较

中国有句俗语："江山易改，本性难移。"这句话说明了性格的重要性。那么什么是性格呢？概括地讲，性格是指一个人在生活中形成的稳定的态度和行为方式。它不仅影响一个人的婚姻家庭、生活状况，同时影响一个人的职业发展。研究表明，性格影响一个人的职业取向，由于性格不同，每个人对工作和职业的态度也不同。一定的性格必然适合从事一定的职业。在设计自己的职业生涯时，必须充分注意自己的性格和职业的匹配度。性格可分为静态部分与动态部分。静态部分是先天遗传的，具有稳定性，是原始的"我"。动态部分是后天形成的，具有可变性，是社会的"我"。我们之所以对自己的性格认识不清，原因在于受环境的影响，性格的动态部分常常处于变化中，这是为适应社会而进行的调整。性格测试主要测试性格中稳定的部分。也就是说，了解先天遗传的静态部分是最主要的，它可以被遮掩，但不会消失，是永远存在的。在考虑职业匹配度时，就是用性格稳定的部分来衡量的。一个人通过一些科学的自测方法，完全可以对自己的性格轮廓进行描述。

心理学家将人的性格分为四种：活泼型、力量型、完美型、和平型。运用这个分类法，一个人很容易描绘出自己的性格轮廓。从职业角度来讲，活泼型属于交际型，力量型属于行动型，完美型属于研究型，和平型属于执行型。

● 交际型的人喜欢说，喜欢与人交往，害怕孤独，热情助人，一般比较单纯，别人喜欢与之交往，感情外露，情绪化，有点孩子气；喜欢从事与人交往或者是富有变化的工作，如销售、公关、记者、教师等。他们着眼于工作的面而不是工作的点，无法在某一点持久停留进行研究分析或机械重复。

● 行动型的人喜欢实干，精力充沛，意志坚定，充满自信，理智果断，目标明确，做事效率高，但缺乏同情心，不大关注人际关系，比较固执，以自我为中心。适合从事管理、具有挑战或竞争性的工作，如企业家、管理者、商人等。

● 研究型的人喜欢思考，善于分析，责任感强，做事预先计划，想好了再干，不像行动型的人干起来再想；追求完美，注重细节，富有创造力；喜欢独处，总把目光放在事物的消极面，因而容易发现问题，避免麻烦出现，同时也容易产生忧郁情绪。许多工程师、发明家、科学家、思想家、作家、艺术家等都属于此类型。

● 执行型的人低调，容易相处，平静有耐心，容易适应环境，不易生气，会尽量避免冲突，善于面对压力，有同情心；对任何事情都缺少激情，得过且过，躲避责任，喜欢沉默，与人交流少。适合档案管理员、保密员、办公人员等岗位。

交际型与行动型的人属于外向型，看待事物时常抱乐观的态度；而研究型和执行型的人属于内向型，看待事物时常抱悲观的态度。事实上，大多数人都是几种类型的混合，这时就要看哪一类型经常占主导地位。如果某人测试结果偏向外向型，那么应该选择那些与人交往的工作，工作的内容富有变化，如管理、销售、公关、记者、营业员、客户服务等；如果偏向内向型，则应该选择那些需要思索及耐心的工作，如设计、编程、财会、档案管理等。如果性格与职业匹配错位，让一个外向型的人从事设计工作，尽管在工作要求下也能取得成绩，但相对于一个匹配的岗位来说，要付出更多的代价，且不容易获得成功。此外，就一些行业来说，不管内向型或外向型的人都可以进入，但具体到一个岗位就要考虑匹配性。内向型的人不适合从事销售工作，但可以从事销售企划或销售管理等工作，这样就能显示出性格优势。

二、气质与职业比较

气质是一个人生来就有的活动倾向，是人格的基础。因此，对于一般人而言，其气质特征在一生中是稳定不变的。不同气质类型的人对职业也有不同的需求，因此，了解气质这一生理层面上的自然倾向性，对于自我认识以及职业选择都有非常重要的作用。

尽管气质没有好坏之分，但气质能影响一个人的工作效率，特别是一些需要经受压力的职业，气质不仅关系到工作效率，还关系到事业成败。心理学家们根据感受性、耐受性、敏捷性、可塑性、情绪兴奋性和指向性等特性的不同组合，一般把气质划分为四种类型，即多血质、胆汁质、黏液质和抑郁质。

- 多血质的人充满自信，对谁都能坦诚相待，有较强的活动能力，感受性低而耐受性高。他们反应迅速而灵活，工作能力较强，情感丰富易兴奋，并且表现明显。在一般工作中，多血质的人比其他气质类型的人钻研得更深入，能使工作迅速向前推进，因而能够出色地胜任管理工作，要是再有一个好助手就可以成为一个成功的管理者。他们往往能在那些缺乏适应性就无法立足的领域内大显身手，如经商、策划、广告等。对于简单、细致、琐碎的工作以及缺乏竞争和刺激，只求细致的工作，多血质的人一般不感兴趣。

- 胆汁质的人精力旺盛，容易激动、暴躁、兴奋。他们能以极大的热情去工作，主动克服工作中的困难，但如果对工作失去信心，情绪就会马上低落。胆汁质的人最典型的特征是外向性、行动性和直觉性。通常，胆汁质的人对周围发生的事冷静注视，以旁观者的态度对待，比较适宜当记者、作家、设计师、实业家、业务员、营销员等。

- 黏液质的人具有较强的自我克制能力，埋头苦干、态度稳重、不易分心，能很好地利用协调性、积极性、社会性及感情稳定性表现自己的才能。由于灵活性相对较差，他们可能有因循守旧的倾向。黏液质的人适合的职业有会计、法官、调解人员、管理人员、外科医生等。

- 抑郁质的人感受性高而耐受性低，情绪兴奋性高，而且体验深刻，反应速度慢，相对刻板而不灵活。他们情感细腻，做事谨慎小心，观察力敏锐，善于觉察别人不易察觉的细小事物。他们所适合承担的工作与胆汁质的人正好相反，适合从事诸如打字员、机要秘书等工作。抑郁质的人内心有孤独倾向，遇事不是单凭小聪明去处理，而是把自己所掌握的工作内容在头脑中组合、计算，确定方针，然后在这个范围内一个一个完成。他们无论置身于怎样的岗位，只要肩负了责任，就以所从事的工作为荣，努力解决困难，力争去做到最好，这是抑郁质的人的长处。

气质是人个性中最稳定的因素，所以气质类型对职业、生活的影响是很大的。在选择职业时，一定要注意自己的气质类型。一些特殊职业，如政府机要人员、公关人员、飞行员等，气质类型是录用的重要标准之一。

三、兴趣与职业比较

一位心理学家说过："如果人能从事自己感兴趣的工作，那么，人生就是天堂。"职业兴趣是指人们对某类职业或工作所抱的积极性态度。当一个人对工作感兴趣时，工作就不再是一种负担，即使枯燥的工作也会觉得丰富多彩、乐趣无穷，有助于提高人的工作效率。职业心理学的研究表明，一个人对某种工作有兴趣，能发挥他全部才能的 80%～90%，并且能长时间保持高效率而不感到疲劳；如果他对某种工作不感兴趣，他的才能则只能发挥 20%～30%，并且容易疲劳。由此可见，择业时要选择和自身兴趣相符的职业，这样就能保持较高的积极性，即使是繁重的任务也会感到兴致勃勃、乐此不疲。

对于职业兴趣的研究由来已久，心理学家、职业指导专家将职业兴趣分为六大类，即社会型、企业型、传统型、现实型、研究型和艺术型。职业环境（后面章节介绍）也可以分成相应的六个大类。

【社会型】（S）共同特点：喜欢与人交往、不断结交新的朋友、善言谈、愿意教导别人。关心社会问题、渴望发挥自己的社会作用。寻求广泛的人际关系，比较看重社会义务和社会道德。典型职业：喜欢与人打交道的工作，能够不断结交新的朋友，从事提供信息、启迪、帮助、培训、开发或治疗等事务，并具备相应的能力，如教育工作者（教师、教育行政人员）、社会工作者（咨询人员、公关人员）。

【企业型】（E）共同特点：追求权力、权威和物质财富，具有领导才能。喜欢竞争、敢冒风险、有野心、有抱负。为人务实，习惯以利益得失、权力、地位、金钱等来衡量做事的价值，做事有较强的目的性。典型职业：喜欢要求具备经营、管理、劝服、监督和领导才能，以实现机构、政治、社会及经济目标的工作，并具备相应的能力，如项目经理、销售人员、营销管理人员、政府官员、企业领导、法官、律师。

【传统型】（C）共同特点：尊重权威和规章制度，喜欢按计划办事，细心、有条理，习惯接受他人的指挥和领导，自己不谋求领导职务。喜欢关注实际和细节情况，通常较为谨慎和保守，缺乏创造性，不喜欢冒险和竞争，富有自我牺牲精神。典型职业：喜欢要求注意细节、精确度高、有系统、有条理，具有记录、归档、根据特定要求或程序组织数据和文字信息的职业，并具备相应的能力，如秘书、办公室人员、记事员、会计、行政助理、图书馆管理员、出纳员、打字员、投资分析员。

【现实型】（R）共同特点：愿意使用工具从事操作性工作，动手能力强，做事手脚灵活，动作协调性好。偏好于具体任务，不善言辞，做事保守，较为谦虚。缺乏社交能力，通常喜欢独立做事。典型职业：喜欢使用工具、机器，需要基本操作技能的工作。对要求具备机械方面才能、体力或从事与物件、机器、工具、运动器材、植物、动物相关的职业有兴趣，并具备相应的能力，如技术性职业（计算机硬件人员、摄影师、制图员、机械装配工）、技能性职业（木匠、厨师、技工、修理工、农民、一般劳动）。

【研究型】（I）共同特点：思想家而非实干家，抽象思维能力强，求知欲强，肯动脑，善思考，不愿动手。喜欢独立的和富有创造性的工作。知识渊博，有学识才能，不善于领导他人。考虑问题理性，做事喜欢精确，喜欢逻辑分析和推理，不断探讨未知的领域。典型职业：喜欢智力的、抽象的、分析的、独立的定向任务，要求具备智力或分析才能，并将其用于观察、估测、衡量、形成理论、最终解决问题的工作，并具备相应的能力，如科学研究人员、教师、工程师、电脑编程人员、医生、系统分析员。

【艺术型】（A）共同特点：有创造力，乐于创造新颖、与众不同的成果，渴望表现自己的个性，实现自身的价值。做事理想化，追求完美，不重实际。具有一定的艺术才能和个性。善于表达、怀旧、心态较为复杂。典型职业：喜欢的工作要求具备艺术修养、创造力、表达能力和直觉，并将其用于语言、行为、声音、颜色和形式的审美、思索和感受，不善于事务性工作，并具备相应的能力，如艺术方面（演员、导演、艺术设计师、雕刻家、建筑师、摄影家、广告制作人）、音乐方面（歌唱家、作曲家、乐队指挥）、文学方面（小说家、诗人、剧作家）。

一般而言，人们通常倾向于选择与自己兴趣类型相匹配的职业，如具有现实型兴趣的人希望在现实型的职业环境中工作，可以最好地发挥个人的潜能。但个人在选择职业时，不一定要选择与自己兴趣完全对应的职业环境，这是因为人本身是多种兴趣类型的综合体，单一类型显著突出的情况不多。例如：某个学生喜欢音乐，同时也对计算机软件感兴趣，因此在评价自己的兴趣类型时可以以六大类型中排名前三位的类型作标准。

四、能力与职业比较

现代人才观念正发生着改变：原来崇尚“高学历、高职称就是人才”的观念正逐渐被“有能力就是人才”的新观念所取代。许多毕业生也已经意识到，手中的学历不再是求职的王牌。

我们时常说，某人有能力，那什么才是能力呢？通俗地说，能力是指一个人顺利完成某一活动所必需的心理条件。能力是个人在运用智力、知识、技能的过程中，经过反复训练而获得的。每个人都有多种能力，与工作、职业有关的就是职业能力。

职业能力，顾名思义就是指从事某种职业所应具备的能力。具备一定的职业能力是个人职业成功的先决条件。需要指出的是，人的职业能力是由多种能力叠加复合而成的。职业能力是一种综合能力，是人们从事某项职业必须具备的多种能力的总和，包括言语能力、数理能力、空间想象能力、社会交往能力等。

● 言语能力是指对词及其含义的理解和使用能力，对词、句子、段落、篇章的理解能力，以及善于清楚、正确地表达自己的观念和向别人介绍信息的能力。对言语能力要求较高的职业包括教师、营销员、营业员、服务员、记者等，而对于机械工程技术人员、电子技术人员、计算机技术人员、科学研究者等人来说，则不一定需要较强的言语能力。

● 数理能力是指迅速而准确地运算，以及在准确的同时推理、解决应用问题的能力。会计、出纳员、统计员、测量员、建筑设计人员必须具有较强的数理能力；对于法官、律师、文艺工作者等职业而言，要求具备中等水平的数理能力；而对于演员、厨师、导游等职业来说，则对数理能力要求较低。

● 空间想象能力是指对立体图形以及平面图形与立体图形之间关系的理解能力，包括看懂几何图形、对立体图形三个面的理解力、识别物体在空间运动中的联系、解决几何问题等。此能力强的人适合从事与图纸、工程、建筑、艺术、设计和技术性有关的职业。

● 社会交往能力是指与人打交道的能力。社交能力强的人一般比较善于交际，与朋友、同学和周围人的接触面很广，对与人打交道的事情比较感兴趣，具有很强的人际沟通潜力。对于营销人员、市场经理、导游、律师、记者、教师等职业来说，必须具有较强的人际交往能力。一个人的职业能力不同于他的专业知识，也不同于专业技能。一般来说，专业知识和专业技能都是后天获得的，并随着人的年龄的增长而增长，而职业能力则含有某些先天的因素，并不总是随着年龄的增长而增长。一个人如果不能很好地评价自己的职业能力，错误地选择职业，将无法发挥自己的潜力，也将一事无成。

对于在校生而言，在择业时要考虑确定的职业是否与自己的性格、兴趣、气质、能力相匹配。那如何了解自己的性格、兴趣、气质、能力呢？方法很多，常用的有自我测试法，即通过回答有关测试题及测试量表来认识自己、了解自己，这是一种比较简便、经济的方法。

第二节 职业分析

在进行职业定位前，毕业生和择业者首先要明确工作、职业、事业的含义和区别，并做好初步职业分析。

工作是每个社会人必须从事的。一个人可以没有事业和职业，但如果他想要生存下去，就必须通过工作来维持生计，所以，工作是基础建筑。一个人对工作的理解反映了其对生活的理解。

职业是社会分工体系中人们所获得的一种劳动角色，是最具体、最精细、最专门的社会分工。不同工种、岗位或特定环节的职业会赋予人们不同的工作内容、不同的职责、不同的声誉和社会地位及不同的劳动规范和行为模式，于是人们便具有特定的社会标记和专门的劳动角色。职业的“经常性收入”和“连续性”是区别于“工作”的主要特征。它是相对于工作的上层建筑。一个人一旦确定了自己的职业，一般是不会有太大变动的，但工作可以经常换。一般来说，那些只有几个月工作经验的毕业生谈不上从事什么职业。

事业又与职业不同。事业并非简单的财富积累，而是个人经验的积累、个人人生价值的体现。经过了工作和职业两个阶段，最后才会走上事业的阶梯。事业使个人全身心地投入工作；事业使个人获得充实而快乐的生活；谁拥有事业，谁才能领悟生命真正的奥秘。因为事业的目标就是个人生命的目标。只有经过不断捡拾砖头、捡拾瓦片的过程，才能筑建起个人的“事业小屋”。

职业定位就是对职业的选择，如教师、秘书、工程师、营销员、计算机程序设计员。学生在进行职业定位时，要根据自己的性格、兴趣、气质、能力、价值观，选择自己喜欢并且适合自己的职业，可以选择多个职业，以便进行筛选。

这一步的关键是要全面了解所选职业的特点，包括了解这一职业的工作内容及工作性质、对从业者个性特征的要求、职业发展路径、社会发展趋势对此职业的影响、社会对此职业人才的需求过程等。个人在进行初步职业定位时，可以向亲朋好友中从事相关职业的人了解有关情况。初步确定职业定位，需要做好以下几方面工作。

一、职业因素比较

每个人要确定适宜的职业发展目标，根据各种因素的变化，对职业发展作出适当调整。了解职业是做好个人职业发展规划的必要准备，了解职业就是要分析职业活动的内容、特点、方式、角色、要求，以及职业环境、经济收入、职业地位与职业声望等有关情况，结合个人兴趣、人格和能力确定自己适合做什么。即设定职业目标，并为此找出个人将打算从事的某种职业对从业者素质的具体要求。

（一）内容与特点比较

因职业的不同，职业的具体工作内容也就不同。了解职业的内容就是为了做好就业前的各项准备。具体来说，就是要了解职业岗位具体做什么事，需要什么样的专业理论和专业技能，职业工作有哪些基本素质要求，职业岗位有哪几个种类，个人经济收入有多少，工作时间的长短如何以及生活环境、工作条件及福利待遇怎样等情况。

不同的职业，其职业活动的特点会存在一定的差异。但无论是简单活动还是复杂活动，职业活动都有如下特点。

（1）群体性。职业工作尽管有其分工的不同，但职业活动多数是要靠团队的力量，以群策群力的合作精神来共同完成职业工作的任务，以实现职业发展的目标，因此职业活动具有群体性特点。

（2）选择性。职业岗位因存在内容的差别和岗位要求的不同，而使得职业活动具有选择性。

（3）贡献性。社会分工使得职业具有为他性。因此，无论是否意识到，职业活动的结果都对社会作出了贡献。

（4）创新性。职业活动具有不断推陈出新、变革不适应职业发展要求的特点，只有这样才会使得社会不断进步与发展。

（5）社会性。职业具有社会性特点，这就使得职业活动也会面向社会，对社会的发展进步起到推动与促进作用，因而其活动就对社会具有影响效用。

（6）谋生性。指人们通过某种职业活动以获得生活资料，维系自身的生存、生活和发展。

（7）主体性。也可以理解为劳动的主体性、主动性，即个人认识到职业不仅是谋生的手段，而且是对社会的奉献，也是实现个人价值的一种方式。

复杂的职业活动有其自身的特点。其中，职业活动的选择性、贡献性和创新性特点反映了其本质。

（二）环境因素比较

影响职业发展的职业环境因素有社会环境、组织环境、经济环境、政治环境、科技发展等因素。

1. 社会环境因素

（1）经济发展水平。在经济发展水平高的地区，企业相对集中，优秀企业也比较多，个人职业选择的机会就比较多，因而有利于个人职业发展；反之，在经济落后地区，个人职业发展就会受到限制。

（2）社会文化环境。包括教育条件和水平、社会文化设施等。在良好的社会文化环境中，个人能受到良好的教育和熏陶，从而为职业发展打下好的基础。

（3）政治制度和氛围。政治和经济是相互影响的，政治不仅影响一国的经济体制，而且影响企业的组织体制，从而直接影响个人的职业发展。政治制度和氛围还会潜移默化地影响个人的追求，从而对职业发展产生影响。

（4）价值观念。一个人生活在社会环境中，必然会受到社会价值观念的影响，大多数人的价值取向甚至都是为社会主体价值取向所左右的。一个人的思想发展、成熟的过程，其实就是认可、接受社会主体价值观念的过程。社会价值观念正是通过影响个人价值观而影响个人的职业选择。

此外，还有社会道德风尚、舆论环境等因素。

2. 组织环境因素

（1）企业文化。企业文化决定了一个企业如何看待它的员工，所以，员工的职业生涯是为企业文化所左右的。一个主张员工参与管理的企业显然比一个独裁的企业能为员工提供更多的发展机会；渴望发展、追求挑战的员工也很难在论资排辈的企业中受到重用。

（2）管理制度。员工的职业发展归根到底要靠管理制度来保障，包括合理的培训制度、晋升制度、考核制度、奖惩制度等。企业价值观、企业经营哲学也只有渗透在制度中，才能得到切实的贯彻执行。没有制度或者制度定得不合理、不到位，员工的职业发展就难以实现，甚至可能流于形式。

（3）领导者的素质和价值观。一个企业的文化和管理风格与其领导者的素质和价值观有直接的关系，企业经营哲学往往就是企业家的经营哲学。如果企业领导者不重视员工的职业发展，这个企业的员工也就没有希望了。

此外，还有组织发展战略、人力资源需求、晋升发展机会等因素。

3. 经济环境因素

经济环境包括国内外经济形势、经济增长率、市场竞争状况、经济景气状况、行业经济政策等。例如：经济全球化问题、欧盟的发展、北美自由贸易区的形成、东盟的发展及其与中国关系的发展、亚太经合组织的发展，以及中国加入世界贸易组织后的作用等，这一切都表明经济全球化在不断加剧，这加速了国内经济和世界经济接轨，在国际化企业或正在走向国际化的企业中寻求个人职业发展会有更便利的条件和更多的机遇。

4. 政治环境因素

政治环境包括政治与政策的变动、体制的变动、国际政治关系的变化等。

5. 科技发展因素

科技发展包括产业结构调整、高新技术的影响、现代化技术与管理的发展等。

（三）经济收入、职业地位与职业声望比较

职业的经济收入在很大程度上决定着人们是否选择该职业，并因此成为人们选择职业的内在动因。众所周知，职业之间的经济收入存在很大的差别，这与职业的内在属性即知识与技能上存在较大差别关联很大。

职业地位与职业声望也是影响大学生职业选择的一个重要因素。职业地位是指职业在社会、在职业体系中的位置。职业声望是指某种职业在人们心目中的声誉和地位。因此，职业声望是人们的一种主观感受。职业地位与职业声望是密切相关的。一般认为职业地位与职业声望是一致的，职业地位高，职业声望也相应高。但有时二者又是不一致的，有时职业虽然有较高的声望，但实际社会地位并不高，而有的实际有较高的社会地位，但社会声望并不高。

职业只是劳动的一种具体表现形式，就其本质而言，并无高低贵贱之分，它们只因社会分工不同而已。但在人们的传统意识中，职业被人为地分成"三六九等"。因此，职业地位则成为决定人们选择职业的又一重要因素。职业选择会因职业地位高低而呈现明显分化。

二、职业发展方向平衡

每个人都必须经历决定自身职业发展方向的过程，这种平衡的掌握受许多因素制约。一般职业方向的选择要经过了解自我、理解职业、认知行业、情况分析、设立职业几个环节，在具体实施自己职业发展方向平衡时，需要做好以下几个方面的工作。

（一）理想职业与现实职业的比较

首先列出你所希望的三种工作，从工作内容、工作方式、工作角度和工作要求四个方面来考察自己对所期望从事工作的了解程度。如果有许多内容自己不甚了解，那就应该对工作内容进行深入的探究，免得将来走弯路。通过与他人的接触、交涉、谈话、辩论等方式，获得决策的参考。工作内容、方式、角色、要求有时是交叉重叠的，它们互不相同但又互相联系。即使在某些相同的工作岗位，有的工作角色分类和要求也各不相同，这就有赖于对工作的全面理解。

明确了个人所希望的工作，下一步就是看哪些工作真的适合自己。哪份工作做起来很勉强？现实可能性如何？个人的愿望与社会现实是否有距离？为了分析个人所希望的工作的现实可能性，可以依据下列两个方面评价个人最希望从事的工作。

(1) 能力可能性和价值观可能性：自己有能力干吗？仅仅靠自己的能力完全能干好吗？自己的能力可以充分发挥吗？能让你负起所希望的责任或挑战吗？与你的价值观矛盾吗？你的价值观能为该企业接受吗？

(2) 目标可能性和匹配可能性：能实现所希望的生活方式吗？是你爱好的工作内容吗？能得到希望的报酬吗？与你的教育、资格等条件相符吗？能实现你的长期目标吗？劳动条件等可以接受吗？

理想职业与现实职业是有一定距离的。

（二）志愿单位的具体比较

在对工作有了全面理解之后，就可以进行志愿单位的排序，主要考虑条件有：地理条件、单位性质、单位规模、行业、收入、提升机会、专业对口度、工作环境、福利、调动工作的可能性、稳定性等。列出三个志愿单位之后，针对以上所列出的一些内容进行适合度的衡量。看看这三个志愿单位对自己的适合程度如何，对单位的了解、对从事岗位的了解、现实的可靠性如何等。

（三）制约条件的权衡与取舍

任何一个就业单位都有其有利条件和不利因素，十全十美的就业单位毕竟是少数。在选择时，对一些条件可能能够妥协，而对其他条件则可能无法妥协，这些条件就是制约条件。因此，必须对这些制约条件进行全盘考虑，并决定最终的单位取舍。会发挥作用的制约条件包括：工资水平、单位性质、工作地点、工作时间、工作内容、业余时间分配、专业对口程度、福利以及对单位的总体印象，如形象、风气和文化等。评价有两种标准，即不能妥协的和能妥协的。可以针对具体单位进行评估（这里假设所有的制约条件的重要性是相同的），如果不能妥协的条件占大多数，也许你就应该重新考虑你的志愿单位了。结合前面所列出的职业兴趣、价值观等比较，从中找出最符合你的职业兴趣、角色兴趣、价值观等因素的就业单位。

三、SWOT 分析

职业生涯规划和初步职业定位不可缺少的就是 SWOT 分析，即用 SWOT 分析法对初步确定的职业进行分析。

SWOT 分析，又称自我诊断法，是一种能够客观而准确地分析和研究个体现实情况的方法。SWOT 是 Strengths（优势）、Weaknesses（劣势）、Opportunities（机会）和 Threats（威胁）这四个英文单词的首写字母。SWOT 分析是一种常用的功能分析工具，是检查个人的技能、能力、职业、喜好和职业机会的有用工具。通过它，个人会很容易知道自己的个人优点和缺点在哪里，发现存在的问题，找出解决办法，明确以后的发展方向。SWOT 分析法的运用分为以下三步：

（一）列出自己的优势和劣势

我们每个人都有自己独特的技能、天赋和能力，每个人擅长于某一领域，而不是样样精通。可以做表格，列出自己喜欢做的事情和自己的优势。同样，通过列表可以找出自己不擅长的事情和自己的劣势。

（二）列出自己的机会和威胁

不同的行业、不同的职业面临不同的外部机会和威胁，这些机会和威胁会影响个人的第一份工作和今后的职业发展。如果你选择的职业无论是薪酬待遇还是发展前景都不理想，很自然会影响你今后的职业发展。相反，充满了许多积极的外界因素的行业将为你提供广阔的职业前景。请列出你感兴趣的一两个行业，然后认真评估这些行业所面临的机会和威胁。

一个汽车维修专业的应届毕业生的分析如下：

我的性格开朗乐观，善于与人沟通，喜欢交朋友，乐于帮助他人，自控能力较强，喜欢新鲜事物。缺点是粗心马虎，考虑问题不够全面。

a. 优势：做事比较认真、踏实、自信心强，能吃苦耐劳，动手能力强；喜欢汽车，掌握汽车维修技术，在相关企业实习过，具备实际操作经验；取得了驾驶证、初级汽车维修工证书……

b. 劣势：性格较内向，遇到挫折时容易情绪化，易受他人或环境影响，不善于与人交往和沟通，学历较低……

c. 机会：目前我国汽修业全行业年产值将近400亿元，并以每年15%的速度递增；中国汽车维修行业的发展前景广阔，被称为朝阳行业……

d. 威胁：汽车维修企业竞争激烈，人才竞争越来越白热化，很多企业希望招收有经验的员工；由于燃料紧缺，预计几年后汽车行业的发展会有所减缓……

(三) 利用个人职业发展SWOT分析法以确定职业

表2-1是个人职业发展SWOT分析，很明显，我们应选择OS方案。OS方案是个人优势与职业机会的完美结合，选择这样的职业，成功就会水到渠成。同样，TW方案正是职业生涯规划中应该回避的选择，是典型的“屋漏偏逢连夜雨”，用自身的劣势去应对复杂的挑战，结果可想而知。

通过SWOT分析，个人可基本明确职业定位，选择适合自己的职业。

表2-1 SWOT分析

SWOT分析		自身条件	
		优势（S）	劣势（W）
所选职业	机会（O）	OS方案	OW方案
	威胁（T）	TS方案	TW方案

四、职业规划设计

明确了职业定位，职业规划设计的最后一个步骤是设定职业目标，制定行动计划。通常是先制定自己的长期目标，然后把长期目标进行分解，根据个人的经历和所处的环境设定相应的中期目标和短期目标。在大多数情况下，长期职业目标比较粗泛，可能随着内外部形势的变化而变化，所以在设定时宜以勾画轮廓为主。在确定了长期目标后，将其具体化、现实化、可操作化，就形成许多中期目标和短期目标。短期目标应该清楚、明确、现实、可行。在职业规划目标的设定过程中，特别要注意两个问题：

(一) 避免好高骛远

设定的目标要有可行性，不能成为“空中楼阁”，脱离实际，要以个人的才能、环境等条件作为依据。因为每个人的能力和精力都是有限的，个人知识和能力的增长是一个循序渐进的过程，不能操之过急。

（二）认真设定短期目标

在 1984 年的东京国际马拉松邀请赛和 1986 年的意大利国际马拉松邀请赛上，日本选手山田本一获得了这两项赛事的冠军。当记者们请他谈谈经验时，性情木讷、不善言谈的山田本一答道："用智慧战胜对手!"这像谜一般的回答，让众记者摸不着头脑。直到十年后，在山田本一的自传中，这个谜才被揭开。原来，在每次比赛前，山田本一都要乘车将比赛的路线仔细看一遍，并把沿途比较醒目的标志画下来。例如：第一个标志是一家银行，第二个标志是一棵大树，第三个标志是一座红房子……就这样一直画到终点，40 千米的赛程被他分解成几个小目标。比赛开始后，山田本一就以百米冲刺的速度，奋力向第一个目标冲去，等到达第一个目标后，他又会以同样的速度冲向第二个目标……于是在完成一个个目标的同时，山田本一一路轻松地跑完了赛程。而在最初，他并不懂得这个道理，把目标定在了终点的那面旗帜上，结果才跑了十几千米，他就被前面还剩下的遥远路程给吓倒了。在现实中，不少人做事之所以会半途而废，其中的原因往往不是因为难度较大，而是觉得成功离自己很远。确切地说，不是因为失败而放弃，而是因为倦怠而放弃。由于长期目标的实现有众多不确定因素，对于在校生而言，在进行职业规划设计时应根据自身实际情况和社会发展趋势，设定多个可操作的短期目标。

此外，实现一个目标的方法有很多。其中，制定计划、按计划行事是最有效的方法之一。在设定职业规划目标的同时，应该配套制定十年计划，五年、三年、一年计划，以及制定一月、一周、一日的计划。例如：一个商务英语专业的学生的长期目标是成为一名外企职员，他的短期目标设定为一年内取得大学英语六级证书，为此他必须掌握 6 000 个词汇。这样推算，他每学期要掌握 3 000 个左右的单词。这个目标看似很难实现，其实细化分析，他一个月只要掌握 600 个单词，而一天只要背诵 20 个单词就可以实现目标了。有了这样"化整为零"的具体计划，他每天都能有所收获，有所进步。

职业定位和职业规划是毕业生和择业者走向成功的第一步。如果按照以上的步骤，每个学生和择业者都可以完成自己的一份科学合理的职业规划方案。当然，要使职业规划行之有效，就要不断对职业规划进行评估与修订，包括职业的重新选择、生涯路线的选择、人生目标的修订、实施措施与计划的变更。

职业规划应该是一个动态的概念，并不是一劳永逸的。在进行职业规划时，应该认识到这一点。当我们确定了职业目标时，在实施职业规划的过程中，应该进行阶段性的小结，总结前一个阶段的经验和教训，通过自我评价和他人评价相结合的方式，对职业规划的发展进行反馈，评估前一个阶段的实施效果，并与相应的阶段目标对比，以便决定是否需要适当调整下一阶段的职业生涯目标。

第三节 职业设计与职业定位、选择

本节是实践篇，是每一个求职者特别是职业院校学生走上工作岗位之前必须做好的

"功课"。如果这门"功课"成绩不佳，甚至不及格的话，今后的职业发展将成为一句空话。那么，作为一个即将踏入社会、进入职场的毕业生，怎样来完成自身社会属性的转型与成长呢？首先，无论从事何种工作，毕业生都应结合自己的专业特长、性格特征和兴趣爱好选择自己的职业；其次，要掌握职场行情，有针对性地通过与竞争对手的比较，对自己的优势和不足有一个比较客观的认识，扬长避短，充分利用自身的知识与能力来敲开职场的大门。

一、职业定位与设计原则

面对日益严峻的就业环境，职业院校学生作为有知识、有抱负的接受职业教育的学生群体自然不会放弃自己的未来，他们不愿意受命运的任意摆布，竭力想证明自己的独立存在。而用人单位招贤纳士则崇尚一步一个脚印，从头做起，从小事做起，拒绝并反对好高骛远；崇尚复合型人才，强调实践能力，拒绝并反对专业狭窄、冷僻；崇尚忠诚，拒绝并反对见异思迁、朝秦暮楚。但是好高骛远、看重收入待遇、缺乏敬业精神的毕业生仍普遍存在，这是职业院校学生整体的弱点与不足，也是用人单位所忌讳的。这就要求毕业生进行职业定位时，以人的发展为主旨，以诚信求职为基础，保持低位切入的姿态，合理地确定自己的职业人生。

（一）职业定位应具有个人特色，以人的发展为主旨

职业院校学生进行职业定位时，必须注意每种职业对员工要求的明确标准，在进行职业选择时充分考虑自己各方面的能力，制定出具有个人特色的职业设计。技术性岗位需要职业院校学生具备如下典型特征：性格内向，喜欢独立思考，做事谨慎、细致，选择职业的重点是工作的实际技术；管理型职位需要职业院校学生具备如下典型特征：考虑问题比较理智，善于从宏观角度考虑问题，并能在信息不全的情况下分析、解决问题，善于影响、监督、率领组织成员，善于运用权力。

在长期的实践中人们发现，尽管一些职业的录用标准得以确定，心理测试的工具日臻完善，技术水准不断提高，但因职业种类繁多，并且职业发展演化迅速，难以确定各种职业所需个人特质；另外，心理测试工具的可信度和有效性也不尽如人意。受多种因素的影响，以此为基准的人职匹配过于客观化，而对人本身的态度、期望、人格、价值观等择业主体的主观因素重视不够，这样的人职匹配是粗浅的，尤其是毕业生在择业环节上更是难以实现人职匹配的。而通过就业指导把人配置到特定的职业上，"一个萝卜一个坑"更不现实。但我们并非不需要人职匹配；求职者选择其适合的职业，个人特长和潜能会得到最大限度的发挥；职业与其适宜的劳动者相匹配，才能最大限度地实现社会效益。

职业院校学生在进行职业定位和选择之前，要充分认识职业对个体发展、社会进步所起的重要作用。在设计职业人生时，不能只考虑工作的经济收入、工作条件、地点等因素，更要考虑自身素质，考虑职业是否适合自己的性格和处世态度，是否有发展潜力，以一种发展的眼光来检查这项职业能否帮助自己实现自我价值。因此，要在考察社会需要的基础上，树立自我发展、自我创新的职业价值观。对那些虽然现在工作条件比较差，但发展空间较大并能让自己充分发挥作用的单位要优先考虑；对于那些现在经济发展水平不太

高，但发展潜力大的、创业机会多的工作也要重视。

总之，不要盲目选择一些表面上看起来不错但却不适合自己，自己的才能不能得到有效发挥的单位，等了解实情之后才大呼上当。与其将来后悔，不如现在就改变自己的职业观，确立将自我、社会与职业发展结合起来的职业发展观。研究发现：职业选择的好坏在很大程度上决定了毕业生和择业者的就业质量。在同等条件下，以注重个人的发展为主旨的职业定位设计可帮助职业院校学生顺利地找到工作，并且工作相对稳定。

因此，职业院校学生必须加强自我的职业发展意识，并运用有关职业规划的理论和方法比较明确地规划事业与人生的发展方向。这不仅有利于当前的职业选择，而且有利于将来的职业发展和事业成功。

（二）职业定位和选择要遵循诚信的原则

诚信是一个人立足于社会的基本要求。诚信能促进人与人之间的沟通与合作，有助于形成一种放心的社会环境。从心理学角度而言，诚信是社会寻求安全感所需要的基本品质，人的本性在于社会性，人与人之间通过相互的责任和义务彼此建立社会关系。虽然人不可能天生就有诚信的美德，但社会却以诚信之网罩住了每个人，使其要有诚信的潜在品格。

伴随着社会主义市场经济体系的确立，我国大中专学生就业从传统的计划分配转入“双向选择，自主择业”，应运而生的是我国各级各类院校毕业生就业形势日趋严峻。这种转型必将使毕业生面临巨大的考验，整个社会也处于一种不太稳定的过渡状态，毕业生因此而出现比较大的思想波动和浮躁的情绪。在巨大的压力面前，职业院校学生也开始学会包装自己、推荐自己，进行合理的职业规划，这无可厚非，但随之而来的是诸如虚假包装、频繁跳槽等失信行为，值得我们每个人认真反思。

1. 虚假包装会让毕业生的职业选择落空，丧失单位的信任

目前，有些学生编造各种虚假的荣誉证书、资格证书和学习成绩，杜撰子虚乌有的社会实践活动和学生干部履历，将自己的所学专业、综合素质和特长进行夸张的修饰，在此基础上进行自己的职业规划。近几年，一些毕业生夸大在校成绩、伪造各类证书、编造工作经验等方面有愈演愈烈之势。学生的失信行为虽然只是极少数人的不良行为，但由此产生的负面效应却不可估量，成为学生职业选择的一枚定时炸弹，隐患无穷。

少数学生缺乏诚信品质的行为会给日益严峻的就业环境造成严重污染。表面看来，少数的毕业生进行虚假包装只是个人行为，最后也只能自食其果，但用人单位就会对其所在学校产生一种本能的排斥，该校在社会上的名声就会大受影响。虽然造假者有可能瞒天过海、蒙混过关，但其内心深处不可避免地出现负罪感，使自己承受着痛苦的折磨。造假者一旦被揭发出来，会立即被扫地出门，从此其职业生涯将荆棘密布，人品大打折扣，社会声望也会一落千丈。其重新起步时心里也会有阴影。除此之外，学生就业失信不仅加大了学校的培养成本，而且增加了用人单位的招聘成本和学生自身的就业成本。为了增强用人单位的信任感，学校不得不在日常教育管理和对外宣传上增加投入，如建立并健全诚信档案和学生信用网上查询系统等；而用人单位为了确保引进的人才不是“水货”，要对学生通过种种途径反复、仔细地核实，如进行实地调查、外围调查。有的单位更是煞费苦心，建立了一整套电子防伪系统。而对学生来说，身边的“李鬼”不经意间也对自己的求职构

成了严重威胁。为重树形象，绝大多数学生不惜花重金证明自己的清白。

因此，学生为了保护自身的就业优势，一定要致力于营造良好的诚信环境，减少乃至消灭职业选择中的失信行为。这不仅有利于学生自身的就业和发展，也会对全社会形成良好的诚实风气起到引导作用。

2. 频频跳槽破坏了职业地位和选择的系统性、整体性，不利于个人的发展

一个人对工作的态度，往往比专业知识、经验更为重要。只有对工作全面认同，积极投入，才能干出一番事业。现在的年轻人很容易犯这样一种错误：一边工作，一边找工作，对工作不是全身心的投入。一个人的第一份、第二份工作也许不能与自己的能力和素质形成很好的匹配，但完全可以再寻找自己理想中的工作。而一旦找到了一个比较适合自己的工作，就应该拿出与企业风雨同舟的精神，全力以赴。在经济快速、平稳发展的时期，不乏有一些企业拿着更好的薪资、职位来挖人才，而有一些人也把跳槽作为快速发展的捷径，因为每一次跳槽都可能在薪资、职务上得到提升。虽然这是市场经济条件下的个人行为，但一个人必须有长远的考虑，不能只顾眼前的利益。频繁跳槽的人，虽然他们中也有成功者，但失败者占绝大多数。其实道理很简单，在风平浪静的时候，无论你怎么跳，你都可以站稳脚跟；而一旦情况发生了变化，如公司业务发展遇到了困难，需要紧缩员工时，作为公司的管理者，会选择让谁留下？毫无疑问，要留忠心的、与企业风雨同舟的员工，这时第一个牺牲的就是那些频繁跳槽的员工。经济的发展不会永远是一条向上的直线，它会有波澜起伏。在经济平稳的时候，一定要好好把握机会，不要把精力放在换公司走捷径上。

虽然我们承认市场“利益驱动”的冷酷，也理解“人往高处走”的现实性，但是我们不能太急功近利，太无视“择业道德”和“职业道德”。在人力资源充分实现市场配置的今天，跳槽受到法律的保护，但是毕业生千万不能为了所谓的增加阅历而跳槽，更不能为了眼前的利益而不顾自己的长期发展目标。对事业的专一与对企业的忠诚，不论在什么经济形态下，都是会受到普遍欢迎的，这是大势所在。

3. 职业定位和选择应着眼于从基层做起，凭实力说话

职业院校学生与本科生、研究生相比学历上处于劣势，在职业定位和选择过程中更应该保持低位切入的姿态。首先要知道职业是充满危机的，职业是一种学习活动，每一种职业都需要一定的能力才能胜任。一个聪明的就业者需要多种职业能力。幸运的是，这些能力都可以通过学习获得。这些能力可能包括：决策能力、交际能力、系统思考能力、信息处理能力、成为一名出色聆听者的能力、项目管理能力、团队合作能力、高情商、创新能力、领导能力、创造自我品牌的能力、学习能力、写作能力、打扮得体的能力、照顾自己的能力等。尽管毕业生经过了正规的教育，但我国的教育更偏重于知识的传授，缺少多种职业能力的培养。此外，在职业生涯中，个人的社会阅历、人际交往、客户关系、法律常识也很重要。在激烈的求职竞争中，职业院校学生必须以自己的实际行动去彻底扫除“好高骛远”“小事不肯做，大事不会做”的不良社会印象，要以发展的眼光、务实的精神，扬长避短地去争取每一次择业的机会。通过从基层做起，从小事做起，不断参与社会实践，培养自己的综合素质，完善自己的知识结构，积累足够的社会经验。因此，职业院校学生在进行职业定位和选择时要“做最坏的打算，尽最大的努力”，保持低位切入的姿态，然后一步步地提高自己的目标，全力奋进。这样，你可以学到许多课本以外的知识，取得一些意想不到的收获。

4. 职业定位和选择需要随着自身素质和社会的变化不断调整

职业院校学生的职业定位和选择不可能一次完成，需要在实践中随着自身素质和社会发展的变化作出相应的调整。

我们知道，职业规划应贯穿于在校学习生活的始终。人的职业兴趣、能力的提高是个长期的、连续的发展过程，职业发展决策不是在面临择业时才有的单一事件，而是一个发展过程，因而职业定位和选择也应是一个长期的系统工作。从发展心理学的角度看，人在童年时期就孕育了职业选择的萌芽。随着年龄、资历、教育等因素的变化，人们职业选择的态度、期望、兴趣也会发生变化。发展性职业指导理论认为，职业发展如同人的生理和心理发展一样，可以分为几个连续的发展阶段，每个阶段都有一定的特征和发展任务。如果前一阶段的职业发展任务不能很好地完成，就会影响后一阶段的职业发展任务，导致选择职业时遇到障碍。

在以上原则基础上规划、设计的职业一定是适合学生的理想职业，它有益于个人内在素质的提升及不断进步。其实我们应该把自己的职业定位和选择当作一种广博的学问，正是在工作中我们学会了如何待人接物、如何发展自己以及怎样为人处世。可以说，学生的职业定位和选择是描绘美好未来的开始。

二、职业设计方法

职业设计和选择作为现代人力资源管理学的核心内容之一，对于就业竞争相当激烈的职业院校的学生来说是十分必要的。一份好的职业设计可使职业院校学生充分认识自己，客观分析环境，科学地树立目标，正确地选择职业，运用适当的方法，采取有效的措施，克服职业生涯发展中的险阻，避免人生陷阱，从而获得事业的成功。在进行职业设计时，学生们还要注意选择合适的方法。这里我们向大家介绍集中多个职业院校经验总结的适合职业院校学生使用的自我询问规划法，操作比较简单。

（一）具体内容

自我询问规划法是许多职业咨询机构和心理专家进行职业咨询和职业规划时常采用的一种简单易行的方法。它需要学生独立地思考并回答7个问题（也有的是5个问题，将自己的优势、劣势合并在第一个问题中，简称5W模式），找出自己职业规划的优势和劣势，综合7个问题的回答，就可以设计出自己的职业方向。具体内容如下：

- 我是谁（Who am I）？
- 我想做什么（What will I do）？
- 我能做什么（What can I do）？
- 环境支持或允许我做什么（What does the situation allow me to do）？
- 我的优势是什么（What is my advantage）？
- 我的劣势是什么（What is my disadvantage）？
- 我的职业规划是什么（What is the plan of my career）？

1. 回答“我是谁”问题时要先考虑自己扮演的社会角色

学生不仅要全面回答自己扮演的社会角色，如孙女（孙儿）、女儿（儿子）、姐妹（兄弟）、消费者、学生等，还要突显自己的性格特点和能力素质，争取尽可能多地回答这个问题，帮助认清自己的“真实面目”。随后再想想哪些答案需要修改，哪些需要增加，尽量准确地表达自己的想法。确定答案完全、齐备之后，按重要性对答案进行排序。

2. 回答“我想做什么”问题是对自己职业理想发展过程的一次测试

在从小到大的成长过程中，每个人在不同时期都可能有不同的理想。学生在具体回答的时候，需要回忆从儿时到现在每个阶段的理想，依次把它们列出，并查漏补缺，再依照理想实现的程度大小来给这些答案排序。

3. 回答“我能做什么”问题是对自己能力和潜力的考察

一个人的能力直接决定了其职业定位，而其潜力大小则决定了其职业发展空间的大小。那么，如何了解一个人的发展潜力呢？我们应该从个人的兴趣、做事的毅力、处理事情的判断力、知识结构的健全程度以及能否跟上时代的发展及时更新旧知识、旧观念等方面来考虑。考虑成熟之后，就可以把自己确定的能力和潜在的能力归纳出来。这也需要认真地排序。

4. 回答“环境支持或允许我做什么”问题主要是考察影响学生职业设计的主客观因素

主观因素包括与人交往（如同学和朋友的关系处理）、社会关系（亲戚关系），客观因素包括职业选择地区的经济发展状况、人事政策状况、企业制度、职业的发展空间等。我们在进行职业选择时应该把主、客观两方面的因素综合起来，把一切有利于自己发展的因素调动起来。在这些因素中，我们需要把对自己有利的因素单独列出来，考虑自己可以得到哪些支持和帮助。弄清楚之后按重要性排列。

5. 回答“我的优势是什么”问题时需要考虑三个问题

（1）你学习了什么。在大学期间，你从专业学习中获取了什么收益？在社会实践活动中提高与升华了哪些方面的知识和能力？努力学好专业课程是职业规划的重要前提。要重视学习、善于学习，同时要善于归纳、总结，把单纯的知识真正内化为自己的智慧，为自己多储备各种知识。

（2）曾经做过什么。包括在校期间担任的学生职务、社会实践活动取得的成就及工作经验的积累等。要提高自己经历的丰富性和突出性，应该有针对性地选择与职业目标相一致的工作项目，坚持不懈地努力工作，这样才会使自己的经历有说服力。

（3）最成功的是什么。你做过的事情中最成功的是什么？如何成功的？通过分析，可以发现自己的长处，如坚强、智慧超群等，以此作为个人深层次挖掘的动力之源和魅力闪光点，形成职业设计和选择的有力支撑。

6. 回答“我的劣势是什么”问题时的注意要点

（1）性格的弱点有哪些。人无法避免与生俱来的弱点。这就意味着，你在某些方面存在先天不足，是你力所不能及的。安下心来，多跟别人好好聊聊，看看别人眼中的你是什么样子，与你自己的判断是否一致，找出其中的偏差并弥补，这将有助于自我提高。

（2）经验或经历中所欠缺的方面是什么。欠缺并不可怕，怕的是自己还没有认识到或认识到了而一味地不懂装懂。正确的态度是：认真对待，善于发现，努力克服和提高。你可以打出“给我时间，我可以做得更好”的旗号。

7. 找出对实现职业目标有利和不利的条件，列出不利条件最少、自己想做并且能做的职业目标

至此，“我的职业规划是什么”这个问题的答案就有了一个清楚的框架。我们可以从前六个问题的答案中找出内容相同或者相近的，然后把它们连在一起，最后共同点最多的连线就是你以后职业的发展方向。

确定了职业发展方向之后，接下来就要制定一系列行之有效的具体行动计划。通常行动计划分为短期目标、中期目标、长期目标和人生目标。短期目标一般为 1～2 年，短期目标又分为日目标、周目标、月目标、年目标；中期目标一般为 3～5 年；长期目标一般为 6～10 年。针对每个目标，列出相应的可执行的行动方案，然后全身心地投入行动中，将一个个计划变成现实。

（二）职业院校学生进行自我设计时需要注意的事项

1. 找一份能够激励你成长的工作

不要因为一份工作可短期获利就一头栽进去，最好找一个能促使你成长的工作，以开创属于自己的机会。即使是竞争最激烈的行业也会有空下来的位子，难就难在如何寻觅。某些领域机会较多，有些则需要“挤破头”才能争得一席之地。通常令人瞩目的行业，如新闻、广播、电影、电视、广告、时装等都不易进入，但若有幸成为其中一员，只要努力，就一定会有属于自己的天地。竞争激烈并不代表你永远都没有机会，不战而退最令人惋惜。以马拉松比赛为例，是否所有的参赛者都有健美先生那样的身材、机器人那样的耐力？果真如此的话，你是不是想脱下跑步鞋，回家算了？如果你已经为这场比赛练习了很久，转身离去就是懦夫的行为。要进入竞争激烈的行业，也是如此。

2. 勇敢地迈出第一步

如果自认为有才华、有冲劲、有创造力，却连试一试的勇气都没有，也是一种懦弱的表现，没有人会同情你。一个人若是苟延残喘到年老，只会怪他人“有眼不识泰山”，但这又有何用？不要动不动就自怨自艾：“要是当初我不计较报酬，今天早成了‘文案高手’。”或者说：“当年我为什么不肯屈就呢？不然现在就是杰出的广播节目制作人，用不着在这儿听他们电台的烂节目。”这些都是空洞的借口，批评别人总是不必费什么工夫，然而踏出第一步却要有胆量和冲劲。

3. 只有不懈努力才能获得成功

不论工作是否有挑战性、需求人员是多是少，只有不懈努力才能获得最后的成功。20 世纪 60 年代，美国数以千计的毕业生瞧不起世间的价值标准，想要做“自己爱做的事”，推销健康食品就成为他们最乐于从事的行业。对他们来说，这是抗拒主流文化的一种“义举”。过去的嬉皮士们多半“无心插柳柳成荫”，成为今日卓越有成的企业家，积累了惊人的财富。而现实的限制和人们的日益成熟，常使一些理想主义者不得不成为脚踏实地的人。

三、职业定位和选择实施

（一）树立正确的职业理想，确立明确的职业目标

职业理想是指人们对未来职业表现出来的一种强烈的追求和向往，是人们对未来职业

生活的构想和规划。任何人的职业理想必然要受到社会环境、社会现实的制约。社会发展的需要是职业理想的客观依据，凡是符合社会发展需要和人民利益的职业理想都是高尚的、正确的，并具有现实的可行性。职业院校学生的职业理想更应把个人志向与国家利益和社会需要有机地结合起来。

职业理想在人们职业定位和选择过程中起着调节和指南作用。一个人选择什么样的职业以及为什么选择某种职业，通常都是以其职业理想为出发点的。学生树立职业理想的过程便是心目中进行职业定位和选择的过程。一旦在心目中有了自己认为理想的职业，就会依据职业理想的目标去规划自己的学习和实践，并为获得自己认为理想的职业而去做各种准备。

职业理想形成后，每个人都会确立明确的职业目标。在职业生涯中，人的职业目标有短期目标和长期目标以及近期目标和长远目标之分，而且在一定时期还有可能对职业目标作出一定的调整。职业定位和选择是根据一定的职业目标而进行的，是为了实现这个目标而做的设计打算和初步方向。所以，学生在校期间应当逐步确定自己的职业目标，打算成为哪方面的人才、打算在哪个领域成才等。对这些问题的不同答案不仅会影响个人职业定位和选择，而且会影响个人成功的概率。

（二）自我分析和职业分析比较

自我分析是指通过科学认知的方法和手段，对自己的职业兴趣、气质、性格、能力等进行全面认识，清楚自己的优势与特长、劣势与不足。自我分析要客观、冷静，不能以点代面，既要看到自己的优点，又要面对自己的缺点。只有这样，才能避免设计中的盲目性，达到设计高度适宜。

职业分析是指考虑职业区域的具体特点，分析职业环境。职业区域可能是城市，也可能是农村，可能是经济发达的特区，也可能是经济一般或贫困落后地区。具体特点包括该地区的特殊政策、环境特征。职业角色的发展与职业所在的行业发展有着密切的关系。学生在进行职业定位和选择时，不能仅看重企业的大小、名气，还要对该职业所在的行业现状和发展前景有比较深入的了解，如人才供给情况、平均工资状况、行业的非正式团体规范等。不同的职业岗位对求职者的自身素质和能力有着不同的要求，除了解所需要的非职业素质要求外，还要了解需要的职业素质要求；除了解所需要的一般能力外，还要了解所需要的特殊职业能力。

（三）构建合理的知识结构

一个人知识的积累是其成才的基础和必要条件。人们常常把一个人掌握知识的多少作为衡量水平高低的标准，但它不是衡量人才的绝对标准。单纯的知识数量并不足以表明一个人真正的知识水平，职业院校学生不仅要具有相当数量的知识，还必须形成合理的知识结构。没有合理的知识结构，就不能发挥其创造力。要能够根据职业和社会不断发展的具体要求，将已有知识和技能科学地重组，构建合理的综合知识结构，最大限度地发挥知识和技能的整体效能。

新世纪对未来人才的知识和技能的综合性结构提出了更高的要求，职业院校学生要既能很好地适应社会需要，又能充分体现个人特色；既能满足专业要求，又有良好人文修养；既能发挥群体优势，又能展现个人技能和专长。构建合理的知识和技能结构没有捷径可走，只能是学习、实践和积累，采取适合自己的科学方法，持续不断地付出艰辛的劳动，辛勤耕耘。

（四）培养职业需要的实践能力

职业院校学生的综合能力和知识面是用人单位选择学生的依据。用人单位不仅考核其专业知识和技能，而且考核其综合运用知识的能力、对环境的适应能力、对文化的整合能力和实际操作能力等。职业院校学生进行职业定位和选择时，除了构建自己合理的知识和技能结构外，还应具备从事本行业岗位的综合能力和某些专业能力，包括决策能力、创造能力、社交能力、实际操作能力、组织管理能力，以及自我发展的终身学习能力、心理调适能力、随机应变能力等。从某种意义上说，能力比知识更重要，职业院校学生只有将合理的知识、技能结构和适用社会需要的各种能力统一起来，才能立于不败之地。

（五）参加有益的职业训练

职业院校学生进行的职业训练包括职业技能的培训、对自我职业的适应性考核、职业意向的科学测定等。当前，各类学校组织学生参与的暑期“三下乡”活动、“青年志愿者”活动、到企业锻炼、毕业实习实践活动、校园创业活动等都是职业训练很好的形式。除此之外，学校还可以邀请成功校友回校与学生座谈、邀请校外知名人士来校与学生交流、鼓励有条件的学生利用假期到父母或亲戚单位实习、鼓励学生从事社会兼职工作、组织学生开展模拟性的职业实践活动、开展职业意向测评、开展职业兴趣分析测评等。学生也应主动积极地参加有益的职业训练，更早、更多地了解职业，掌握职业技能，正确地引导自己的职业定位和选择。

四、职业定位和选择应注意的问题

（一）根据社会需求进行职业定位和选择

任何人选择职业的自由都是相对的、有条件的，如果择业脱离社会需求，将很难被社会接纳。职业院校学生在求职时要把社会需求与个人利益、社会需求与个人愿望有机结合，应积极把握社会对人才需求的动向，把社会需求作为出发点和归宿，以社会对个人的要求为准绳。既要看到眼前的利益，又要考虑长远的发展；既要考虑个人的因素，也要自觉服从社会需求。当前社会紧缺的是满足生产和服务一线的技术岗位人员，职业院校学生的培养目标要与之相适应，以满足社会需求为宗旨，因此，职业院校学生应根据社会需求进行职业定位和选择。

（二）根据所学专业进行职业定位和选择

职业院校学生都经过了一定的专业技能训练，具有某一专业的知识和技能，这是职业院校学生的优势所在。每个人都有自己的专业，每个专业也都有自己一定的培养目标和就业方向，这就是职业院校学生职业定位和选择的基本依据。用人单位对毕业生的需求，一般首先是毕业生在某方面的专业特长。学生迈入社会后的贡献主要靠运用所学的专业知识和技能来实现。如果职业定位和选择离开了所学专业，无形中增加了许多的“补课”负担，个人的价值就难以实现。需要强调的是，职业院校学生对所学的专业知识不一定要求精深，但要求基础知识宽厚，这有利于拓宽专业知识面，尽快了解或掌握与本专业相关或相近的其他专业知识和技能。也有利于针对目标行业的职业积累相关知识，以便尽快适应新的环境，学习新的知识，迎接新的挑战。

（三）根据个人兴趣与能力特长进行职业定位和选择

个人要明白自己将来要干什么，要知道自己的兴趣所在，在职业定位和选择时更要这样。但实际情况往往是毕业生挑花了眼，不知道自己需要的是什么，三心二意、犹豫不决，这样就会误事。职业定位和选择要与自己的性格、气质、兴趣、能力特长等方面相结合，充分发挥自己的优势，扬长避短，体现人尽其才、才尽其用的要求。

职业院校学生进行职业定位和选择时，可以适当考虑自己的兴趣与爱好。兴趣是个体积极探究事物的认识倾向，这种倾向常有稳定、主动、持久等特征。如果一个人对某种工作产生兴趣，他在工作中就会具有高度的自觉性和积极性，在工作中就会做出成就。反之，如果一个人对工作没有兴趣，就不可能将自己的精力投入工作，也就不可能取得成功。但兴趣、爱好也并不总起着正向的驱动作用，有时它也是一种耗散力。例如：有的人对什么都感兴趣，但没有形成自我特色；有的人兴趣面太窄，不能形成优势；有的人兴趣与所学专业不一致；等等。这些都可能给职业院校学生的职业定位和选择带来困惑。这就要求职业院校学生在进行职业定位和选择时，对自己的兴趣要有一个客观的分析，根据自己的职业意向对自己的兴趣、爱好进行重新培养和调整。

能力特长是人们成功地完成某种活动所必须具备的个性心理特征，是人们在社会实践中所表现出来的身心力量。根据自己的能力特长进行职业定位和选择是职业院校学生应特别注意的问题，因为任何一种职业都需要一定的能力，不同职业有不同的能力要求。能力特长对职业目标的确定起着筛选作用，是求职、择业以及事业成功的重要保证。需要提醒的是，职业院校学生评价能力高低的尺度应放在实际操作能力和实践应用能力方面。职业院校学生应在对自己的能力特长有一个正确的自我认知和评价的基础上，根据自己的真才实学和能力特长进行职业定位与选择。

案例 2－1

方案选登

1. 自我认定

我是上海市震旦中等专业学校工艺美术专业的学生。我性格直爽且活泼外向，同时也是一个乐观、诚实守信的人，因此结识了许多知心朋友。我为人大方，从不在小事上与人斤斤计较，我为自己宽容的性格感到骄傲。我有一个特点，就是笑容永远都在脸上，因为我天生乐观，不管遇到什么困难都会微笑着去面对。我的专业是工艺美术，我非常喜欢我的专业，通过在校几年学习，我掌握了过硬的专业技能。我的兴趣广泛，如运动、唱歌、看书、画画等。

2. SWOT 分析

我的优势在于性格乐观、积极向上。如果遇到困难，我不会一味退缩，而是迎难而上，尽我所能把事情处理好。我在学习和生活中得到了许多朋友的支持，也得到了父母、亲戚、老师的鼓励。此外，我不管做什么，都会尽最大的努力。我现在的专业是工艺美术，我在上专业课时很认真，有什么不懂的地方都会主动问老师，因为我知道不懂就问的道理。另外，遇到挫折时，我会自我调适，很快就会重新恢复自信。这都是我的优势。我也相信在以后的生活中，在朋友们的帮助下，我一定会变得更加优秀。我认为，虽然世界上没有绝对的完美，但要有追求完美的精神。我会把握每一次让自己成功的机会，不会使自己与机会擦肩而过。我也明白，一个人不可能一开始就会成功，成功路上充满荆棘，在未来会遇到无数挑战，我一定会在前进的道路上克服一切困难，使自己变得更坚强，更有上进心。

3. 职业定位

我的职业理想是成为一名优秀的广告设计师，因为我现在所学的专业就是工艺美术，这是广告设计的基础。我非常喜欢这个专业，课余时间我常常在电脑上进行广告设计。虽然我知道要成为一名广告设计师并不容易，我现在离这个目标还很远，在前进的道路上也会遇到诸多困难和挫折，但我一定会坚持自己的理想。我准备毕业后继续深造，报考高校的广告设计专业。我相信以后的道路是光明的，我一定能成为一名出色的广告设计师。

4. 发展目标

我的现实目标是学好专业课程，在老师的指导下提高自己的专业技能。进入实习单位后，我会在实习单位认真工作，让职业生涯有一个良好的开端。我的中期目标是进入一家知名广告设计公司，发挥自己的才能，通过十几年的锻炼，使自己在行业内拥有一定的知名度。我的长期目标是开办自己的广告设计公司。这就是我为自己设定的一整套目标，我会向着这些目标不断前进。

案例 2-2

转行的困惑

小袁毕业于某高职院校市场营销专业，身材高挑、性格文静，有较强的中文写作能力，但不善于口头表达，不善于人际交往，如今在一家著名汽车品牌店从事销售工作。在近两年的工作过程中，她发现自己并不适合做销售，虽身材相貌出众，但不爱讲话，与客户打交道感到吃力，销售业绩在同行中也不理想。经理对其工作表现不是很满意，小袁自己也觉得很苦恼。因此，她想转行从事其他能够发挥自己文字特长的工作，但目前单位的工作环境稳定，福利优厚。对于转其他行业的可行性有多大、应聘其他行业是否合适等，她感到很困惑。

[分析]

从小袁的性格特点分析，她的确不适合做销售工作。销售员不仅需要具备良好的条件，更需要乐于与人交往，具有良好的沟通能力。文静、不善表达的小袁显然不具备销售员应有的素质。

从小袁的职业兴趣分析，小袁希望能够发挥自己的文字特长，而销售工作显然不是小袁的兴趣所在，销售业绩的平庸表现更导致小袁心中的苦恼、沮丧。

小袁应该转行，但应该转什么行业？转行的成功概率有多大？通过分析，可以认为：小袁虽然不善于沟通，但小袁长相好、文笔优美、文字能力强，其内心职业倾向也是希望发挥自身的文字能力。因此，小袁可从事秘书或文员类工作，这些岗位对于小袁正好扬长避短，可以发挥优势，转行的成功概率也较大。

有关职业定位和选择的调查研究揭示，工作经验在2～3年的从业者，往往会发现自己当初刚刚迈出校门时懵懵懂懂选择的工作并不适合自己，于是就面临重新择业的问题。研究表明，这一问题表面上看是“择业”的问题，实际上是“发展”的问题。正是因为当初选的工作不适合自己，不能满足职业生涯的发展需求，所以才需重新择业，重新找寻适合自己的职业生长点。面对这样一种情况，从业者必须果断转行，不能犹豫。而且，重新择业也不再是简单地再找一份工作，必须按照自身的个性、能力等特点，结合职场情况，准确定位适合自己长远发展的职业。

市场营销专业的毕业生从事销售工作似乎是理所当然、顺理成章的事。然而实践中有太多例子表明，一个市场营销专业的毕业生并不一定就会成为一名称职的销售。有关职业发展理论揭示，职业成功必须全面具备专业技能、学历资质、良好综合素质三方面因素。根据这个标准，小袁在销售岗位上可以说很难成功。眼前的销售工作的确能给小袁带来稳定的收入和不错的福利，但凭小袁的表现，“稳定”还能维持多久？所以，小袁应该果断作出选择，重新择业，找一份真正适合自己发展的工作。

案例2-3

提拔的苦恼

小郑是济南某模具工业公司5个月前提拔的车间主任。近来，他感到身心疲惫，对工作极度不适，很想向经理提出辞掉车间主任的职务，重新回到原来的工作岗位上，但碍于面子，迟迟未敢开口。这到底是怎么回事？

半年前，在公司业绩低迷的时期，只有小郑带领的班组不断地提前完成任务，为公司作出了很大贡献，小郑因此从原来的班长晋升到车间主任，管理90多人的机加工车间。

小郑晋升到管理职位后，工资、待遇也都有了相应的提高，可以说是“前途无量”，但善于埋头苦干却不善于管人的小郑却高兴不起来。他非常清楚地意识到，这并不是他的选择。

小郑从小到大，从选择报考的学校到专业，甚至到找工作等，基本上是听从父母的安排，他已经习惯了听指挥。他不喜欢征服任何事物和任何人，但却喜欢维修机械设备。他以前干什么活儿都是亲力亲为，带只有8个人的班组尚觉吃力，现在成了90多人的头儿，忙得从早干到晚，仍然是顾头顾不了脚，业绩总上不去，为此他十分烦恼。

［分析］

经过对小郑的分析发现，他属于专业技术型人才，在专业技术工作中有很强的才能。小郑一直被认为在技术方面具有天分，他自己也非常喜欢做动手的工作。与此相对应，他不喜欢征服任何事物和任何人，他只对与自己的领域有关的管理任务加以接受，对全面管理则抱有强烈的抵触情绪，内心常经历严重的冲突。在传统的由职能型向全面管理型职业发展的通道上，他常常无法拒绝一些全面管理工作，可是这使他感到害怕或心烦，无法胜任。不过，通过职业咨询，他就很容易找出了为什么晋升会令自己不愉快，他要更多地与人和组织打交道，而不是各种设备，还要投入更多的时间于工作中。从这个例子我们可以看出，正是他接受了车间主任的职位，才导致身体上和精神上的不适。

实训练习

1. 什么是SWOT分析？
2. 进行职业定位和选择的自我练习。
3. 通过气质型自测量表（见拓展资源）测试自己的气质类型并作出分析。

拓展资源

气质型自测量表

指导语：下面有60道题目，请结合自己的实际情况，对每一道题目进行评分。评分标准为："很符合"记2分，"较符合"记1分，"一般"记0分，"较不符合"记－1分，"很不符合"记－2分。通过测试，你可以大致了解自己的气质类型。

1. 做事力求稳妥，不做无把握的事。
2. 遇到可气的事就怒不可遏，把心里话全部说出来才痛快。
3. 宁肯一个人做事，不愿很多人在一起。
4. 到一个新环境很快就能适应。
5. 厌恶那些强烈的刺激，如尖叫、噪音、危险镜头等。
6. 和人争吵时总是先发制人，喜欢挑衅别人。
7. 喜欢安静的环境。
8. 善于和人交往。
9. 羡慕那些善于克制自己感情的人。

10. 生活有规律，很少违反作息制度。
11. 在多数情况下情绪是乐观的。
12. 碰到陌生人觉得很拘束。
13. 遇到令人气愤的事，能很好地自我克制。
14. 做事总是有旺盛的精力。
15. 遇到问题总是举棋不定、优柔寡断。
16. 在人群中从不觉得过分拘束。
17. 情绪高昂时，觉得干什么都有趣；情绪低落时，又觉得做什么都没有意思。
18. 当注意力集中于某一事物时，别的事很难使我分心。
19. 理解问题总比别人快。
20. 碰到危险情景，常有一种极度恐惧感。
21. 对学习、工作怀有很高的热情。
22. 能够长时间做枯燥、单调的工作。
23. 对于感兴趣的事情，干起来劲头十足，否则就不想干。
24. 一点小事就能引起情绪波动。
25. 讨厌做那些需要耐心、细致的工作。
26. 与人交往不卑不亢。
27. 喜欢参加热闹的活动。
28. 爱看感情细腻、描写人物内心活动的文艺作品。
29. 工作或学习时间长了，常感到厌倦。
30. 不喜欢长时间讨论一个问题，愿意实际动手干。
31. 宁愿侃侃而谈，不愿窃窃私语。
32. 别人总是说我闷闷不乐。
33. 理解问题常比别人慢。
34. 疲倦时只需要短暂的时间休息，就能够精神抖擞。
35. 心里有话不愿意说出来。
36. 认准一个目标就希望尽快实现，不达目的誓不罢休。
37. 学习、工作同样一段时间后，常比别人更疲倦。
38. 做事有些鲁莽，常常不考虑后果。
39. 老师讲解新知识的时候，总希望讲得慢一些，多重复几遍。
40. 能够很快地忘记那些不愉快的事情。
41. 做作业或完成一件工作总比别人花的时间多。
42. 喜欢运动量大的体育活动，或者参加各种文艺活动。
43. 不能很快地把注意力从一件事转移到另一件事上。
44. 接受一个任务后，就希望把它迅速完成。
45. 认为墨守成规比冒风险强。
46. 能够同时注意几件事务。
47. 当我烦闷的时候，别人很难使我高兴起来。
48. 爱看情节跌宕起伏、激动人心的小说。

49. 对工作抱认真严谨、始终一贯的态度。
50. 和周围人的关系总是相处不好。
51. 喜欢复习学过的知识，重复做熟练的工作。
52. 希望做变化大、花样多的工作。
53. 小时候会背的诗歌，我似乎比别人记得清楚。
54. 别人说我语出伤人，可我并不觉得这样。
55. 在体育活动中，常因反应慢而落后。
56. 反应敏捷，头脑机智。
57. 喜欢有条理而不甚麻烦的工作。
58. 兴奋的事常使我失眠。
59. 老师讲的新的概念常常听不懂，但是弄懂了以后就很难忘记。
60. 假如工作枯燥无味，马上就会情绪低落。

说明：计算与每一种气质类型相关的题目的总得分，得到每种气质类型的分数。

胆汁质类型相关的题目包括 2、6、9、14、17、21、27、31、36、38、42、48、50、54、58 题；

多血质类型相关的题目包括 4、8、11、16、19、23、25、29、34、40、44、46、52、56、60 题；

黏液质类型相关的题目包括 1、7、10、13、18、22、26、30、33、39、43、45、49、55、57 题；

抑郁质类型相关的题目包括 3、5、12、15、20、24、28、32、35、37、41、47、51、53、59 题。

A. 如果某一项或两项的得分超过 20 分，则测试者为典型的该气质类型。

B. 如果某一项或两项以上得分在 20 分以下、10 分以上，其他各项得分较低，则为该项的一般气质类型。

C. 若各项得分均在 20 分以下，但某一项或几项得分较其余项高（相差 5 分以上），则略倾向于该项气质类型（或几项的混合类型）。

思政园地：用中国故事鞭策自己前行

唐伯虎潜心学画

唐伯虎是明朝著名的画家和文学家，小的时候在画画方面显示出超人的才华。唐伯虎拜师在大画家沈周门下，学习自然更加刻苦勤奋，掌握绘画技艺很快，深受沈周的称赞。不料，由于沈周的称赞，一向谦虚的唐伯虎也渐渐地产生了自满的情绪。沈周看在眼中，记在心里。一次吃饭，沈周让唐伯虎去开窗户，唐伯虎不明就里，走上前伸手开窗，一动手却发现这窗根本打不开。原来这是老师沈周的一幅画。唐伯虎非常惭愧，从此潜心学画。

第三章

职业素质与素质培养

《中共中央关于制定国民经济和社会发展第十四个五年规划和二〇三五年远景目标的建议》强调激发人才创新活力，提出要加强创新型、应用型、技能型人才培养，实施知识更新工程、技能提升行动。按照《国家教育事业发展“十四五”规划纲要》全新人才培养理念，必须把德育工作放在首位，全面推进素质教育，并强调育人为本，突出以诚信、敬业为重点的职业道德教育。职业素质是职业发展的基石，职业院校学生特别要重视职业素质的培养，以高度负责的态度，把职业视同自己的生命信仰。敬业才能立业，立业才能发展，让我们从现在就开始吧！

第一节　职业素质构成与职业素质提高

2014 年，《国务院关于加快发展现代职业教育的决定》对劳动者素质提出了新的要求。成功与成才已不单单依靠技术或技能，而更强调良好的个人品质、终身学习的理念和与人合作的精神。现代社会要求职业院校学生“学会学习、学会做事、学会共同生活、学会生存”，要求学生努力培养自己知识、技能之外的职业素养。

一、职业素质的内涵和外延

职业素质是劳动者对社会职业了解与适应能力的一种综合体现，主要表现在职业兴趣、职业能力、职业个性等方面。影响和制约职业素质的因素很多，主要包括受教育程度、实践经验、社会环境、工作经历，以及自身的一些基本状况（如身体状况）等。一般来说，劳动者能否顺利就业并取得成就，在很大程度上取决于本人的职业素质。职业素质越高的人，获得成功的机会就会越多一些。

职业素质以人的基本素质为基础，基本素质是一个自然人在从产生到消亡的过程中，使其本人获得可持续发展所必需的最基本素养。职业院校学生作为接受职业教育的人才，其基本素质包括思想道德品质、人文与自然科学素养和身心素质。思想道德品质是指人在社会活动过程中客观存在的反映在人的意识中，经过大脑的思维活动，调整人与人之间及个人和社会之间关系的行为准则和规范的有关修养，包括世界观、人生观、职业道德、法制观念等。思想道德品质虽然是个人在社会活动过程中逐步形成的，但职业教育对个人的思想道德品质提高起着举足轻重的作用。人文与自然科学素养是指学生应达到满足专业教学和终身教育所需要的文化基础知识和自然科学素养，为个人获得可持续发展奠定良好的基础。身心素质包括为今后学习和工作所应具备的健康状况和心理素质。

二、培养职业素质的重要性

近年来，相当数量的职业院校学生已经在各自的工作岗位上建功立业，为我国现代化建设事业作出了突出的贡献。但是，少数毕业生在用人单位的表现令人担忧：心理过于敏感和激动，不能很好地适应工作岗位，动辄不辞而别，甚至违法乱纪等；“诚信缺失”等不良行为已经严重影响职业院校学生的声誉。虽然这些问题与社会大环境、家庭小环境有很大的关系，但也与职业院校学生的职业素质不够有很大的关系。

《教育部关于加强高职高专教育人才培养工作的意见》中强调，“要将素质教育贯穿于高职高专教育人才培养工作的始终。学校在全面推进素质教育的过程中，要以素质教育的思想和观念为指导，推动人才培养模式的改革，使学生既具有较强的业务工作能力，又具有爱岗敬业、踏实肯干、谦虚好学和与人合作的精神，安心在生产、建设、管理和服务第一线工作”。由此可见，职业院校毕业生具有良好的职业素质是非常重要的，具体来说，其重要性表现在以下两个方面。

（一）良好的职业素质是做出工作成绩的必要条件

职业院校学生要想在事业上取得成功，就必须树立正确的职业思想、职业价值观和人生观，具有忠于职守、献身事业的乐业和敬业精神，实事求是、严肃认真的劳动态度，刻苦钻研、精益求精的工作作风，以及在职业活动中团结协作和全心全意为人民服务的精神。

（二）良好的职业素质是处理好人际关系的重要因素

一个对人热情友好、乐于助人的人能得到同事的好感；一个具有强烈事业心和责任感的人能得到领导的赏识；一个谦虚好学、踏实肯干的人能得到领导的赞扬。但很难想象，一个不讲奉献、自私自利、贪图安逸的人会得到领导、同事的好评与信任。因此，职业院校学生在校期间一定要注意培养良好的职业素质。

请记住

良好的职业素质是获得职业发展的基石，是通向理想彼岸的通行证。

三、职业素质构成

职业基本素养是职业素养的一部分，也是职场安身立命之本。每种职业都有其特点，并对从事这一职业的人员有着特殊的素质要求。即使是同一职业的不同岗位，对从业者的要求也不尽相同。因此，职业院校学生在培养自己的职业素质时，必须围绕所学专业的不同特征，构建不同行业的职业素质。虽然有些职业或岗位所要求的某些具体职业素质可以在上岗后学习和培养，但社会对全部职业的基本素质要求却是相同的，而且是在学校学习中就需要培养和加强的。这些基本素质包括思想品德素质、职业道德素质、心理素质、科学文化素质、身体素质五个方面。

（一）思想品德素质

思想品德素质是职业素质中最根本的部分。思想品德素质不仅决定一个人的政治方向和行为方式，而且与科学文化、身心等素质密切联系，对它们起着主导作用。近年来，一些用人单位在考察和录用职业院校毕业生时首先考虑的是思想品德素质，其次是知识水平和知识结构，再次是体能和心理素质。用人德为先，因此在就业市场上学生党员、学生干部较受用人单位欢迎。思想品德素质具体包括爱心、集体荣誉感、团结协作、谦虚、诚实、守信、健康的精神状态、宽广的胸怀、遵纪守法等。

（二）职业道德素质

职业道德素质是指职业道德规范在从业人员思想及行为中的体现，是从业人员在一系列道德行为中所表现出来的比较稳定的特征和倾向，是职业道德行为的综合表现，是自觉自主的行为过程的积累，是凭借意志选择而获得的行为习惯，是在从业人员行为整体中表现的稳定特征和倾向。职业道德素质具体包括良好的理性修养、强烈的职业责任感、敬业奉献、乐业、追求上进等。

（三）心理素质

心理素质是指人在自我认知、情绪情感、意志、性格、价值观及社会交往与适应能力等方面的素养，是人在认知、情感、意志、需要、兴趣诸种品质上的特征。它是个体在环境的熏陶下，经过长期的修养，逐步内化出的一种心理结果。近年来，社会对人才的需求发生了较大的变化，其中一个主要变化就是从专业型转变为综合素质型。现在大部分用人单位对毕业生不仅有专业技能上的要求，更重要的是综合素质上的要求。在综合素质培养过程中，心理素质的好坏决定着综合素质的高低。例如：好的工作态度的背后要以良好、稳定的情绪为支撑，优秀的团队精神的背后要以宽容的心态为基础。因此，注重培养良好的心理素质是培养和提高综合素质的前提。心理素质具体包括积极的心态、良好的情绪、较强的耐受力、适当的自信心等。

（四）科学文化素质

科学文化素质是指人的知识能力方面的素质，其结构表现为两个方面：在知识积累方面的素质；在知识运用方面的素质。人们从事职业活动，必须具有一定的技术、技能，而培养各种技术、技能，必须以一定的科学文化素质为基础。具有一定的科学文化素质是求职立业的必备条件，是从事职业活动的需要，是掌握专业技能的基础。科学文化知识越丰富，对技术、技能形成的指导性越强。

为了适应不断变化的新形势以及对就业者素质和能力的要求，职业院校学生不但要学习和掌握一定的科学文化知识，更重要的是熟练掌握技术应用技能，为求职立业作好必要的准备，只有这样才能适应未来的职业要求。

科学文化素质具体包括技术技能应用素质、从事社会职业所需的专业素质、管理型职业应具备的专业素质、事务型职业应具备的专业素质、文化型职业应具备的专业素质、技术应用型专业应具备的专业素质等。

学习和掌握现代科学技术不是一件轻而易举的事情，要掌握过硬的本领，必须有谦虚好学、刻苦钻研的精神，努力向一专多能型方向发展。能否实现这样的目标，不但是衡量一个人事业心强弱的重要尺度，也是衡量一个人职业素质高低的重要标志。

（五）身体素质

身体素质是指职业院校学生应具有健康的体格、全面发展的身体耐力与适应性、合理的卫生习惯与生活规律等。现代社会繁忙的生活、紧张的节奏要求投身进去的每一个人都具备健康的体魄。好的身体素质一方面是先天遗传的，另一方面也是后天培养和锻炼出来的。形成良好的生活规律、杜绝不良的生活习惯、合理安排工作和休息是良好身体素质的根本保证。

四、职业素质提高

目前，用人单位对员工职业化的要求越来越高。尤其是外资企业，在招聘应届毕业生时，重点考查的是应聘者的职业素质和潜质。可以这么说，随着市场经济的发展，职业化会越来越成为人才市场的通行证。只有具备高度职业化素质的人才，在未来的市场竞争中才会拥有更强的竞争力。职业化包含很多内容。我国改革开放以来，职业化环境已经逐渐形成，职场人士的职业化素质开始成为他们获得职业成功的主要因素之一。根据专业人士的研究，职场人士的职业化表现在职业化素养和职业化能力两个方面。职业院校学生必须意识到：要想成功走向社会、走向职场，培养职业化素养是基础，提升职业化能力是重点。那么，如何培养职业素质呢？笔者认为应从以下三个方面着手。

（1）要把人生理想与职业理想结合起来，培养忠于职守、爱岗敬业的职业道德素质。

（2）要把心理素质培养与职业道德教育紧密结合起来，加强适应能力的培养，这也是素质教育的重要体现。适应就是拥有一种健康的心态，勇敢面对挫折，适时进行自我心理调节，能主动迎合社会的需要。健康的心理状态与良好的道德教育是分不开的。有正义感就会产生责任心，有理想和信念就会建立起自信心和顽强的意志，有了良好的心理素质才会经得起失败的考验。这也是成功者必备的素质之一。

（3）要培养良好的习惯和知法守法、公平正义的品格及团结协作、互助友爱的团队精神。

（一）思想品质提升

一个人的思想品德养成需要一个长期的过程。只有在长期的生活实践中，将德育目标和内容转化为自身的行为，才能使学生从思想上的认识转变为心灵的感悟。同时，职业教育培养的是建设、生产、管理、服务第一线需要的，下得去、留得住、用得上，实践能力强，具有良好职业道德的高技能人才，这就特别强调要在实践中学习、在学习中实践。

体验是人类生存的基本方式，有重要的道德教育价值。体验是道德教育的本体，是一种图景思维活动，具有整体领悟性、时空贯通性、情感与理智的交融性和意义生成性等特征。

学生思想品德的养成是在不断的体验过程中实现的，体验教育就是通过学生亲身经历、总结学习做人做事的基本道理，并通过实践转化为行为习惯的过程。体验教育坚持以学生为中心，强调学生的主体参与，突出交流与沟通、理解与合作，体验是在实践活动中进行的。

思想品德行为养成不是死记硬背书本知识所能实现的。同学们走出课堂，运用已掌握的理论，去体验生活、体验社会、体验职业岗位、体验人生，通过情感体验和道德体验去感受、关注和欣赏，去评价某一事件、人物、事实和思想。通过直接体验，感受到实践中出现问题的多样化、解决问题方法的灵活性；体验到人与人交往的技巧；体验到现实生活中的真、善、美、假、恶、丑；体验到社会中应担负的责任与使命。在体验中实现由感性到理性的升华，进而养成良好的思想品德行为习惯。

对职业院校学生进行思想品德教育的目的主要是提高学生的政治、思想、道德、法纪、心理、审美、就业、择业、创业等综合素质。这些综合素质的培养只有在职业教育的全过程中才能完成。如果脱离了职业教育环境，就不可能培养出具有职业特点的高技能人才。而良好的职业道德是高素质职业人才的基础。

用人单位注重员工的职业技术素质，更注重员工的职业道德品质。这就决定了职业院校学生不仅要掌握专业知识与技能，更要具备勤业、乐业、敬业的良好职业品德。这种品德的形成，来源于职业院校学生在相应职业岗位中的体验。因此，同学们要把职业理想教育、职业道德教育、职业指导、创业教育作为重要的学习内容，并将之贯穿于品德养成的全过程。要紧密结合本专业的学习和将来从业岗位对思想品德的要求，有针对性地加强思想品德修养，在实际岗位中体验如何做一名合格的高技能人才。

（二）道德修养提升

1. 内容

职业道德素质养成是指职业院校学生在掌握职业道德规范的基础上，培养自己良好的职业道德人格和职业道德意识，并进行职业道德实践的过程。其主要内容包括以下几个方面。

（1）塑造职业道德人格。职业道德人格就是作为从事某种职业的个人的人格道德规范，是从业人员个人的职业道德行为和职业道德品质的高度统一和集中体现。职业道德行为就是从业人员在一定的道德意识支配下表现出来的有利于他人和社会的行为。职业道德行为是有意义、有目的的行为，也是从业人员道德意识内容的外化、客观化的过程。

（2）培养职业道德意识。职业道德意识具有职业道德认识、职业道德情感、职业道德境界、职业道德信念等方面的内容。其中，职业道德认识包括对各行业在社会中的地位、性质、作用、服务对象、服务手段等方面的认识。

从业人员的职业道德培养应从明确认识开始，这是培养职业道德情操的基础。职业道德情感是人们在处理自己和职业的关系及评价职业行为过程中形成的荣辱好恶等情绪和态度，主要包括对从事职业的情感、责任感，对服务对象的情感、敬业爱岗等。

职业道德情感一经形成，就会成为一种稳定而强大的力量，积极影响人们职业道德行为的形成和发展。

（3）升华职业道德境界。职业道德境界是指从业人员通过接受职业道德教育所达到的职业道德觉悟程度、所形成的职业道德品质状况和道德情操水平。我们应积极提倡先公后私的社会主义道德情操和共产主义大公无私的道德境界。

2. 作用

职业院校学生养成良好的职业道德素质，无论是对个人，还是对社会都具有十分重要的意义。

（1）良好的职业道德素质是发挥社会道德作用的关键。职业道德不像法律那样需要国家的强制力，而是依靠社会舆论、传统习惯和内心信念来维系和施行。其中，内心信念起着特别重要的作用。只有使职业道德原则和规范转化为人们的内心信念，产生对某种道德义务的强烈责任感，才能转化为人们的道德行为，进而发挥职业道德的社会作用。

要使社会主义职业道德原则和规范转化为人们的内心的信念。一方面，要通过一定方式和途径，对受教育者有组织、有计划地施加一系列影响，进行德育教育；另一方面，要使受教育者接受职业道德的原则和规范，把握这些原则和规范的要求，并在实践中进行自我教育和自我锻炼。经过自己的切身体验后产生情感，形成信念，变成自己的内在要求，进而将这种内在信念转化为实际的道德行为。要做到这一点，唯一的方法就是自觉地养成良好的职业道德行为习惯，这是其他任何力量都无法替代的。

（2）良好的职业道德素质是事业顺利发展的重要保证。重视职业道德行为的养成，有利于促进行业的兴旺发达。一个行业或部门的职业道德状况将直接影响本行业、本部门的社会信誉和经济效益，关系事业的兴衰成败。而一个行业或部门的职业道德状况，往往通过每个从业人员的职业道德修养表现出来。因此，每个从业人员加强职业道德修养是形成职业群体美好形象的基本要求。只有维护本行业在社会中的道德信仰、道德意识，才能为自己的职业道德修养打下坚实的思想基础，从而提高养成良好职业道德行为的自觉性。

3. 途径

（1）联系实际是养成良好职业道德行为的根本途径。职业道德的知行统一的特点要求人们不但在理论上懂得社会主义职业道德的原则和规范，更重要的是在实践中正确地认识人与人、人与社会的关系，按照社会主义职业道德的要求，不断地进行自我教育，并用实践结果来检查自己的思想和行为，不断地克服自身的缺点和不良行为，逐步培养高尚的职业道德品质。

（2）发挥榜样作用是良好职业道德素质养成的方法。榜样的力量是无穷的，人们从榜样的身上可以看到应该走什么路、做什么样的人，可以看到自己的不足之处和努力的方向。榜样的示范作用生动、具体、形象，对培养人们的职业道德品质具有很强的感染力和巨大的说服力。

（3）“慎独”是一种可以借鉴的职业道德行为养成的方法。“慎独”的意思是：道德是人们一时一刻也不能离开的，人们应时刻注意自己的行为，尤其在别人看不见的时候更要小心谨慎，在别人听不到的地方更要心存畏惧。如果一个人有违反道德的行为，即使他隐蔽得再好，也会有被人发现的时候。因此，在独自一人、无人监督的时候也不要做任何不道德的事情。“慎独”既是职业道德行为养成的重要方法，也是一种崇高的思想道德境界。

（4）做好每一件小事（注意细节）是职业道德行为养成的重要方法。职业院校学生要时刻提醒自己，细节决定成败，要想在事业上有更大的发展空间，一定要从小事上严格要求自己。

（三）心理素质提升

当前各级各类毕业生就业形势严峻，竞争也非常激烈。社会职业的发展和毕业生就业制度的改革给职业院校毕业生带来了各种选择就业的机会。同时，也会给求职者带来从未有过的失落和遗憾，择业成功的喜悦总会带给有心理准备的毕业生。

可以肯定地说，职业院校毕业生求职择业，不仅应具备良好的思想道德素质、文化知识素质、职业素质和身体素质，还应具备良好的心理素质。如果不具备良好的心理素质，在择业期间又不能保持良好的心态，适时调整自己的行为，不但影响顺利就业，而且在职业生涯中难以取得成就。

心理素质的好坏直接影响个体的自身发展、活动效率及对各种环境的适应程度。我国目前推行的素质教育也将心理素质列为重要内容，足以说明心理素质在学生健康成长中的重要性。

1. 良好心理素质的标志

(1) 智力正常。智力正常是人具有良好心理素质的基本条件，能够保证人有效地进行认识活动。智力主要包括观察力、记忆力、想象力、思维能力、注意力和创造力。

(2) 意志健全。意志是人在实现既定目标活动过程中的心理素质。意志健全表现为：行为目的明确而合理，自觉性高；意志力顽强，能自觉克服前进道路中的各种困难和挫折，努力朝着既定的人生目标奋进；善于冷静、客观地分析情况，处事果断；自制力强，忍耐性强，能有效地控制自己。

(3) 情绪稳定。情绪稳定是指情绪反应适度，积极乐观。无论成功或失败，都能适时自我调整情绪，正确支配自己的情感与行动，对周围环境和外界刺激作出适当的反应。特别是身处逆境时，能发掘生活的希望，增强自信心；受到挫折或失败时，不气馁、不灰心，能控制自己的情绪，调整自己的心境，及时摆脱消极情绪的困扰，避免情绪大起大落。

(4) 行为适度。行为是心理品质在具体活动中的表现。行为适度是指行为符合年龄特点，对外界刺激能作出符合社会认可的反应。

(5) 人格统一。人格是指个体区别于他人的比较稳定的心理特征的总和。人格统一的主要表现是：性格乐观开朗；有较强的自我意识，能比较正确地认识和评价自己并有效地支配自己的行为，同时有积极的价值取向；人格结构中无明显的冲突与分裂的现象。

(6) 人际关系和谐。人际关系从社会关系的侧面反映一个人的心理素质。人际关系和谐主要表现在：乐于与人交往，在心里能够接纳大多数人，积极主动地广交朋友；在与人交往中能够保持独立而完整的人格，不依赖别人，也不驾驭别人，不卑不亢，言谈举止与自己所扮演的社会角色相符；严于律己，宽以待人，正直诚实，乐于助人，与人相处和谐愉快，使人有安全感。

2. 心理素质对职业院校学生择业的影响

由于择业是职业院校学生人生的一次重要选择，心理素质对他们求职的影响是十分明显的。

(1) 心理素质对确定择业目标的影响。求职择业是职业院校学生完成学业、走向社会、服务社会的新起点。求职择业中的首要问题是确定择业目标。心理素质对确定择业目标起着重要作用。它决定求职者能否客观、正确地分析自我、认识自我。例如：能否认清自己的专业、思想修养、能力特长、兴趣爱好等；能否客观、正确地分析用人单位的需要和社会的需要；能否将个人利益与国家利益、个人理想与社会需要有机结合起来；能否在择业的坐标中找到自己准确的位置。

（2）心理素质对择业目标实现过程的影响。择业是选择与被选择的过程，是职业院校学生施展才华、叩开职业大门的过程，也是用人单位评判、筛选学生的过程。职业院校学生在择业中，将会遇到自荐、面试、笔试、竞争等一系列的考验，也将会遇到专业与爱好、专业与效益、专业与地域、地域与家庭之间的一些矛盾。能否顺利地接受这些考验，能否果断地处理这些矛盾，心理素质起着重要作用。良好的心理素质可使人在面对考验和矛盾时，做到镇定自若、乐观向上、不怕挫折、勇于创新、缜密思考、果断抉择。

面对择业，无论成功与否都能及时进行情绪的自我调整，正确支配自己的感情和行动，能对外界刺激做出符合社会行为规范的反应。特别是在不成功时，更能有效地克制自己，调整自己的心态，尽快摆脱消极情绪的影响，避免情绪过度波动，以便及时总结经验，另择他途。如果心理素质不好，是很难面对这些考验和复杂矛盾的。

（四）知识积累准备

一个人的文化知识素质决定了其在求职择业时的自由度和取得职业岗位的层次。因此，职业院校学生应自觉地把大学生活与求职择业乃至将来的职业生涯紧密联系起来，努力做好文化知识和技术技能准备。

1. 培养科学的思维方式

科学思维方式的培养不是一朝一夕完成的，更不可以认为是因一时的心血来潮得来灵感，对事物有所顿悟而得出的。这样得出的思维结果、培养出的思维方式只能是片面、非科学的。它不仅不会帮助人提高解决问题的能力，反而会使思维者本人误入歧途，影响结果。因此，对于职业院校学生来讲，必须注重科学思维方式的培养。

（1）加强哲学的学习。理性思维是科学的思维方式。哲学为人们提供方法、启迪智能。职业院校学生经过职业教育熏陶，一般都具备一定的理性思维能力。但是，要提高理性思维能力、培养科学的思维方式，必须加强哲学的学习，提高哲学思维的素养。

马克思主义哲学是关于自然、社会和思维发展的一般规律的科学，其理论内容是辩证唯物主义和历史唯物主义。马克思主义哲学作为科学的世界观和方法论，解释了自然界、人类社会发展的一般规律。因此，职业院校学生提高马克思主义的哲学素养，对于提高自己的理性思维能力、培养科学的思维方式是至关重要的。

（2）积累丰富的知识。一个人如果只掌握了较好的思维方式和理性思维的一般规律，而缺乏丰富的科学文化知识和有益的实践经验作为思维的基础，不可能有科学的思维结果和有效的解决问题的方法。

“知识就是力量”“科技就是生产力”，充分说明一个人掌握的知识越丰富，科技成果和实践经验越多，其思路才会越广阔、越深刻，思维的成果就可以越完全、越准确。例如：文化知识可以帮助人们在思维过程中准确地理解“文字资料、语言精髓”；历史知识可以给人以有益的借鉴，使其认知人类、社会、自然发展的轨迹和规律；逻辑学知识可以让人掌握思维的规律、形式和方法，为人们奠定科学思维的基础；现代网络知识能让人在思维过程中更多地掌握信息等。因此，高职院校学生要努力学习，发奋读书，更多地积累科学文化知识和实践经验，充实自己的知识“库存”。

（3）独立思考问题。独立思考是指对每一个问题从头到尾、由理论到实践都经过自己的头脑独立思考，但也不排斥经常参加讨论和争辩。讨论和争辩可以作为独立思考的补充，也能促进独立思考的严谨、全面和深刻。善于独立思考的人既能集中别人的智能，又能超越前人的思想。

善于独立思考的关键在于有时间静下来深思，整天忙于事务而不思考，不仅工作搞不好，也谈不上思维能力的培养。独立思考需要多思，同时也要博学、善问、勤于钻研和重视思想方法。

(4) 不断调整自己的思维方式。善于随时整理自己的思路、总结思维方法上的经验教训，是培养科学思维方式的一个重要方面。一个人的具体思维过程是十分复杂的，得到某一正确认识之前，总是要犯各种各样思维方式上的错误，有时因概念不清，有时因判断有误，有时因缺乏灵活和变通等。不断地总结在思维上的各种经验教训，可以使人不断地完善自己，大大提高自己的思维能力，逐渐培养科学的思维方式。

(5) 加强自身的艺术修养。艺术和科学是人类文明的两翼，艺术思维和科学思维的结合是智能之源和创新之路。美国有关机构曾对 100 多名诺贝尔奖获得者进行调查，发现 90%以上的诺贝尔奖得主是音乐和美术的爱好者。华裔物理学家李政道说过，科学和艺术是一个硬币的两面，谁也离不开谁。

2. 构建合理的知识结构

现代职业对求职者的文化素质、知识结构的要求受多种因素的影响，尤其受到当代科学技术发展状况的影响。随着当今科学技术的飞速发展，中国正在发生着翻天覆地的变化。与此同时，各类现代职业对于就业者文化素质和合理的知识结构的要求也越来越高。

就知识结构而言，不仅对就业者知识技能共性的要求越来越多，而且对就业者知识和技能的适应性要求也越来越多。

(1) 宽厚扎实的基础知识。基础知识是知识大树的躯干，是知识结构的根基。职业院校学生无论选择何种职业，也不管朝哪个方向发展，都少不了宽厚扎实的基础知识。万丈高楼平地起，全靠基础来支撑。特别是随着科技和经济的高速发展，社会的产业、行业、职业结构调整的速度必然加快，职业院校学生在择业、就业上已不可能从一而终，职业岗位经常变动的状况不可避免。

要适应这种变化，高职院校学生必须依靠扎实宽厚的基础知识。只有拓宽基础知识面，毕业后才能有发展后劲。基础理论的学习有助于培养科学的思维方法和良好的心理素质，而这又是工作中必备的优秀品质。切不可为了培养其他方面的能力而忽视了基础知识的学习。

(2) 大容量的新知识储备。现代各类职业要求从业者的知识程度高、内容新、实用性强：知识程度高是指知识量大，面宽；内容新是指从业者的知识结构中应以反映当今科学技术发展状况的新知识、新信息为主；实用性强是指从业者的知识在生产、工作中有很强的实用价值。

反映上述要求的一个明显的例子是：目前用人单位普遍要求毕业生能够应用一门外语和熟练掌握计算机。

3. 具备扎实的专业知识

如果把一个人的知识比作一座冰山，那么专业知识就是冰山上层的部分，是冰山一角，也是一个人在社会上生存的敲门砖。对于在校学生而言，专业技能是必不可少的，不仅必须具备一定的理论思维能力和理论素养，而且必须具备过硬的专业知识。只有这样，职业院校学生才能成为能说会干的高级技术应用型人才。

（1）专业知识是择业的基础。随着社会的发展，学科专业越分越细，专业知识成为一个人成才的必备知识。对职业院校学生而言，必备的专业知识能充分显示自己的学识，体现自己的特长和价值。

（2）扎实的专业知识有利于专业对口。职业院校毕业生向往与自己所学专业“对口”的职业，以此作为立足点，以自己的知识和能力服务社会，实现自己的人生价值。因此，对于毕业生而言，能否尽快地、较好地选准自己的职业，是关系就业成功与否的大问题。发挥专业优势则是选择好职业的关键一步。

（3）扎实的专业知识有利于触类旁通。素质教育就是努力使人全面发展，降低因学科细分、专业太多造成学生知识面狭窄的负面影响。可以说，在当今学科之间高度分化又高度融合的态势下，没有专业是绝对不行的，但仅有专业也是绝对不够的。因此，在学好专业的基础上，要做到触类旁通，尽可能多地学习掌握相关专业知识。

4. 培养较强的实践能力

职业院校学生在拥有了大量丰富的科学文化知识并构建了合理的知识结构后，就为就业成才打下了良好的基础。但只注意知识的积累，不注意培养和锻炼自己的实践能力也会在就业过程中遇到困难和挫折，也不可能成就事业。因此，职业院校学生应当把积累知识、构建合理的知识结构和培养实践能力结合起来。

一个人实践能力的发展程度主要取决于自身的努力。培养和锻炼自身实践能力的方法和途径，前面已经有所涉及，在一些共性的方法和途径上，还应注重以下三方面。

一要勤奋学习与积累知识。知识是能力的基础，勤奋是成功的钥匙。离开了知识的积累，能力就成了无源之水，而知识的积累要靠勤奋的学习来实现。学生在学习期间，思维活跃、精力充沛、接受能力强，这个阶段是学习知识的黄金时期。学生除了要学习和掌握老师传授的知识以外，还要不断扩大自己的知识面。虽然获取知识的渠道各不相同，但都需要勤奋、刻苦地学习。

二要勇于实践和积极参与。能力是在实践过程中形成和发展并在实践过程中表现出来的，实践是培养能力的重要途径。在学校期间，担任学生干部、参加一些社会活动等，都有助于学生实践能力的提高。只要处处留心、事事注意，学生活动中有许多锻炼的机会。

三要启迪思维和发展兴趣。爱因斯坦说过，“热爱是最好的老师”。兴趣和爱好是能力发展的动力。一般来说，兴趣爱好广泛的人，眼界宽广，思维开阔，容易从多方面得到启发，促进创造力的发展。学生要围绕所学专业发展自己的兴趣爱好，并以这种兴趣爱好为契机，加强相关知识的学习和积累，全面锻炼和发展自己的各种实际能力。

5. 培养良好的基本能力

一般来说，不同的学科和专业对其毕业生有着不同的能力要求，即要求具有从事本专业活动的某些专门能力。但是，无论什么专业的职业院校毕业生，要想顺利就业并尽快有所成就，都必须具备一些共同的基本能力。

（1）表达能力。表达能力是指运用语言或文字阐明自己的观点、意见或叙述思想认识的能力。它包括口头表达能力、文字表达能力、数字表达能力等几种形式。表达能力的重要性，对于职业院校毕业生来说，不仅在参加工作走向社会后会立即强烈地意识到这一点，而且在求职择业的时候就会有深切的感受。

例如：求职自荐信的撰写、个人材料的准备、回答招聘人员的问题、接受用人单位的面试等，以上环节都需要较强的表达能力。有人对大学生走向社会以后的表达能力的现状做过调查，结果显示认为各类学校毕业生的表达能力还可以的只占12.3%，有70.4%的人对毕业生的表达能力很不满意。我们很难想象，一个表达能力差的人能在工作中处理好各种各样的关系。

培养表达能力的关键在于提高表达的准确性、鲜明性和生动性。准确是对人的表达能力最基本的、首要的要求。没有准确的表达，信息就不能如实地传递出去，也就失去了表达应有的作用。同时，由于表达要有人来接受，因此只有鲜明生动的表达，才能更好地排除人们接收信息时的各种障碍，有利于表达目的的实现。因此，学生在培养表达能力时要尽可能向准确、鲜明、生动的方向努力。

（2）动手能力。动手能力也就是实际操作能力，它是职业院校学生必须具备的实践能力之一。毕业生实际动手操作能力的强弱将直接影响其就业和职业发展。一个人实际操作能力水平高低，主要体现在操作的速度、准确性、灵活性三个方面。

同学们要提高自己的动手能力，关键在于多看、多练。看得多、接触得多就可以掌握一些基本的操作程序和办法；练得多才可能真正提高自己的动手操作能力和技巧。职业院校毕业生在实际操作上有一手或几手过硬的本领，一定会受到用人单位的青睐。

（3）适应能力。职业院校毕业生在跨出校门之前大都有“海阔凭鱼跃，天高任鸟飞”的远大抱负，但真正走向社会时，往往会发现现实生活常常不尽如人意，发现自己对现实的不适应。适者生存，生存正是为了发展。同学们只有注意培养自己适应社会的能力，走向社会后才能尽可能地缩短适应期，充分地发挥自己的聪明才智。

一个人适应社会的能力是其素质、能力的综合反映，适应社会能力的强弱与其思想品德、文化知识、活动能力、创造能力、处理人际关系的能力以及健康状况等密切相关。一般来说，适应能力强的人走向社会后，很快就能适应社会环境、适应工作，即使是在比较困难的条件下和比较差的环境中，也能通过自己的努力取得较好的成绩，或变不利的条件为有利的条件。

需要指出的是，对社会、对环境的适应，是主动的、积极的适应，不是消极的等待和对困难的屈服，更不是对落后、消极现象的认同，甚至同流合污。适应要同发展结合起来，要同改造联系起来。如果只讲适应，不思进取和改造，社会和个人都无法取得进步。

（4）人际交往能力。人际交往能力实际上就是与他人相处的能力。人际交往是一种普遍的社会现象，是人与人之间实现心灵沟通的一种方式。社会上的人际关系远不如学校中的同学、师生关系那么简单，职业院校毕业生步入社会后，要与各种各样的人发生这样和那样的联系。能否正确而有效地处理、协调好职业生活中人与人的各种关系，不仅影响一个人对环境的适应状况，而且影响其工作绩效、心理健康、生活质量和事业的成败。

既然是合作，就有一个人际沟通和协调的问题。美国著名教育家戴尔·卡耐基在调查了无数军政要员、巨商、明星之后得出这样一个结论：一个人事业上的成功，一方面要靠他的专业技术，另一方面要靠人际关系、处世技巧。

职业院校毕业生在刚刚走上工作岗位时，由于阅历较浅、不谙世事、缺少经验，往往在错综复杂的关系面前怅然若失，苦于无法适应，常常感叹“工作好搞，关系难处”。因此，职业院校学生自觉地培养良好的人际交往能力非常重要。

培养良好的人际交往能力要做到以下三点。

其一，要积极大胆地参与。人际交往能力是人们实践的结晶，不是从书本中就能学到的。大学校园是优秀青年的聚集地，宽松的文化氛围为同龄人的交流提供了良好的条件，各种社团活动活跃，各种社会实践机会很多，职业院校学生应该珍惜机会，抓住机遇，大胆参与。

其二，要诚实守信。在人际交往中要以诚相待、以诚取信。"人无信而不立"，在处事过程中不诚实的行为很可能导致自己终身的遗憾。

其三，要平等待人。人与人之间无论职位高低、工作性质如何，彼此都是平等的。如果没有这种平等的待人观，就难以与别人建立良好的人际沟通，更不用说建立良好的人际关系。对于刚刚毕业的职业院校学生来说，必须十分注意尊重、理解和关心他人，从而获得他人的尊重和支持，为自己营造一个宽松、和谐的生活、工作环境。

（5）组织管理能力。尽管不是每个职业院校学生毕业后都会从事管理工作，但却可以说，每个人在未来的工作中都不同程度地需要组织管理才能，这是现代社会对人才提出的要求。不仅领导干部、管理人员应当具备组织管理能力，其他专业人员也应具备相应的能力。

在学习期间，职业院校学生应注意培养自己的组织管理能力，要积极主动、抓住机遇。在学习和生活中，锻炼的机会随处可见，可以通过毛遂自荐的方式担任学生干部，从学生干部到社团的组织者，从寝室长到班长，任何一个职位都可以使组织管理能力得到锻炼。即使没有机会或失去担任干部的机会，只要有一颗为同学服务的爱心，只要善于观察、善于取人之长补己之短，组织管理能力照样能够得到提高。

（6）创新能力。创新能力是各种智力因素和能力品质在新的层面上融为一体、相互制约并形成的一种合力。它是在多种能力发展的基础上，利用已知信息，创造新颖独特、具有社会价值的新理论、新思维、新产品的能力。它是一种综合性、高层次的思维能力和行动能力，是以知识能力为基础，具有一定科学根据的"异想天开"。

从社会角度来讲，经济的发展、科技的进步离不开发明创新。从个人角度来说，成功、成才依赖创新，用人单位更需要具有开拓创新能力的学生。创新能力包含多方面的内容，如强烈的好奇心、细微的观察力、深刻的洞察力，大胆设想、勇于探索的精神，以及提出问题、研究问题、解决问题的能力等。职业院校学生要自觉地培养这些能力，为走上工作岗位后创造性地工作打下扎实的基础。

（7）决策能力。决策能力就是对未来行为目标的决断和选择的能力。良好的决策能力可以实现对目标及其实现手段的最佳选择。因此能少走弯路、少犯错误，以较小的代价取得进步与成功。人的一生往往会碰到各种需要自己当机立断、痛下决心来决断的事情。

对于即将毕业的职业院校学生来说，走向社会是人生的一大转折点。面临求职择业，何去何从，别人的意见和忠告各种各样，最终要自己拿主意。显然，这是对自己决策能力的一次检验。在未来的工作中，各种问题及它们的变化进展都需要自己迅速作出反应并及时予以处理。

培养决策能力要从日常小事做起，不要事无巨细都请别人为自己拿主意，要养成多谋善断的习惯。这样日积月累，以后遇到重大事情时才不至于无所适从。

除了上述几种一般意义上的实际能力之外，就社会经济发展的需要和职业院校学生的实际状况而言，计算机能力和外语能力的重要性已日益突出。在日益信息化的社会，不懂或不会使用计算机开展工作或获取各种信息，将会被抛弃在信息社会之外。

从现实情况来看，计算机技术已渗透到政府机关、企业事业单位的各个层面，办公自动化已成为大势所趋，许多用人单位在招聘毕业生时已把能否熟练使用计算机作为基本条件。

在大开放、大交流的信息社会，整个社会已成为一个“地球村”。随着我国改革开放的不断发展，各种对外交流越来越频繁。为了适应新形势的需要，各种用人单位也对职业院校毕业生的外语能力提出更高的要求。因此，同学们应当认清当代社会的发展趋势，努力熟练地掌握计算机操作技能，不断提高外语水平。这不仅有利于毕业生的顺利就业，而且会为就业后的成才打下持续发展的基础。

（五）健康锻炼准备

某职业学院对一年级学生提出半军事化管理要求，周一到周五学生集体出操。要求一提出，学生议论纷纷，问题集中在：职业院校怎么还管这么死，还有集体出操？有些学生提出，晚上休息得晚，早上又没有课，怎能为了出操早起两个小时？学生对到底该不该集体出操展开了大讨论。显然与校方的观点相悖者居多。那么，学校为什么对学生提出集体出操的要求呢？

健康的身体素质是学生职业发展的需要。职业院校毕业生是生产、服务和管理岗位需要的一线工作人员，工作环境对员工的体质要求较高，没有强健的体魄，将来很难适应职业对员工体质的需要。身体素质是一个人最基本的素质，健康身体素质的养成依靠健康的生活习惯。学校以加强行为习惯养成教育、强化学生的体能锻炼意识、提高学生的身体素质为己任，体现了学校管理者的高度社会责任感、对学生长远发展负责的态度，学生应该予以支持。

同时，身体健康和心理健康是互相关联、互相依存的。如果加强锻炼，身体健康，精力充沛，心理上就会比较乐观，有利于保持良好的学习状态，积极地面对毕业过程中遇到的各种困难。相反，如果身体不好，心理就会相对脆弱，也就容易产生恐惧、烦躁等不良情绪，容易怯场。

因此，为了养成良好的身体素质，在紧张的学习之余，要坚持锻炼身体，养成良好的生活和起居习惯。平时除了上好体育课，参加必要的锻炼之外，还要制定自己的健身计划，要把锻炼身体作为学习过程中的一件大事来做，使锻炼身体成为习惯。

第二节　自我兴趣比较与价值观

一、兴趣比较

兴趣是个人对某种事物或某种活动的一种选择态度，表现在某方面需求的情绪倾向。

职业兴趣则是一个人是否喜爱某种职业，是职业选择与态度方面的倾向。兴趣在职业选择中有重要作用，兴趣可以激发潜能。据研究，如果一个人对某一工作有兴趣，他能发挥全部工作才能的 80%～90%，并且长时间保持高效率而不感到疲劳；而对工作没兴趣的人，只能发挥他全部才能的 20%～30%，而且容易感到精疲力竭。兴趣是职业成功的起点，一个人找到自己最感兴趣的工作，就等于踏上通向成功的道路，兴趣让人们快乐地工作。物理学家爱因斯坦说："兴趣是最好的老师。"诺贝尔物理学奖获得者丁肇中说："兴趣比天赋重要。我完全靠工作来激发充沛的精力，工作就是我的兴趣，兴趣使我不会疲倦。"兴趣让人们充满激情。正如古人所云："知之者，不如好之者；好之者，不如乐之者。"

（一）兴趣探讨

兴趣是力求认识、掌握某种事物，并经常参与该种活动的心理倾向。或者说，兴趣是积极探究某种事物的认识倾向。好奇心就是人的需要的一种表现形式，是一种有情绪色彩的认识倾向。兴趣是一种无形的力量，可以培养，也可以改变。

兴趣可分为物质的兴趣、精神的兴趣和社会的兴趣。物质的兴趣与个人的需要相关联，表现为对物质的迷恋和追求，如收藏的兴趣。精神的兴趣主要是指对文化、科学、艺术的迷恋和追求，如写作、绘画、书法、摄影、发明创造等。社会的兴趣主要是指对社会工作和组织活动的迷恋和追求。

兴趣又可分为直接兴趣和间接兴趣。你喜欢跳舞、打球，可能是因为这些活动本身对你有吸引力，通过这些活动你会获得愉快和满足。这种对活动本身的兴趣就是直接兴趣。你可能感到学外语是一件很枯燥的事情，但对它仍然兴致很浓，这并不是学外语本身会使你轻松愉快，而是学外语可以让你继续攻读学位，可以让你直接了解国外最新专业信息，可以让你找到称心的工作，可以方便出国学习或交流等，这些原因都吸引你学习外语。这种对活动结果的兴趣就是间接兴趣。直接兴趣和间接兴趣既可以互相转化，也可以相互结合，从而更有效地调动积极性。

兴趣是成功的一个重要的推动力，它能将你的潜能最大限度地调动起来，使你长期专注于某一方向，做出艰苦的努力，取得令人瞩目的成绩。你对某种职业感兴趣，就会对该种职业活动表现出肯定的态度，并积极思考、探索和追求。

职业院校学生在选择职业时，不仅需要知道自己有能力从事什么样的工作，也需要知道自己对哪类工作更感兴趣，并能满足自己的职业愿望。只有将能力和兴趣结合起来考虑，才有可能取得职业生涯的成功。

从时间纵轴上看，兴趣的发生和发展一般要经历这样一个过程：有趣→乐趣→志趣。

有趣是兴趣过程的第一个阶段，也是兴趣发展的低级阶段，它往往短暂易逝，非常不稳定。处于这一阶段的兴趣常常与你对某一事物的新奇感受相联系，随着这种新奇感受的消失，兴趣也会自然地逝去。

乐趣是兴趣过程的第二个阶段，它是在有趣定向发展的基础上形成的，是兴趣发展的中级阶段。在这一阶段中，兴趣变得专一、深入。例如：喜爱文学的学生很可能会成天沉溺于文学作品中。

志趣是兴趣发展过程的第三个阶段，当乐趣同你的社会责任感、理想、奋斗目标结合起来时，乐趣便成了志趣。志趣是你取得成就的根本动力，是成功的重要保证。

（二）兴趣对职业的影响

兴趣是在一定需要的基础上，在社会实践中形成的，兴趣实际上是人的需要的延伸。兴趣具有多样性特点，你的需要是复杂多样的，决定了你的兴趣也是多种多样的。有的人好动手，有的人好动脑；有的人喜欢与人打交道，有的人喜欢与物打交道；有的人喜欢独自钻研，有的人喜欢集体协作……这些兴趣、爱好会直接影响个人的职业选择。

兴趣是职业选择的一个基本方面，可以为职业选择提供有效的信息。兴趣可以用来预测个人的工作满意度和工作稳定性，工作满意是职业适应的一大标志。

兴趣不代表能力，你对某一特定职业有兴趣并不意味着你能干好这个职业。同样，如果你具有从事某项工作的能力但缺乏兴趣，那么你在该职业生涯上成功的可能性也是非常小的。只有对某种职业感兴趣，并且具有该职业所要求的能力，才能做好这项工作。

具体来说，兴趣对职业的影响主要表现在以下三个方面。

1. 兴趣是职业选择的重要依据

正像你在日常生活中喜欢从事自己感兴趣的活动一样，具有一定兴趣类型的你更倾向于寻找与此有关的职业（类型），特别是在外界环境限制较小时，你更倾向于选择自己感兴趣的职业。因此，对你的兴趣或兴趣类型进行正确的评估，可以帮助你作出职业生涯选择。

2. 兴趣可以增强职业适应性

我们都知道兴趣是最好的老师，有了兴趣就有了做好工作的热情，工作热情又可以促进能力的发挥，兴趣和能力的合理结合又会大大提高工作效率。

3. 兴趣影响工作稳定性

兴趣影响工作的稳定性是兴趣的本质所决定的。兴趣影响工作满意度和稳定性，在某些情况下（如不考虑经济因素）甚至具有决定性作用。一般来说，从事自己不感兴趣的职业很难让人感到满意，并由此导致工作的不稳定。

二、职业与价值观

（一）职业人格分析

个性不同，所从事工作的效率、效果也会有差异。人格-职业匹配理论从心理学价值观角度，经过大量的职业咨询指导的实例积累，提出了职业活动意义上的人格类型，包括现实型、研究型、社会型、传统型、企业型、艺术型六种基本类型，并把社会职业划分成相应的六种类型（见表 3-1）。

表 3-1　人格-职业匹配类型与职业列表

类型	个性特点	适合的职业
现实型（R）——偏好需要技能、力量、协调性的体力活动	内向、直诚、持久、稳定、顺从、实际	机械师、操作工、厨师、农技师
研究型（I）——偏好需要思考、组织和理解的活动	分析、创造、好奇、独立	生物学家、经济学家、数学家、新闻记者

续前表

类型	个性特点	适合的职业
社会型（S）——偏好能够帮助和提高别人的活动	社会、友好、合作、理解	社会工作者、教师、议员、临床心理学家
传统型（C）——偏好规范、有序、清楚的活动	顺从、高效、实际、缺乏想象力、缺乏灵活性	会计、业务经理、银行出纳员、档案管理员
企业型（E）——偏好那些能够影响他人和获得权力的活动	自信、进取、精力充沛、盛气凌人	法官、房地产经纪人、公共关系专家、小企业主
艺术型（A）——偏好需要创造性表达的模糊和无规则可循的活动	富有想象力、无序、杂乱、理想、情绪化、不实际	画家、音乐家、作家、室内装潢师

每种类型的人都有自己的特点和长处，也有一定的不足。无所谓哪一种好些，哪一种差些，而只是与职业类型是否协调、匹配的问题。社会中的人是复杂的，往往不能用一种类型来简单概括，而是兼有多种性格特征。

人格-职业匹配理论设计了一个平面六边形，六个角代表六类人格类型，如图 3－1 所示。每种人格类型与其他五种类型都有连线，连线距离越短，说明两种类型的相关性越大；连线距离越长，说明两种类型的相关性越小。例如：现实型与研究型和传统型相关程度较高，而与企业型和研究型、艺术型相关程度较低。以此类推，可以帮助你快速发现和确定自己的职业兴趣和能力特长，并作出职业决策。

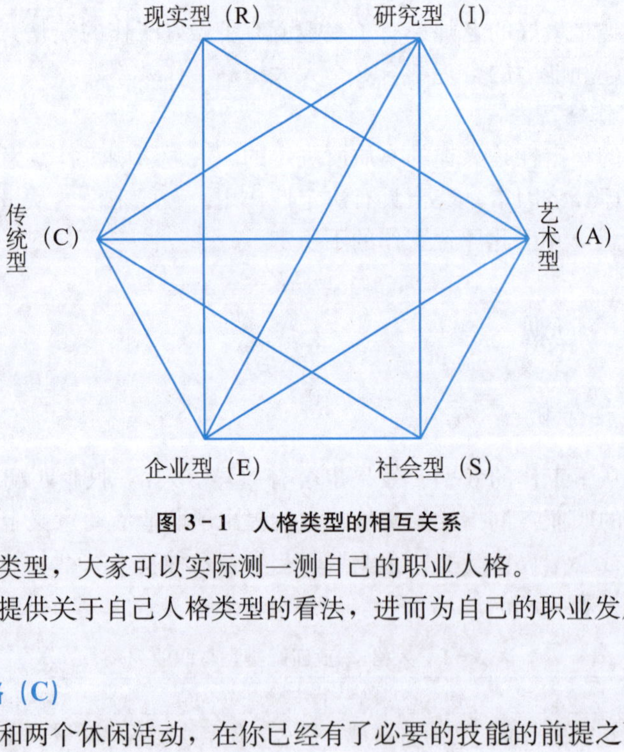

图 3－1　人格类型的相互关系

根据六种职业类型，大家可以实际测一测自己的职业人格。

目的：给人们提供关于自己人格类型的看法，进而为自己的职业发展之路的设计提供参考依据。

1. 传统型人格（C）

下面五个职业和两个休闲活动，在你已经有了必要的技能的前提之下，有哪些是你感兴趣或者觉得合适的？

（1）职员；

（2）接待员；

（3）图书馆工作人员；

（4）会计；

（5）建筑监理；

（6）收藏；

（7）打扑克。

对于下面五个问题，回答“是”或“否”。

（1）我喜欢整洁地、按部就班地完成事情；

（2）我的意见和行为通常是中庸的；

（3）我的家和生活方式要尽可能实用和舒服；

（4）我承认我所在的那些群体的传统价值（家庭、工作、邻居）；

（5）我对做实际的日常事情更感兴趣，而不是关于它们的哲学讨论。

2. 社会型人格（S）

下面五个职业和两个休闲活动，在你已经有了必要的技能的前提之下，有哪些是你感兴趣或者觉得合适的？

（1）护士；

（2）学校教师；

（3）顾问；

（4）教职人员；

（5）家政；

（6）体育运动；

（7）俱乐部活动。

对于下面五个问题，回答“是”或“否”。

（1）我喜欢与各种各样的人交谈；

（2）在表达我的批评和不同意见时，我通常做得很得体；

（3）我乐于助人，与人们分享体验；

（4）我喜欢合作；

（5）有时我发现我对于某个人所表达的温情超过了我对他实际的感觉。

3. 研究型人格（I）

下面五个职业和两个休闲活动，在你已经有了必要的技能的前提之下，有哪些是你感兴趣或者觉得合适的？

（1）计算机程序员；

（2）实验室技师；

（3）翻译；

（4）医生；

（5）大学教师、研究人员；

（6）棋类游戏；

（7）阅读非虚构类作品。

对于下面五个问题，回答“是”或“否”。

（1）我尽力理解别人对我说的不切实际的想法；

（2）我看重对各种问题的智力讨论；
（3）在作出一个重要决定之前，只要能做到，不管用多长时间，我都要充分考虑；
（4）我喜欢追踪艺术、科学或是我的工作和邻里的最近情况；
（5）有的时候，开始时我排斥新观点，然后又看出它可能有一些可取之处。

4. 艺术型人格（A）

下面五个职业和两个休闲活动，在你已经有了必要的技能的前提之下，有哪些是你感兴趣或者觉得合适的？

（1）作家；
（2）设计师；
（3）演员；
（4）音乐家；
（5）建筑师；
（6）摄影；
（7）跳舞。

对于下面五个问题，回答“是”或“否”。

（1）我经常凭着冲动来表达自己；
（2）人们有时会认为我有点好争辩，甚至很讨厌；
（3）我常常对新的思想和被忽略的原因感兴趣；
（4）我钦佩他人的创意；
（5）我对整体印象更感兴趣，而不是具体细节。

5. 现实型人格（R）

下面五个职业和两个休闲活动，在你已经有了必要的技能的前提之下，有哪些是你感兴趣或者觉得合适的？

（1）工程师；
（2）机械师；
（3）厨师；
（4）工艺师；
（5）农机师；
（6）家庭内事务自己动手（加以改进）；
（7）航海或划船。

对于下面五个问题，回答“是”或“否”。

（1）在社交场合，我喜欢与一些我真正尊重和信任的人在一起；
（2）不管别人说什么，我坚持自己的意见和计划；
（3）我喜欢手工的和体力的活动，与一个集体在一起或是作为它的一分子；
（4）如果我不是肯定做得到，我就不会承诺；
（5）有的时候，其他人认为我很冷漠或很冷淡，但实际上我对某事有很强烈的情感。

6. 企业型人格（E）

下面五个职业和两个休闲活动，在你已经有了必要的技能的前提之下，有哪些是你感兴趣或者觉得合适的？

（1）销售代理；
（2）旅行代办；
（3）经理或行政人员；
（4）政治家；
（5）律师；
（6）旅游；
（7）赌博性游戏。

对于下面五个问题，回答“是”或“否”。

（1）当我外出时，我尽量穿得整洁；
（2）在一个群体中，我喜欢成为注意的中心；
（3）在工作和休闲活动中，我喜欢小小的冒险；
（4）我喜欢竞争；
（5）我有时会被卷入一些过后我会后悔的承诺或者行动中。

7. 统计方法及类型分析

（1）记分方法。以上六种人格类型的每一类的 12 个问题，回答“是”的记 0 分，“否”的记 1 分。并把记分结果填入表 3-2 中，在完成之后，将每一类的“是”的数量分别相加。

（2）表格说明（见表 3-2）。每一种类型的得分在 0～12 之间，表明你在生活中对这一部分兴趣的强度。根据统计得分，判断你属于哪种类型。可能测试结果出现 2 项或 3 项得分相同，说明你是混合型职业人格；如果 4～5 项得分相同，说明你的职业人格还不能明确，建议你过一段时期（提高自我认识）之后再次测试。

表 3-2　职业人格类型测试结果统计表

题号	类型					
	传统型人格（C）	社会型人格（S）	研究型人格（I）	艺术型人格（A）	现实型人格（R）	企业型人格（E）
1						
2						
3						
4						
5						
6						
7						
8						
9						
10						
11						
12						
合计						

（二）自我价值观

在生命中你将什么看作最重要的，什么让你最重视，你最需要什么，你生命的意义是什么？这就是一个人的价值观。价值观是一个人在成长过程中潜移默化逐渐形成的，受到社会价值、家庭信仰以及周围环境和社会学习的影响。中国传统文化中的价值观为“学而优则仕”，许多人的生涯梦想是入仕为官；随着现代社会经济的快速发展和财富的急剧膨胀，许多年轻人的生涯梦想是“发财致富做老板”；也有人有感于社会的激烈竞争压力，其梦想则是“阡陌交通，鸡犬相闻，怡然自得式的田园生活”等，不一而足。社会价值是多元的，一个人所接受的价值观也是纷繁复杂的。当一个人面临职业、事业、家庭和生活的选择时，需要清楚地知道自己最重视的是什么。

这里我们引入职业锚的概念。职业锚是指个人经过搜索所确定的长期职业定位，即一个人不得不作出选择的时候，他或她无论如何都不会放弃的职业中的那种至关重要的东西或价值观。以下介绍八种职业锚。

1. 技术/职能型职业锚

技术/职能型职业锚的人的特点为热爱自己专业的技术/职能工作，注重个人在专业技能领域的进一步发展。具有较强的技术/职能型职业锚的人往往不愿意选择那些带有一般管理性质的职业。相反，他们总是倾向于选择那些能够保证自己在既定的技术或职能领域中不断发展的职业。

2. 管理型职业锚

管理型职业锚的人能发展和提高自己的人际沟通、解决问题的能力，并能得到职位的提升。有些人则表现出成为管理人员的强烈动机，职业经历使得其相信自己具备被提升到综合性管理职位上所需要的各种必要能力以及相关的价值倾向。必须承担较高责任的管理职位是这些人的最终目标。

3. 自主与独立型职业锚

自主与独立型职业锚的人期望在自由度高、少受约束的环境中，按自己的想法开展工作。他们一般不是到某一个企业中去追求这种职业导向，而是决定成为一位咨询专家，要么是自己独立工作，要么是作为一个相对较小的企业中的合伙人。具有这种职业锚的其他一些人则成为工商管理方面的教授、自由撰稿人、小型零售公司的所有者等。

4. 创造型职业锚

创造型职业锚的人都有这样一种需要：建立或创设某种完全属于自己的东西、一件署着其名字的产品或工艺品、一家他们自己的公司或一笔反映其成就的个人财富等。

5. 安全型职业锚

安全型职业锚的人关注公司的稳定、工作保障和收益的安全。极为重视长期的职业稳定和工作的保障，这些职业应当能够提供有保障的工作、体面的收入以及可靠的未来生活。这种可靠的未来生活通常是由良好的退休计划和较高的退休金来保证的。

6. 服务型职业锚

服务型职业锚的人希望用自己的知识和技巧帮助别人。希望职业能够体现个人价值观，他们关注工作带来的价值而不在意是否能发挥自己的才能或能力。他们的职业决策通常基于能否让世界变得更加美好。对他们来说，比金钱更重要的是贡献被认可，被赋予更多的权力和自由以体现自己的价值，需要来自同事及上司的认可和支持。

7. 挑战型职业锚

挑战型职业锚的人渴望超越自我，解决别人看来难以解决的问题，战胜强有力的竞争对手，认为自己可以征服任何事情或任何人，并将成功定义为克服不可能的障碍，解决不可能解决的问题，或战胜非常强硬的对手。

8. 生活型职业锚

生活型职业锚的人希望工作有足够的弹性，可以兼顾个人的、家庭的、职业的需要，职业与生活是整合为一体的。他们愿意为提供灵活选择的组织工作，更关注组织文化是否尊重个人和家庭的需要，以及能否与组织之间建立真正的心理契约。

正如马林先生在《再努力一点》一书中所指的："人只有努力地工作，才能明确自己的人生价值。毕竟实现人生价值是我们渴望成功的基础。"诚如一位哲人所说，有什么样的决定就会有什么样的命运，而主宰我们作出不同决定的关键因素就是个人的价值观。一个人要想成为合格的职业人，就必须清楚地知道自己的价值观，同时确定按照这个价值观过其一生。纵观社会各阶层的各类精英人士在其专业领域能有杰出成就的原因，就是他们能够发扬光大所持有的价值观。这足以说明，我们的一切决定都取决于所拥有的清晰的价值观。这正像《尊重自己的工作》一书中所写的："归根到底，我们的工作也就是在为实现自己的价值而奋斗。为什么这么说呢？因为工作本身也是实现人生目标的一种方式。最理想的职业人生应该是兴趣、技能和意义的结合，而金钱、名声、地位都不在评价标准之中。很多时候，不缺少，不失去，我们就无法感知拥有的价值，工作也同样如此。"

（三）能力、技能、潜能比较

人们常常会一厢情愿地想到：我喜欢当歌星，我渴望将来当科学家，我愿意做政界要人，我要成为富翁等，不一而足。这时需要回答一个重要的问题：你有这方面的能力吗？可能你五音不全，从事不了你喜欢的歌唱事业；可能你没有很强的抽象思维能力，做不了科学研究。能力所限会让人们的理想变成空想。客观技能的欠缺会制约一个人价值与兴趣的实现，技能与潜能的探索会让一个人的职业生涯规划更客观，更有可行性。

在做这样的探索时，常常会听到许多学生回答：我上了好多年学，只是学会了考试，没有掌握什么技能。有些毕业生甚至在职业院校学习技能也没有用心。有些学生常常认为自己不行，没什么能力。例如：一个在重点中学读书的学生考试成绩在中等，就常认为自己什么能力都没有。其实，他 5 岁时就能搭建非常复杂的乐高模型，初二时就能制作坦克等模型，自己磨、压、组装及喷漆，这是非常典型的动手及机械能力。但很多人认为这不过是玩，他自己也这样认为。其实每个人都有自己所没有认知的能力和技能，需要认真地盘点自己，探索、归类自己的潜能与技能。

能力是一种个性心理特征，它具有经常的、稳定的特点，是影响活动效果的基本因素。能力的高低会影响一个人掌握活动的快慢、难易和巩固程度。一个具有较强动手能力的人学习工程科目会觉得容易些，掌握得也更快些，这是因为他所具备的能力与从事的活动要求是相匹配的。能力有一般能力和特殊能力之分。前者指符合许多基本活动要求的能力，如学习能力、记忆能力、观察力等；后者指符合某种专业活动要求的能力。不同的职业更多的是要求具备一些特殊能力。在能力和知识的基础上，通过反复的练习而形成的相对稳定的行动方式称为技能，不同的职业也会有不同的职业技能要求。职业能力是一个人有效地完成特定职业活动所必需的各种能力特征的总和，既包括人们获得教育训练以前的能力倾向，也包括个人在社会生活中积累的职业经验和通过教育训练获得的学历与职业技能等。

潜能即能力倾向，具有潜在性、适应性、容纳性、可能性等特点，具有遗传方面的特征，但同时也含有经过训练后发展的潜在可能性。潜能及技能是用人单位特别感兴趣的部分。简单地说就是：你能做什么？既包括你现在能做什么，也含有你将来可能的职业发展，是否有可能承担某类工作。

一般来讲，技能分为专业知识技能和自我管理技能。

专业知识技能是指那些需要通过学习才能获得的特别的知识或能力。这些技能涉及人们学习的专业和课程，它们是人们所懂得的东西。专业知识技能不能够迁移，需要经过有意识的、专门的学习才能掌握。

自我管理技能经常被看作个性品质，而不是技能，因为它们被用来描述或说明人具有的某些特征。这些技能可以从非工作领域迁移转换到工作领域，有助于人们推销自己和自己的才能，是成功所需要的品质。

案例 3-1

先就业后择业

小华是某技工院校2020届毕业生，学习数控专业的他毕业后进入一家企业当了操作工。对本专业的热爱使他时常留心相关信息，希望能够在数控行业中大显身手。机会终于来了，他从网上得知某机床厂招聘数控操作工，便马上发简历过去，获得了面试的机会。

面试时，一同应聘的有十几个人，而且不少是大学生。但实习和就业的经历让小华充满自信，他知道企业技术岗位最缺技校生，只要肯学，自己绝不会比大学生差。果然，侧重实际应用问题的面试挡住了理论知识丰富的大学生们，几位技校生轻松过关。面试环节过后是实操的检验，要求应聘者根据图纸来加工工件。这时学校所学的知识和进行的实操训练派上了用场，小华和其他三位技校生又以熟练的操作获得好评，被聘为正式员工，安排到了控制面板这一高精度岗位。

虽然求职很顺利，但小华并没有沾沾自喜。他知道，技校生的特长是动手能力强、新知识接受快，但学历不高是软肋。学校所学的知识只能为就业打基础、作铺垫。大量的知识以及经验都要靠在企业具体的工作中获得，因此必须多干、多看、多学、多想、多问。如果一心想着搞管理坐办公室，那就摆错了自己的位置，就是拿自己的短处与大学生的长处相较量，其结果只能是失败。所以他非常敬业，上班跟师傅学，下班找书看。刚开始，由于不熟悉工艺流程，不能掌握操作技巧，他曾因出现废品而被扣工资，这更激发了他刻苦学习技术的斗志。到了后来，随着熟练程度和精度的提高，他几乎杜绝了废品的出现。随着员工熟练水平的提高和责任心的增强，企业不但年产量实现了由 2 万台到 4 万台的飞跃，而且因质量优异而备受客户好评。虽然小华和同事们忙得几乎没假放，但合理的待遇还是让他们感到满足。小华还获得了到其他工序学习一个月的宝贵机会，这表明他在企业中受到了一定的重视，将获得进一步的发展。

[分析]

本案例告诉我们要树立先就业后择业的观念。谋职不要总想一步到位，能够谋取一个自己期望的岗位固然好，但与其在市场中盲目地应聘，不如先找一个工作做着，然后不断充电，寻找新的机会。当然，从长远的发展来看，一旦机会成熟，同学们还是要像本案例中的小华那样，及时调整自己的就业方向，求得更大的发展空间。

案例 3-2

可持续发展的职业规划

小林从高职院校毕业后到一家公司做人事工作近五年了，从文员到人事助理，再到人事经理。公司合并前，他是一人独揽人事大权，公司的人事工作全部是他一个人说了算，薪水也很高。公司被外资公司并购后，新来了一位人力资源总监，具有国外 MBA 背景。接着公司又招聘了一位新的人事主管，小林成了这位新主管的手下。小林也曾经想过跳槽，但考虑到自己好像已经失去了与年青一代竞争的能力，弄不好饭碗不保，索性就这样熬下去。

[分析]

小林的问题出在缺少能让自己可持续发展的职业规划，没有及时更新自己的专业知识系统，从而造成知识折旧、人才折价。职场对人才职业竞争力的要求在不断提高，即便是处在较高地位的金领，如果不能应对市场的要求，及时更新自己的知识结构、管理能力，提高职业应变能力，增强自己的全局观念和相关的阅历、素质，也会在严酷的竞争中被无情淘汰。

解决问题的关键是要盘点自己现有的职业含金量，找准可持续发展的职业通道，适时考虑职业发展的变通性。例如：小林可转做人力资源顾问，在原有执行经验的基础上再积累一定的研究经验，学习一些最新的人事管理知识与技能，向人力资源总监职位迈进。另外，还应考虑职业经历的连贯性，做适时的职业定位和经历盘点，寻找最适合未来职业可持续发展的空间，保持并提升自己的身份。

像小林这样的员工在人才市场中很容易就能找到，他所拥有的除了经验和一些已经陈旧的专业知识外，没有任何竞争力可言。企业如果发展，就需要掌握最新专业知识的人才。而小林恰恰忽视了提升自己专业知识与能力这一点，这势必影响他的职业竞争力。

实训练习

1. 职业素质的构成部分有哪些？

2. 如何培养良好的基本能力？

3. 敬业、诚信是职业基本素养的部分核心要素，请列举你身边的敬业和诚信的榜样。

思政园地：用中国故事鞭策自己前行

柳公权戒骄成名

唐代著名书法家、楷书四大家之一的柳公权，从小就显示出在书法方面的过人天赋，他写的字远近闻名，他也因此有些骄傲。不过，有一天他遇到了一个没有手的老人，竟然发现老人用脚写的字比用他手写的还好。从此，他时时把“戒骄”记在心中，勤奋练字，虚心学习，终于成为一代书法大家。

岳飞学艺

民族英雄岳飞生逢乱世，自幼家贫，在乡邻的资助下，拜陕西名师周侗习武学艺。其间，岳飞目睹山河破碎，百姓流离失所，萌发了学艺报国的志向，克服了骄傲自满的情绪。寒暑冬夏，岳飞苦练不辍，在名师周侗的悉心指导下，终于练成了岳家枪，并率领王贵、汤显等伙伴，加入了抗金救国的爱国洪流中，英名万古流芳。

第四章
专业、技能与职业适应

第一节 专业比较与职业关系

一、专业认识

高考填报志愿时，多数学生非常关心当前的热门职业。人们普遍认为报热门专业会降低将来就业的难度。热门职业是社会需求量较大、就业前景比较好的职业。人力资源和社会保障部根据全国各类专业协会有关资料的统计，预测 21 世纪中叶我国急需以下 16 类人才。

- 会计类：税务会计师，相关热门人才为业务与国际事务有关的会计师。
- 电脑类：电脑系统分析专家，相关热门人才为电脑程序设计师、网络管理专家。
- 工程类：工程师，相关热门人才为环保、土木和工业工程师。
- 环保类：环境工程师，相关热门人才为工业卫生学者和环境毒物学者，生物环保、化学环保、工业环保等人才。
- 健康医药类：中医师，相关热门人才为按摩师、中药师。
- 咨询服务类：咨询经纪人，相关热门人才为技术图书管理员。
- 保险类：索赔估价员，相关热门人才为资料处理师、精算师。
- 法律类：律师，相关热门人才为房地产律师。
- 医学类：老人医学专家，相关热门人才为家庭医师、家庭护士。
- 个人服务类：家庭护理员，相关热门人才为幼儿教师和家庭服务员。
- 公共关系类：专业公关人员。
- 推销类：商业服务业务代表，相关热门人才为证券及金融业的业务代表、通信设备业务员。
- 科学研究类：生物化学家，相关热门人才为分析化学家和药理学家。
- 社会工作类：心理专家，相关热门人才为私人心理治疗师、家庭（社会）问题分析专家等。
- 旅游类：旅游代理员。
- 人事类：人力资源专家，相关热门人才为人才市场经理、人才素质测评专家。

热门职业是近期需求量大、社会声望较高的职业，但这类职业是否适合你，需要理性选择。越是热门职业吸引的人才越多，竞争越激烈，你在这类专业上是否具有现实的和潜在的竞争力？你优于他人的地方在哪里？在中国目前教育资源相对紧缺的情况下，专业的调整比较困难，在专业选择与专业学习过程中职业院校学生应当注意以下三个方面。

（一）适合自己的就是最好的

专业选择的标准除社会需求因素影响外，更主要的还在于个人兴趣的选择，不应当把社会热点当成职业追逐的方向，因为热点职业具有一定的时效性。我们从事的职业具有相对稳定性，一旦确定了人生目标，就要坚定地走下去。如果轻易改变目标，就会失去方向，可能使自己一事无成。

（二）重视高级技能培养

明确了职业院校技能人才培养的定位，职业院校学生应紧紧抓住技能培养的实习、实训课不动摇，把熟练掌握技能放到重要位置，在今后的就业竞争中立于不败之地。

（三）不断提升专业能力

职业院校学生的各种能力正处在不断提升的阶段，要为实现职业理想而奋斗，就需要把握在校阶段的学习，充分利用学校里的实习实训甚至稀缺教育资源去弥补知识和能力的不足，抓住每一次实习实训的机会，提高技能，不断完善自己，真正提高专业能力。

二、职业资格认识

职业资格和学历证书对个人职业生涯的发展非常重要。它们不仅能够增强一个人的职业竞争能力，有时还是求职就业的必备条件和胜任岗位职责的标志。

职业资格是对要从事某一职业的劳动者必备的学识、技术和能力的基本要求。2017年，人社部印发了《关于公布国家职业资格目录的通知》（人社部发〔2017〕68 号），向社会公布了国家最新的职业资格目录。建立公开、科学、规范的职业资格目录，是职业资格制度改革的重大成果，对于提高职业资格设置管理的科学化、规范化水平，持续激发市场主体创造活力，推进供给侧结构性改革具有重要意义。

《国家职业资格目录》包括专业技术人员职业资格和技能人员职业资格，在资格类别上又分为准入类职业资格和水平评价类职业资格。准入类职业资格所涉及的职业（工种）必须关系公共利益或涉及国家安全、公共安全、人身健康、生命财产安全，且必须有法律法规或国务院决定作为设置依据；水平评价类职业资格所涉及的职业（工种）应具有较强的专业性和社会通用性，技术技能要求较高，需要行业管理和人才队伍建设。目前，国家职业资格目录共计 139 项。其中，专业技术人员职业资格 58 项，含准入类 31 项、水平评价类 27 项；技能人员职业资格 81 项，含准入类 5 项、水平评价类 76 项。这些职业资格中，准入类均有法律法规依据，水平评价类均有较强的专业性、通用性，技术技能含量较高，符合国家职业资格设置的条件和要求。

职业资格是目前技能人才评价的主要手段，与技能人才培养培训、选拔使用、激励保障、认定统计等工作紧密相连，人社部按照《进一步减少和规范职业资格许可和认定事项的改革方案》（人社部发〔2017〕2 号）要求，将进一步研究完善技能人才职业技能等级认定政策。

从业资格是指从事某一专业（工种）的学识、技术和能力的起点标准，也就是基本的标准。执业资格是指政府对某些责任较大、社会通用性强、关系公共利益的专业实行准入控制，是依法独立开业或从事某一特定专业学识、技术和能力的必备标准。职业资格分别由国务院劳动、人事行政部门及其委托的机构，通过学历认定、资格考试、专家评定、职业技能鉴定等方式评价，对合格者授予国家职业资格证书。职业资格证书是求职任职、独立开业和用人单位录用的主要依据。《中共中央关于教育体制改革的决定》指出："一切从业人员，首先是专业性技术性较强行业的从业人员，都要像汽车司机经过考试合格取得驾驶证才许开车那样，必须取得考核合格证书才能走上工作岗位。"可见，在现代社会中，你要工作就要按照标准做；你要达到职业标准，就要考取相应的职业资格证书。

职业资格证书制度就是对劳动者取得什么证书、怎样取得证书、取得证书后的作用等一系列问题所作的规定而形成的制度。根据《劳动法》第 69 条的规定："由经备案的考核鉴定机构负责对劳动者实施职业技能考核鉴定。"由劳动部门分管工人类职业资格证书的核发，由职业技能鉴定指导中心和国家职业技能鉴定所（站）在全国各地推行。国家各部委也接受委托开始实施职业资格证书制度。职业资格证书制度由从业资格证书制度和执业资格证书制度组成。职业资格证书一般由国家劳动部门组织考试及颁发证书，主要是对从事某行业资格及技能的鉴定，如人力资源管理师、物流管理师等。执业资格证书一般由特定的部门组织与之相关的考试及颁发证书，主要是对从事某行业资历的鉴定，如注册造价工程师、建造师、监理等。

学历是指一个人学习的经历。学历证书是由教育部门颁发的，说明一个人接受教育的年限、所具有的文化程度或者学业程度的证明文件。若一个人按期完成某类正规教育，考试合格后都会得到一份证明其所接受的这段教育的证明性文件。不同职业对学历有不同的要求。

当然，学历并不等于能力，在现实的职业生活中，学历很重要，但学历高的人能力并不一定高，学历低的人能力并不一定低。日常生活和职业活动的观察和研究都表明，人的职业能力各不相同。有的人善于沟通，有的人善于操作，有的人善于理论分析，有的人善于事务性工作，每个人都有独特的能力结构。社会上的职业也是多种多样的，各种职业对从业者的能力、要求亦各不相同。在社会大多数职业中，有时需要几种能力的综合。由于人的能力各有长短、优劣，企业在管理人力资源时，需要根据员工的能力差异情况安排其岗位。当前，企事业单位用人调查显示，用人单位选用人才时，学历并不是唯一的条件，而是越来越看重人的潜质和综合能力。在学校学习期间，学生应做到德智体美劳等全面发展，实现学历和能力的统一。

近年来，随着职业教育立交桥体系的建立，越来越多的职业院校在完成正常教学计划的同时，更加重视安排和鼓励学生参加相关的职业资格能力提升和考核，使学生做到一专多能。学生了解职业，需要了解目前的一般性社会职业分工及基本从业要求，为自身职业素质培养做好必要的准备。

关键提示

随着社会分工的日益细化及专业程度的不断深化，一个人不掌握一定的专业知识和技能就很难谋生，更不要说实现人生价值了。在校学习期间，学好专业，积极完成学业，对高职院校学生来说具有重要的意义。因为一方面，专业知识和技能是就业的必备条件；另一方面，学好专业是实现人生价值的基础。

三、专业、技能与职业匹配

职业教育的培养目标是技术技能应用型人才，强调技术应用教育，突出对学生技术应用学习和操作能力的培养。坚持以就业为导向，以技术应用为主，培养生产一线岗位需要的管理和技术应用人员，突出学生的就业能力和素质教育，使得职业院校毕业生“技术用得上，人才留得住”。

职业教育和本科教育专业划分的最大不同是专业划分原则。一般来说，本科专业是学科型的，讲究的是知识的系统性、完整性。职业教育是以适应职业为教育目的，它的专业划分原则是以职业岗位群为主，以学科型为辅。人的职业化是职业教育的目标。以就业为导向设置专业是目前最典型、最适合我国职业院校专业设置改革的一种模式，也最有利于学生自身的发展。

就业市场对毕业生市场调控能力越来越强。如果职业院校专业教育基础薄弱，就会限制学生将来的发展。因此，职业院校既要注重学生的职业素质，又要追求“厚基础，强能力”的人才培养目标。特别是高等职业教育，要让高职毕业生在本专业上仍有持续成长能力和学习能力，国家也在为此搭建这种上升的平台。

社会对人才的需求是多方面和多层次的，除了语言、文化、逻辑和技术等智能外，还有人际交往智能、身体智能、音乐智能、空间智能等其他智能，这些都是个人成长发展、满足社会需求所必需的智能。职业教育就是培养人的这些智能。

职业院校学生从填报志愿开始就为自己选择了一个专业，步入职业教育的同时，对自己所要学习的专业及将要从事的工作有了初步的了解。入学后，同学们在真正的专业学习过程中，还要不断了解专业与将要从事的职业，增强专业学习的目的性和针对性，为就业做好心理、知识和能力等各方面的准备。

由于专业培养规格的要求不同，学生不可避免地被贴上专业标签，这种标签是进入某些职业的有效通行证。作为一名职业院校的学生，只有完成专业教育计划规定的学习任务，才是一个符合该专业培养规格的合格毕业生。因此，在学校期间，学生必须首先达到主修专业合格的基本要求。在此基础上，才能进一步辅修其他专业，拓展专业技能。那么，学生应怎样了解专业，加强专业认知呢？

首先，了解与专业相关的职业有哪些。若要得到较清楚的信息，可以进行调查分析。例如，同本专业的若干同学组成一个调查小组，调查以下相关信息：

(1) 了解本专业往届毕业生的就业行业及职业情况；

(2) 与专业教师交流，请教专业就业情况；

(3) 了解各院校专业招生简章的培养目标；

(4) 向从事本专业的专业人士咨询；

(5) 与你感兴趣职位的实际工作者交流。

通过访谈、调查、咨询、交流，会比较清楚地把专业相关的职业和行业领域罗列出来，对将来的工作的认知也就比较清晰了。

其次，通过了解本专业学习时期内所开设课程的不同学习目的，划分出专业培养规格与学科主要特征。表4-1给出了职业院校专业课程及达到的基本技能，同学们可以对照本专业的课程设置填写本表，从而提高对本专业培养目标的认识。

表 4-1　专业课程及达到的基本技能

		专业知识和技能	基本知识和技能
知识	课程名称		
技能	实践活动		

专业学习为就业和职业选择做了知识和技能的准备，而职业发展需要的知识和技能很多。各专业的人才培养规格和学科特征提供了一系列的知识和技能的组合。在有限的学习时间内，专业学习和技能相互补充。专业针对性越强，适应性越弱；适应性增强，则专业深度就会降低。

专业学习和职业发展并不一定吻合，有人认为 80%的职业知识是在工作中获得的，在学校并不仅要学习具体知识，更重要的是学习获得知识的方法。专业意味着掌握了一定的专业知识和技能，而工作无论是否对口都是一个新的起点。

在校期间除了专业学习，你是否掌握了足够的通用知识与技能？例如：计算机基础操作与应用、英语会话与写作、逻辑思维与人际交流能力等。这些能力一方面可以帮助你胜任许多专业性不强的工作，同时将成为你再学习的得力助手。毕竟，不对口只是意味着与过去所学的专业不对口，倘若要真正在工作中有所作为，就必须通过再学习把自己这个外行变成专业人士。此时，务必要关注身边的再学习或再培训。

要牢记，永远对自己充满信心。当面对不协调因素时，应该对自己有充分的认识，把主观愿望和客观条件结合起来，要相信自己的能力，对自己抱有合理而坚定的信心。要正视职业现实，对于已经发生的现实我们不可以改变，但是我们可以适应。适应是一个人成长过程中不可或缺的因素，适应会带来各种成长的可能。

四、自我倾向与职业适应比较

（一）评价职业自我

在各项能力中，解决实际问题的能力对于就业准备的影响最大。接下来依次是：竞争意识、挑战意识；创新意识、勇气；对社会的适应程度；表达能力、人际交往能力；合作意识、奉献精神；专业技能或特长；计算机、外语水平。

调查显示，对将来的晋升和发展是否有较明确的规划对就业准备影响最大。其他依次为：较好的职业设计能力、在校期间为工作培养的必要能力、从学生到职业工作者的角色适应程度。

一个人只有对个人的能力水平进行科学测评，合理定位，量力而行，才能获得较好的发展结果，否则力所不及，徒劳无益；而不费力就可以较易实现，则能力必然退化，人生难有大的成就。下面请你来理清自己的能力资源，找出自己的优势。

1. 了解他人的观点

请老师或较亲近的同学列举出你的三个优点和三个缺点。

2. 能力评价

请老师、同学、家长帮助评估，列举出10个最符合你的能力的词汇。

有条理	易合作	有组织性	活跃	创造性
有创意	适应力	好奇心	笔头好	想象力
善交际	爱好艺术	智慧	实践能力	有决断力
理解力强	有预见力	独创性	视野广	会打算
有商业头脑	迅速	擅长指导	有计算能力	细心
有逻辑	有理性	思维敏捷	聪明	称职
机智	有说服力	理解力强	有信心	开放
口才好	多才多艺	英明	很听话	会修理

3. 判断能力

下面是一份能力清单，自己判断并挑选出10项最突出的能力。

组织能力	擅长反馈信息	有始有终
能激励人	表演才能	擅长与数字打交道
数学能力	写作能力	说服能力
领导能力	种植能力	运动能力
建造能力	探索能力	决策能力
设计能力	判断能力	计划能力
有灵感	音乐感	自信
忠诚	协调能力	谨慎
聆听	果敢	修理能力

通过以上内容的练习，可以了解自己的能力。根据这些能力以及前面介绍的兴趣与职业定位，再结合自己的专业特长，就能很好地规划自己的学习与生活乃至今后的职业发展方向。

（二）专业对职业发展的影响

明确了专业，你要为自己的职业人生注入原动力。人生原动力是指一个人决定自己的职业期望所需的内心力量。人生原动力来自人的内心，可以通过一个人对自身职业、活动和生涯的兴趣和关切反映出来。有了原动力，就会激发职业生涯行动，它是人们肯定自身生命价值的自我表现形态。

有学者通过调查研究将人生原动力分为九项内容。

- 物质报酬：寻求财富和高水平的生活。
- 权力影响：寻求控制人、事物。

- 追求意义：想做本身具有价值的事情。
- 专业精湛：想在某领域有高水平的成就。
- 创意：寻求发明，寻求创新。
- 亲和：想在工作中与人达成关系。
- 自主：企求独立，并能为自己作重大决定。
- 安全：寻求稳定的将来。
- 寻求被社会认可、钦佩、尊敬。

大多数人可能具备两个或三个主要的原动力，但是每个人的核心原动力只有一个。在职业发展过程中，人们会尽力表达自己的主要原动力，尤其是核心原动力。你的核心原动力是什么？自己寻求吧！

在思考专业与职业发展的影响因素时，还应多考虑个人和环境两个方面的因素，即将个人的属性（能力、性格、兴趣、专业和价值观等）与职业观结合起来。具体操作如下：

（1）从学业、专业学习开始，发现有竞争力的职业发展方向。

（2）沿着个人在社会人群中较为突出的方面寻找发展方向，它不一定是个人能力最强的方向。

（3）保护和发展个人的优势面。优势面就是个人整体中相对最强的方面，在同等条件下，总是应该优先发展这些方面。

（4）找出目前的优势与不足，不断提升竞争力。通过强化优势或弥补不足来提升竞争力，以获得更大的成功。

（5）进行整合或匹配，最终决定自己理想的职业，并列出将要从事职业的清单。

图 4-1 通过图示的方法表示出确定职业发展需要考虑的因素和步骤，同学们一定要试一试。

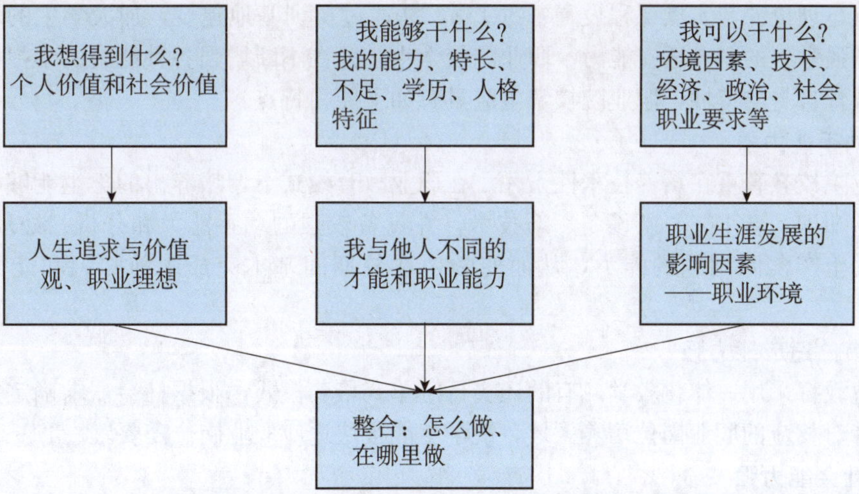

图 4-1　确定职业发展需要考虑的因素和步骤

职业院校学生在了解了职业素质后，根据自己的个性特征、兴趣爱好、能力特长等方面的情况，指导自己不断认识自我，并在学习阶段不懈努力，逐步完成自己的职业人生目标。

第二节 职业个性与适应比较

在职场中，你也许会遇到这样的情况：老板说你工作不错，不是因为你工作得完美无缺，而是因为你达到了他的期望；跟你接触的同事觉得你工作做得很好，不是因为你的工作无懈可击，而是因为你符合了他的期望。

一、个性与能力特点

人的个性迥异，所适合的职业也不尽相同，就像文弱的林黛玉不适合做推销员，猛张飞不适合做文员一样。了解自己的个性特征对择业和将来的职业发展都非常重要。

年轻人喜欢张扬个性。什么是个性？个性是指一个人在其内在的心理素质的基础上，在一定的社会历史条件下，通过社会实践活动形成的观念、态度和习惯等心理特征，是个人稳定的心理特征的总和。职业院校学生的个性心理特征包括能力、气质和性格等，这里我们仅介绍其能力特点。

（一）职业院校学生的能力特点

职业教育是按照社会职业或技术岗位需要培养技术应用型人才，强调的是技术应用教育，突出的是学生技术应用和操作能力培养。例如：有的职业院校在课程设置上就体现了这一特点，理论课与实操课程设置各占 1/2，并通过实训基地建设，加大学生的动手能力训练，增强学生的职业适应能力。职业院校学生正处在不断增强各种能力的学习阶段。根据职业教育自身的特性，职业院校学生应具有如下能力特点：

1. 动手能力强

职业院校教育重在培养技术性人才。在职业教育模式下，培养出的学生能够掌握相关的职业新知识、新工艺、新设备、新技术，并具备较强的动手能力和分析、处理、指导、解决一线生产实际问题的能力，从而使学生在校期间基本完成岗前知识和能力的各种准备。

2. 岗位适应能力强

职业教育采用一体化教学，有的还实行定单式培养模式，根据社会需求确定人才培养目标，针对相应的职业岗位培养人才，使学生能很快适应职业岗位需要。

3. 社会能力强

社会能力是指从事职业活动和社会活动所需的行为能力，包括人际关系、职业道德、语言与文字表达能力等，是在开放的社会生活中每个人必备的基本素质。职业教育是以职业能力为核心的教育，职业院校重视学生社会能力的培养，通过参与社会实践、到企业锻炼或第二课堂活动培养学生的社会能力。一般而言，职业院校学生进入社会后，处理问题时表现得比较冷静、沉着，应对环境变化的能力强。

4. 职业意识强

职业院校的教育是以就业为导向的教育，专业设置与社会职业岗位相对应，职业定位清晰。学习的目的性、针对性强，学生就业意识强。

（二）个人潜能适应

有一种能力往往被人们忽视，那就是个人的潜在能力。人体内存在巨大的内在力量，开发潜能，就会创造奇迹。职业院校学生要充分利用在校期间的各项宝贵的专业学习资源，全力挖掘个人潜力，为实现自己的职业理想做好素质铺垫。

潜能在哪里？潜能在压力中诞生。当你面对挑战的时候，那种不肯服输的热情就会涌现出来，从而产生一种斗志。热情和愿望会带来一种意外的力量，这时你的潜能就会被激活，奇迹就可能出现。职业院校学生要学会开发自己的潜能，要敢于挑战自我，通过理性思考找准职业定位，明确职业理想，为职业成功打下坚实基础。

（三）职业能力发展

职业教育是就业教育。各级各类职业院校在课程设置上重视学生职业能力的培养，职业院校学生的职业能力是靠学习过程中的不懈努力得到的。环境为职业院校学生创造了客观条件，最终是否具备较强的职业能力，要依靠自己坚持不懈的个人奋斗，始终把学习的目标放在职业能力的提高和发展上。职业院校学生要做到以下几方面：

（1）始终注重行为习惯的培养，形成健全的职业人格；

（2）始终重视专业知识和技能的学习，用扎实的专业能力叩开职业之门；

（3）始终重视培养团队合作精神，通过实现职业活动目标实现人生价值；

（4）始终重视责任感培养，不担责任就不能胜任职业。

二、实力与现实比较

人的性格有一定差异。有的人乐于从事自己熟悉的工作，有的人喜好经常变换工作岗位，有的人喜欢有规律的工作，有的人喜欢有弹性的工作，有的人倾向于做统筹管理工作。职业院校学生在自我剖析时，应考虑自己的性格和特长。在专业知识和实际经验方面，毕业生往往在将学校里学习的知识技能应用于社会实践时才发现有一定的差距。学过了经营学并不表明就一定能出色地经营公司业务。职业院校学生应仔细考虑，自我冷静分析并且准确地衡量自己的能力和实力，清楚地找出“今后自己将做的事”。这是迈向下一步的重要基础。

目标明确了，就应该仔细分析自己的实力。客观地考虑“目前我会干什么”“我能干些什么”。有了远大的目标，但要真正变为现实，则是另一码事。然而不必过多担心“会不会实现”，静下心来估测自己的实力，通过冷静的分析，挑选今后自己“有把握实现”的事。

（一）自我实力分析的简便方法

（1）以其重要性为序，列出自己在小学、初中、高中（含技校、中专）阶段曾做出的十项引以为豪且有意义的事或者所获得的荣誉，由此认真分析你的自我优势所在。

（2）分析主要是什么原因（如技能、技巧、信心、勇气、诚实等）使你取得了各项成绩。

（3）问问朋友或亲戚（最好是诚实客观的人），你擅长哪些方面的工作，并与你自己的评估作比较。

（4）列出你的求职资格，包括所受教育、工作经验（也可写在校期间担任学生干部的经验）和参加的社会活动。

（5）请你的朋友或亲戚指出你最明显的 4～5 项个人特长，并与你自己的评估作比较。

（6）列出自己做过的最喜欢的事。

（7）列出自己的兴趣和爱好。

（二）最适宜展现的个人专长

在纸上列出近年取得的你感到最为满意和自豪的 3～5 项成绩，你认为其中哪一项成绩最重要，按重要顺序排列。同时记下是什么才能使你获得了这项成绩，最后你就会发现你最适宜向用人单位推荐的才能、专长是什么。

接下来问问你的朋友、亲戚或身边的人："我在哪些方面能力最强？"然后自我对照检查，人生中你最愿意施展哪几种才能？第一种是……第二种是……第三种是……

你是富有创造才能、领导才能，还是愿意服从别人？你是外向、随和、易于相处的人，还是喜欢独处、独立思考的人？也不妨问问你的朋友、老师或亲戚，然后考虑适合你个性的工作类型。

以价值取向去衡量事业目标，也能帮助你了解最满意的工作类型。首先看看自己在平时学习与工作中最喜欢干什么、认为什么最有意义、你从中获得了什么，这样你就会知道什么对你是重要的，能够选定将来对自己最有意义的工作类型。

（三）现实匹配分析

求职应试时，不但要了解自己，也要了解求职单位与岗位的要求与条件，只有做到知己知彼，才能取得成功。这可以通过查阅人才市场需求信息库中用人单位的招聘条件来实现。下面即是从部分外资企业用人条件中抽出的几个实例，希望广大毕业生从中获得启迪。

（1）银行需要的人。最为重要的素质是对数字的接受能力及反应能力。另外，可以给客户以信任感，与客户接触时，不致产生不快。举止粗野、无热情、无耐心、不细致者不适宜以此为职。同时，由于银行的操作已机械化和电子化，掌握计算机技术是不可缺少的。

具体要求有：头脑灵活、富有创造性；没有框框，充满活力，对一切都具有好奇心；善于向自我挑战，不断向新的领域进取；认真、细致，可获得信任感。

（2）保险、证券业需要的人。保险业的特点是：一旦合同关系形成，就将与顾客保持长久的关系，这就要求认真，不出差错；能够热情地为顾客提供服务。这是对人际关系要求较高的行业。证券业则要求具有高度的预见性和分析力，因为顾客的一切证券购买行为都是为了获利。

具体要求有：对将来的发展趋势善于预测；能够适应社会的潮流，善于接受新事物；有韧性，适于在恶劣条件下工作，精力旺盛。

(3) 制作业（技术类）需要的人。这是与机械、建筑、电子等专业知识联系最紧密的领域。职业院校学生在校学到的知识远远不够，要有不断探索的精神，努力让自己成为见多识广的技术人才。按照国际上所要求的工科方面毕业生应具有的优势来衡量，既要有扎实的本专业知识和能力，同时要对相关专业触类旁通，有柔性转化能力。

具体要求有：不在于技术的成熟，而在于将来有成熟的可能性；对任何事物都有好奇心，有研究能力；能够真正掌握所学专业。

(4) 制造业需要的人。贸易摩擦、资源不足、技术开发、市场难拓、竞争激烈……制造企业置身于这种实实在在的社会环境中。以日本为例，支撑日本经济的是钢铁、计算机、汽车等产业，日本企业要求职员有使命感，对于技术革新有强烈欲望和探索精神。

具体要求有：有开拓新领域的热情，有向不断变化的世界挑战的勇气；学生时期就有“不干则已，一干到底”的求实精神；不断有新“火花”迸发。

(5) 广播、电视、广告业需要的人。广播电视业的基本要求是：“24 小时的计划性”，对新事物的感知能力强，善于找出能打动听众、观众的新闻“眼”和艺术“眼”，对未来事件有预见性。广告业要求不断有新形式、新内容的创造，善于揣摩人的心理。

(6) 新闻、出版业需要的人。此行业从业人员最重要的素质是：追求真实，不哗众取宠，对新事物感觉敏锐；写作能力强，善于自我管理，在无约束条件下仍会有效地工作。

(7) 化学、药品（技术）业需要的人。一个埋头于一项技术而不过问其他杂事的人适合做技术员。此行业的生产者、经营者要不断了解最新技术，不断拓宽产品销售渠道，提高医药产品知名度。而研究者需要有广阔的视野，善于参与集体研究项目，有旺盛的精力和百折不回的毅力。无论如何艰苦、耗时，也要达到目标。

三、目标与自身条件吻合

关键提示

明确了自己的目标与现实的差距后，下一步的问题就是怎样缩短现实目标与自己现有实力的差距，并尽可能为缩短这一差距找到适合的途径。

社会上有许多不同种类的企事业单位：有以经济效益为中心的企业，也有公共事业机关和其他服务机构。即使在同类企业中，经营项目、范围以及企业规模也不尽相同。正如人有多种多样的个性，企业也有各自不同的企业文化和特点。就是在同一行业制造出的相同产品中，也存在品牌、质量和文化上的差异。

除了企业的差异外，人的个性更是千差万别：有的人向往朴素安定的生活；有的人准备下商海冒险，期望获得高报酬；有的人想在大企业里奋斗，干一番大事业；有的人想在小公司里充分发挥自己的才能。

以上这些差异并不能简单地说明谁好谁差，更无高低贵贱之分，重要的是要明白达到自己目标所必须具备的知识、经验和特长，选择一条适合自己的就业之路。

（一）寻找符合自己条件的愿望

目标与现实之间总是存在差距。明确自己的目标，也应正确分析自己的优缺点，将目标置于现实环境中，澄清二者的距离。有些学生很想在商场一显身手，成为像人们羡慕的那种“大款”，每天赚大把大把的钱。有这种观点也许没错，但事实上，即使是经营管理专业、国际贸易专业的学生，也极少能做到。在学校里学了这门专业，将来并不一定能在这个行当中出人头地，更何况还有许多现实问题存在。职业院校的毕业生在寻找工作时，应对自己的优势和不足全面权衡；特别是目前自己掌握了什么、还欠缺什么，一定要做到心中有数。如果不通过冷静、客观的思考而盲目自信或急于求成，都难以获得成功。

为了寻找一份好的职业，应该尽可能多地收集相关企事业单位的信息，了解其用人政策。对于企业不仅要获得其知名度、工资额度、所在地等一般信息，还要进一步掌握该企业的特性、人才观、工作方法等情况。不要太在乎这个企业的大小、是否有名、赚多少钱，而应着重考虑自己的谋职愿望、是否能实现自己的职业理想。

任何用人单位都有它的追求和目标，毕业生也有自己的择业动机和目标。只有二者一致时，个人的能力才会有充分发挥的空间，人才才能顺利地成长。用人单位的聘用与面试不仅是“挑选学生的考场”，也是双方确认、相互沟通、双向选择的方式和手段。

（二）职业目标与工作目标比较

职业院校学生可以根据对各种职业的具体要求的查阅，确定自己的职业目标与工作目标。

（1）逐个列举你想选择的职业目标，只需要列出那些你愿意干的工作，然后筛选，直到你最为满意为止。具体可考虑以下几个问题：

● 愿意独立工作还是与人一起工作？（□独立　□协作）

● 想在工作中发挥自己的什么优势？（□按自己计划进行　□随同别人）

● 想在什么样的环境下工作？（□程序化规律环境　□宽松灵活环境）

● 对机器、产品、数字感兴趣，还是喜欢与人打交道？（□体力劳动　□脑力劳动　□兼而有之　□室内　□室外　□兼而有之）

● 想在别人指导下工作还是上级领导下工作？（□别人指导　□上级领导）

（2）确定职业目标后再考虑工作目标。职业目标是指示求职者干什么，而工作目标是指示求职者干到什么程度，二者不尽相同，但都是求职时必须考虑的。工作目标的确定可以采取以下方法：

反问自己想挣得多少收入，并逐年列出（最低限）；想获得什么样的自身发展，也逐年列出：

● 想在事业上达到什么样的成就？

● 起点、终点及中间计划，以上目标切实可行吗？

● 要达到这些目标，需要哪些方面的条件与努力？

● 拟求职的工作单位能提供多少薪金？

● 自己具备什么？

(3) 对于工作环境的选择与确定，可采取如下方法，反问自己：

- 想到什么地点（区）工作？
- 想去什么类型的工作单位工作？
- 想在什么样的条件下工作？
- 想在什么类型的人群中工作？

逐一分析各种拟求职单位的特征与优势。

第三节 职业趋势与职业角色适应

每个毕业生和择业者在迈向职业理想时，了解身边的社会、了解走向工作岗位后面临的社会职业环境十分重要。

一、职业的社会环境

职业的社会环境是指与工作相关的产业结构、行业领域、职业岗位以及现代劳动形态的变化状况与趋势等职业影响因素。以下我们将根据近年来我国及全球范围的社会经济发展的具体情况，从社会产业结构变化趋势引发就业结构变化等方面分析职业的社会环境。

（一）产业结构变化

进入21世纪后，全球产业结构变化迅速，产业结构调整成为经济发展的主题，不断推进产业结构优化升级已成为各国提高国际竞争力的主要途径。按照国际通用的产业分类，可分为第一产业（农业及相关的职业）、第二产业（工业与建筑业）、第三产业（服务业），也有人把完全基于知识的产业，如知识生产、传输和直接商品产业称为第四产业。在全球范围内，发达国家产业结构变化的总体趋势十分明显：第一产业在国内生产总值中所占比重不断下降，第二、三产业产值不断提升。

我国改革开放以来，产业结构的变化趋势与世界大体相同，同时保留着发展中国家的阶段性特点。20世纪90年代以来，我国第二产业进一步发展，制造业成为扩张最快的产业。近十年，我国的传统产业——纺织业、钢铁业和非金属矿物业在工业产值中的比重逐步缩小，而新兴的电子行业、汽车行业已经成为主导产业；同时，产业的技术水平明显提高。我国第三产业发展迅速，在三产内部，贸易、金融和运输业已占主导地位，特别是高新技术、互联网+、智能应用的产业已经成为影响我国经济增长的重要力量，信息技术的发展和应用将呈现迅猛上升的趋势。

随着社会产业结构的变化，就业结构也必然产生变化。受多种因素影响，这三种产业提供就业的机会并不均衡。与过去相比，我国第一产业就业比重明显下降，第二、三产业就业比重增长较快，特别是第三产业的就业比重增长速度高于第二产业的增长速度。产业结构变化必然带来就业结构变化，择业者要多考虑那些符合社会经济发展需要、国家鼓励投资、发展前景光明的行业，因为这些领域所提供的职位数量相对较多，并且职业的发展空间较大。

（二）行业技术结构变化

行业技术结构变化也会相应推动就业结构变化。20 世纪下半叶以来，核电技术、航空航天技术、信息通信技术、生物工程技术等科学革命，引发了席卷全球的技术革命浪潮，给社会经济生活带来了翻天覆地的变化。一方面，各传统行业内部的技术结构升级的速度普遍加快；另一方面，以高新技术为基础的行业迅速发展。因此，组织与个人的专业科学知识和技术创新能力，正在逐步替代货币资本成为经济财富增长的决定因素，全社会人力资源配置需求必将随之改变。

近 30 年，我国第三产业领域内的新兴产业不断出现且发展迅速。例如：现代物流业是在传统运输业的基础上，用系统运筹的理念和数控技术把运输、仓储这些环节高效整合起来，在空中运输、海上运输、铁路运输、汽车运输以及城市速递多种运输方案中实现最优化、最便捷的物资配送，对从原材料到厂家、再到经销商、最后到客户手中的全部运输环节进行整体调配。据预测，未来几年内中国的物流产业将会以每年 30%的速度迅速增长，特别是“一带一路”带来的巨大经济需求和变化，国内物流人才的缺口将达到 600 万人，中高级物流人才的缺口达 80 万人。目前物流人才的职业化进程与市场需求还相距甚远：在负责仓储和货物流通的基础职位、负责业务和管理经理的中级职位、高级经理和总监的高级职位上，几乎都不是物流专业人才，这给寻找机遇实现个人理想的职业院校的学生们提供了很好的平台。

同时，我国的高新技术及其产业的快速发展，不仅提高了单位产品的附加价值，而且提高了产品的技术密集度。这些特征集中在八大新型技术产业群中：电子技术产业群、新材料产业群、生物技术产业群、超导技术产业群、核技术产业群、空间技术产业群、海洋技术产业群、光技术产业群。这些新兴产业的空前发展对从业人员知识结构提出了更高要求，必然促进社会人力资源配置结构的升级。以我国发展最快的电信行业为例，技术岗位需求量很大，对通信工程、计算机科学与技术、信息工程、电子信息工程专业的毕业生具有长期、持续的需求。随着电信市场由国内竞争向国际竞争发展并日趋激烈，通信技术人员的需求层次不断升级，对研究生和博士生的需求呈明显上升趋势。电信市场对既懂电信技术又懂市场营销的人才需求将逐步升温。

未来中国的发展对人才的需求量非常大，职业院校学生只要在充分掌握相关信息的基础上提高自身的知识、技能，一定会找到发挥自己聪明才智的舞台，通过职业发展实现自己的人生抱负。

（三）产业组织内就业岗位变化

职业世界是瞬息万变的，冲击着人们对就业岗位内涵的理解和从事职业的方式，也对从业者提出了新的、更高的素质要求。正确选择职业的能力必须建立在全面了解各类职业性质、特点和要求的基础上。

在高新科技的推动下，传统的企业经营、管理和生产方式已无法适应新工业发展的需要，最显著的特征是“简单劳动成分”减少、“技术创新成分”增加，尤其在信息、电脑、通信、自动控制、生物工程、航天以及软件领域，“技术创新成分”几乎决定企业经营的成败。因此，新职业、新产业对从业人员的素质要求，不再是传统意义上简单的“白领”或“蓝领”的概念。以往的就业结构是一个非常尖的“金字塔”，一小部分人是白领精英，白领和蓝领很难跨越。随着现代技术的发展，很多蓝领工作已经被机器代替，同时需要有一批人能改进流程、掌握技术，同时动手操作，这就是“灰领”。由于社会流动性提高，在个人职业生涯中“蓝领”可以变成“灰领”，“灰领”也可以变成“白领”。

因此，可以预测今后就业结构的“金字塔”将逐步扁平化，也可能最终呈现菱形结构，中间最庞大的部分是“灰领”队伍，两头是“蓝领”和“白领”阶层。也就是说，“白领”和“蓝领”的比例会逐渐降低，“灰领”群体将越来越壮大，成为社会的主要职业群体。

由于产业结构的调整变动，现代社会中生产和服务部门的技术含量增加，劳动复杂程度提高，劳动力结构发生了变化。无论在制造业还是在服务业中，原有职业出现了调整和转化，新兴的职业群不断出现。有专家预测，人类的职业大约每5年就将更换20%。预计50年后，当今社会中的上千种职业将从人们身边消失，而代之以新职业。在此过程中，必定会有一些职业将衰落和消失，一些职业将处于调整和变化中，还会出现一些新职业并将迅速发展。

（四）新兴工作方式趋势比较

21世纪是一个以知识员工为主体对象的人力资源管理时代。知识员工是指掌握和运用符号及概念、利用知识或信息进行工作的人。主要用“头脑”进行工作的知识员工，其受教育程度、需求结构、工作期望、价值观念、行为能力等，都不同于主要依靠“肌肉”进行劳动的体力员工。这将在很大程度上影响很多人，尤其是接受过职业教育的毕业生。

与此同时，新技术的应用也深刻影响劳动方式。自20世纪90年代中期以来，互联网在全球范围内迅速发展。在人力资源管理领域，互联网及其信息技术正在引发工作方式和管理方式的历史性变革。10多年前，诸如知识工人、全球经济、学习型组织、虚拟工作场所、小型创业型企业、满足顾客需求等概念对大家来说还是新名词。现在，人们可以随意地在报纸、杂志上看到这些词汇。这些概念反映出一些趋势，并影响大量即将走向社会的学生以及刚刚就业的新员工，体现了工作方式的改变。

工作方式历史性变革的核心概念是远程办公。在21世纪，一场工作方式或办公模式的革命将在更大范围内展开，这就是地点分散、时间弹性的工作方式取代工业时代的那种集中地点、统一时间的传统工作方式。这场工作方式的革命如同工业化工作方式取代分散化农业工作方式一样具有历史意义，将对即将就业的学生具有深远的影响。

移动办公是指不限办公地点的特殊工作形态。比较普遍的要求是：只需给每人配备一台笔记本电脑、一块无线上网卡和一部无线分机电话就可以了。员工可以手持无线电话随时随地谈业务，也可以坐在咖啡间一边看笔记本电脑一边喝热饮。这种开放性的移动办公形式使部门间的沟通变得很容易，不仅令员工感觉非常自由，大大提高了工作效率，而且为公司节省了大笔开支。

弹性工作制是指在完成规定的工作任务或固定的工作时间长度的前提下，员工可以灵活地、自主地选择工作的具体时间。目前，国内实行弹性工作制的企业多采用核心时间与弹性时间结合制，即公司只规定每天工作的总时间数，在核心工作时间（通常 5～6 小时），员工必须到班以便于沟通和交流；在其余弹性工作时间里，员工可自由选定上下班时间。从心理上讲，它给予员工更多的自主权和责任感。在欧美，超过 40%的大公司采用弹性工作制。在我国，近年来也涌现出越来越多试行该种制度的企业。一项市场调查显示，国内有半数以上的白领认为这种更为灵活的工作方式可以激起他们的工作热情。

以上针对我国当前形势的有关社会产业结构变化趋势引发就业结构变化、各行业领域的技术结构升级推动就业结构变化、产业组织内部职业岗位需求影响就业结构变化，以及新兴工作方式的出现影响就业方式的变化等信息的分析说明，职业院校学生可以对职业发展的宏观环境有较为全面的认识。接下来，将进入微观就业环境的分析阶段。

二、职业的微观环境

职业的微观环境是指每个人的就业环境。在一定的职业社会环境下，每个人将要进入的组织（一个有意识地对人的活动或力量进行协调的体系）所提供的职业环境仍然可以用“千差万别”来形容。

对于绝大多数人而言，职业生涯是与某个或某些工作或服务的组织相联系的，因此，职业院校学生必须了解各种组织类型及组织形态的变化。有效的职业生涯发展要求个人需求与组织需求之间相互配合。在整个职业生涯中，个人和组织双方共处于一个不断变化的环境中，二者的相互匹配过程也是动态的过程。如果匹配过程能够有效地进行，组织与个人都能受益。组织将合理运用与开发人力资源，提高员工绩效并改善人际关系；个人将能较好地管理自己的职业生涯，职业与家庭较好地结合，个人才干得到有效发挥，态度与价值观得到较好实现，个人也得到较好的发展。

（一）组织类型及岗位分析

常见的组织类型有五种：（1）营利性组织，即现代社会中经济活动发生的主要场所，包括规模不同的工业、商业等企业；（2）非营利组织，包括红十字会、基金会、教育服务中心等机构和近年来在我国出现的自然之友、北京地球村环境教育中心等非政府组织；（3）政府组织，在我国包括从中央政府到各个街道的所有政府办事机构；（4）准政府组织，即大家通常所熟知的财政拨款的事业单位；（5）各类协会。虽然组织的分类不是固定不变的（如随着我国经济体制改革的深入，事业单位越来越少），但这种分类能帮助大家了解一些工作单位的基本类型并迅速了解一些组织文化的特征。同时，还要掌握人力资源制度与岗位状况，包括福利措施、员工关系、发展政策、工作/岗位基本能力的需求、工作绩效评估标准等信息。这些信息一方面决定了新员工入职后能否胜任岗位要求、工作顺利与否，另一方面也关系到员工可否获得与付出相匹配的回报，能否在该组织中实现个人的职业生涯规划目标。

（二）组织文化

组织文化是每个新员工职业生涯即将展开的文化背景，每个人的职业生涯成长与理解和有效地运用这些知识的能力有关。组织文化（又称企业文化），是一个组织所指导的，并且是组织上下人员身体力行的价值观和行为准则；它使组织独具特色，区别于其他组织。如果仔细考察，这种共同的价值观体系实际上是组织所重视的一系列关键特征。

组织文化的贯彻者是全体员工，尤其是组织的高层管理者及各级管理人员。对刚刚涉足职场的毕业生而言，影响最大的莫过于其直接上级主管：上级对下级鼓励帮助并予以指导，会促使下级迅速成长、不断进步；上级对下级仅仅下任务，一旦下级没有出色完成就严厉批评，会令下级工作萎靡不振，甚至丧失对职业的热爱和对工作的热情。上级的管理风格和工作中的言行也会影响其带领的工作团队的氛围。因此，毕业生在接受第一次职业挑战时，应该对将来的上级和同事进行相应的了解。对于年轻人而言，学习型组织的文化和环境非常有利于其尽快适应工作环境，提高职业技能，为将来的职业发展打下坚实的基础；工作单位的直接主管也在很大程度上影响人们的职业发展。因此，年轻人选择工作时，更多地要考虑这个组织是否有利于自身的学习和提高。

（三）组织结构

组织结构是指对于工作任务如何进行分工、分组和协调合作。不同的组织具有不同的结构，组织结构对于员工的态度和行为都有影响。组织的内部结构可以解释和预测员工的行为，除了个体和群体因素之外，员工所属组织的结构关系对员工的态度和行为具有重要影响。因此，在决定入职前，应该了解该组织的组织结构。随着新经济时代的到来，越来越多的组织，包括营利性企业、金融机构、非营利组织、政府组织、各种协会等都从形式和结构上发生了变化。这些变化中，最引人注目的是组织结构从三角形变成菱形且越来越扁平化。在三角形的组织结构中，处于组织最高层的管理者、执行者、办公人员和部门主管等只占全体员工的15%，而由于没有足够的空间让更多的人进入组织结构中的更高层级，大部分工作者的生涯呈现于三角形中更低的部分。在新出现的菱形组织结构中，除了5%～10%的高层执行者和管理者外，还有50%～80%的员工成为组织中的核心员工。组织结构从三角形到菱形的转变意味着个人职业生涯将会受到组织向菱形转变的影响。

因此，现代社会成功的组织特征是：保持扁平化的管理结构，从管理导向的系统转为团队导向的系统；每一团队成员都拥有足够的专业知识，团队由一些服务提供者和其他自我管理、独立对利润负责的成员组成。在此变化趋势中，与团队工作、多重技能、终身学习、领导力和自我指导的生涯决策等有关的技术在这一新的组织模型中也将得到发展。

三、职业影响与角色适应

关键提示

从业之初，从相对简单的学生角色转变为较为复杂的社会职业角色，会产生一些矛盾和不适应，这是在情理之中的，也是正常的。学生角色与职业角色的不同在于：一个是受教育，掌握本领，接受经济供给和资助，逐步完善自己；一个是用自己掌握的本领，通过具体的工作为社会付出，以自己的行为承担责任，并取得相应的报酬。

从学生角色到职业角色的转换，必然伴随角色冲突、角色学习和角色协调等一系列过程。因此，充分把握自己的角色适应十分必要。

（一）毕业前夕的角色适应

目前，我国各级各类学校毕业生在每年 7 月初离校，奔赴工作岗位，但是就业工作一般从前一年的 10 月份就开始了，前后共有半年多时间。在这段时间内，除了按照学校正常教学计划完成课程的学习、实习实践和毕业论文外，还应该进行如下学习和训练。

1. 学习与未来工作岗位有密切联系的专业知识和专业技能

学校的课程设置总体上偏重于基础知识的学习和基本技能的培养，而不一定涉及特定岗位上所需要的专业知识和技能。通过学习和训练，可以加深对未来职业岗位的认同，培养职业兴趣。

2. 进行非智力因素技能的训练

毕业生智力上的相差并不太大，而非智力方面的技能却是影响毕业生择业、就业和创业的重要因素。毕业生要敢于表现自己，克服在公众面前害羞、胆怯等人格心理方面的不良现象，这是给人留下良好印象的前提和关键；还要善于表现自己，不断提高自己的书面表达能力和口头表达能力。在与人交往的过程中要诚恳而不谦卑，自尊而不自傲，不急不躁，以富有感染力的幽默语言来展示自己的意图和信誉。

3. 进行必要的心理准备特别是受挫准备

职业院校毕业生大都很有才华，但并非都能在自己的工作岗位上成功。过硬的职业技能对职业成功固然重要，充分的心理准备更是不可缺少。一般来说，事业不会是一帆风顺的。如果心理准备不足，就会产生过激情绪，导致能力低下，在愤世嫉俗的言行中使自己的才华泯灭。因此，在校期间要充分做好心理上的受挫准备。在事业顺利时不沾沾自喜，以平常心对待工作上的平淡、无为和不被重用；在屡试屡挫的境地中屡挫屡试，不懈追求；在似乎“一文不名”的地位上奋发向上、一鸣惊人。这是事业成功者的必备素质。

（二）见习期内的角色适应

从学习环境到职业环境的变化，往往会加剧角色冲突，为此，毕业生应该加强见习期内的角色学习，使角色转换顺利实现。一般来说，学生要在较短的时间内获得同事的认同和领导的肯定，应当从以下三个方面提高和锻炼自己。

1. 要善于展现自己的知识

毕业生因为具有新知识而受到同事的青睐和尊敬，但为此也使一些人与同事之间容易产生矛盾。因此，在同事面前一定要表现得谦虚、随和，在尊重同事丰富经验的同时，适时适度地展现自己的知识。例如：可以利用工作机会，特别是当同事在工作中遇到麻烦时，以谦虚诚恳的态度从理论上提出自己的见解，共同商讨、解决问题。也可以利用业余娱乐机会，发挥自己的知识优势。在交流中让同事了解你的为人和性格，表明自己的世界观、人生观和价值观，缩短与同事间的距离，成为大家的朋友。切忌因有知识懂技术而自居自傲，那样只会使同事对你产生反感，使自己越来越脱离群体，变得孤立无助。

2. 要树立工作责任意识

职业院校学生对未来都有美好的期望，都想在事业上大干一场，建功立业。但是多数人在走上工作岗位之初，一般不会被委以重任，而是先从最简单的辅助性工作做起，这也符合人才成长的基本规律。但是，有不少人凭着对工作的新鲜感和学识上的优越感，认为自己被大材小用了，对一些工作不愿意干，甚至闹情绪。其实，这是缺乏责任意识的表现。做任何一项工作，都要有足够的热情，更要有丰富的经验和随机应变的能力。这种经验和能力的获得并非一朝一夕之功，它需要在平时的工作中积累和训练。显然，凭借热情和情绪只能是对工作的不负责任。因此，不管工作的大小、分工的高低，毕业生都要以满腔的热情、高度的事业心和责任感认真对待，圆满完成。

3. 要培养实事求是的工作作风

职业院校学生具有较强的自尊心和自立意识，在工作上总想独当一面、取得成就。尽管很多人对待工作的态度是认真谨慎的，但在很多时候，工作中还是难免出现失误。工作失误并不可怕，可怕的是不能正确地认识失误，不能实事求是地承认失误。工作中一旦出现失误，就要认真地分析原因，总结经验教训，找准失误点；同时要敢于向领导和同事承认，开展批评和自我批评，并勇于承担责任，以获得领导和同事的理解。另外，要虚心学习、请教，总结经验教训，防止类似失误再次发生。

另外，毕业生要重视岗前培训这样的重要环节。因为岗前培训对于刚刚走上工作岗位的学生的角色转换是非常重要和必要的。它不仅能让新员工了解单位的基本情况，熟悉规章制度和工作程序，更重要的是通过岗前培训来树立集体主义观念，培养人际协调能力和奉献精神。从某种意义上讲，岗前培训可以直接反映新员工的素质高低，因此单位都非常重视，并以此择优录用、分配岗位。毕业生一定要以认真的态度把握这样一次充实自己、表现自己和提升自己的良机。事实证明，很多毕业生就是因为在岗前培训期间显露才华、表现出色而被委以重任的。

（三）角色转换的影响

学校生活相对来说比较单纯和清静。习惯了这种生活的学生们在刚刚参加工作之初，由于自身的阅历、素质、知识水平和适应能力的限制，加上社会对受过职业教育的学生期望要高于普通人，因此难免会产生一些矛盾和不适应的因素，使得许多毕业生在工作上遇到种种困难和挑战。

1. 美好的愿望难以实现

所有的学生都希望在自己第一份职业岗位上有所作为，立志以满腔的热情换取优异的工作成绩。但对毕业生的跟踪调查表明，学生工作后大多对现实不满意，有的毕业生表示“特别失望”。面对一些工作单位的实际情况，诸如生活环境艰苦、人际关系复杂、经济收入微薄、工作程序单调、管理方式落后和生产试验设备陈旧等因素产生的消极负面影响，不少毕业生由满腔热血转而大失所望，工作积极性踪影皆无，原本美好的愿望化为泡影。

2. 自身素质难以应对社会职业的需要

我国经济步入全球化的战略格局，对高素质综合性人才的需求就更为迫切。因此，职业院校毕业生不仅要有扎实的专业知识、较强的实际操作能力和一定的组织管理能力，更要具有勇于开拓、锐意进取的创新精神。然而，一些毕业生面对社会职业的实际需要时，深感自己的综合素质远远不能胜任所从事的工作，现有的知识智能结构不够充分和合理，书本知识和实际问题相差太远，而且很难有机地结合起来。

3. 理想与现实的冲突

学生在学校所接受的几乎全是正面的、健康的教育，所以其世界观、人生观和价值观的形成和发展都是比较顺利的。但是，由于他们的社会阅历比较浅，因此对社会、对人生价值的认识往往表现出较理想化的倾向。在现实社会中，尤其是面对社会不良现象时，他们既看不惯又无能为力，经常感到困惑和迷茫，很难使自己理想化的观念与现实社会达成一致，表现出理想与现实的冲突，以及理想化的行为习惯与职业角色要求之间的矛盾。

（四）积极的角色适应

角色转换是一个艰苦而长期的过程，需要坚持不懈的努力，以积极的姿态来应对这种不适应。事实证明，不同的态度会有不同的结果，积极的态度就会取得良好的效果。

刚刚毕业的学生在走上工作岗位之前往往对角色转换的认识模糊，对即将从事的职业缺乏全面而准确的了解。因此，应当树立以下几方面的意识，形成职业观念。

1. 独立意识

学生角色的经济不独立性及社会责任的不完全性，决定了学生的依恋性。走上工作岗位后，学生已经成为社会认可的具有独立资格的真正的社会人，在生活上要自理，尤其是在工作上要独当一面，承担一定的社会责任。

2. 主人翁意识

毕业生多数要参与生产、管理和决策等实践活动，对所在的单位和部门承担更多的社会责任和义务。一个人工作成绩的好坏，不仅和自己的前途有着密切的关系，而且与单位和部门的兴衰荣辱休戚与共。因此，职业院校学生要牢固树立主人翁意识，以国家兴旺、民族强盛和单位发展为己任，立足本职做好工作。

3. 学习意识

毕业生已经具备了获得职业技能的基本条件，即比较扎实的基础知识和专业知识、技能。但是社会角色的适应过程是一个自我不断学习、不断完善的循序渐进的过程。初到工作岗位，自身的知识量不一定足够大，知识结构并不一定合理，工作起来难免有些左支右绌。因此，学生要根据职业的特点、性质、工作程序及其相互关系，虚心向有经验的技术人员、领导、师傅和同事学习，学习他们观察问题、分析问题和解决问题的方法，不断丰富自己的专业知识，提高自己的专业技能，最终达到自我完善。研究数据显示：在学校所掌握的知识，30%左右是在工作中能用得上的，70%左右属于备用的知识。因此，学生在工作岗位上所用的知识大部分需要随时学习和充实。在知识经济时代，知识更新的步伐加快，毕业生必须不断地更新知识、开阔视野，以适应新的形势。

案例4-1

自身价值的提升经历

小陆在技工院校毕业后就一直在现在的IT公司工作，而IT业的薪酬一直居于各个行业薪酬榜的前列。从业多年，小陆在公司站稳了脚跟，而且成为年薪20万元队伍中的一员。

小陆是如何获得这一职位，如何在30岁前实现年薪20万元的呢？这离不开他充分的知识积累和良好的职业素质培养。要知道，IT业的收入高，对从业人员的要求更高，跨进这个高薪行业有着很高的壁垒。

小陆很早就定位于IT业，尽管自己只有中专学历，但酷爱编程的他早就通过自学达到了程序员的水平，在校期间就开始为企业开发软件。

值得一提的是小陆找工作的历程。找工作的前一年，他的身影就经常出现在各个IT公司的招聘会场。他说："我觉得在招聘会上不仅可以实地了解公司的情况、文化，更重要的是熟悉公司招聘的程序，了解公司需要什么样的人才，知道自己的优势和不足，可以更早地对症下药。"这使小陆在正式找工作的时候游刃有余。凭借出色的专业能力和面试技巧，小陆拿到了三家IT公司的录用通知。经过深思熟虑，小陆选择了现在就职的公司，因为他认为现在的公司拥有更强的技术优势和发展潜力，而这正是成功IT公司必须具备的优势。

小陆在公司从事的是软件开发工作，尽管在公司的工作并不如想象中那样富有激情和创造力，甚至有点枯燥，加上IT业工作的高压力、高强度，很多同事在工作不到一年时就离开了公司。但小陆没有放弃，除了努力适应公司文化，在工作中调整自己的心态，他更重视锻炼自己应对压力的能力。此外，技术翻译的工作机会也使他有更多机会接触最前沿的技术动态，使自身的业务水平和知识能力得到了很大的提高。

结合自己的营销学知识、良好的外语沟通能力和技术积累，小陆给自己下一步的定位是到公司的海外部门从事技术服务工作。从单纯的内部技术支持到外部技术营销、技术服务也是技术人员比较青睐的一条职业路线。小陆相信自己会在海外部得到更大的发展，他有信心获得这样的机会，他的"薪情"届时也会再上一个台阶。

[分析]

小陆获得高薪的秘诀在于他选择了与自己所学专业相联系的IT行业。IT业作为一种典型的知识导向型的行业，对于从业人员的素质要求非常高。要想进入这样的行业，要想获得小陆这样的高薪，在30岁前实现年薪20万元，就必须具备充分的知识积累。小陆的工作不仅要求他具备较强的专业技术能力，还要具备较为突出的英语能力。他在学校期间充分地强化了自己的这些能力，从而为获得高薪提供了有益的帮助。

小陆的职业规划能力也是值得一提的：一体现在他找工作的时候，充分积极地准备，提前一年"模拟应聘"；二体现在他对自己未来职业生涯的规划上。知识导向型的工作收入呈尖峰状，从业人员的职业生命相对短，因此对自身职业也需要再探索、再规划。小陆已经开始着手于从单纯的技术人员向海外技术服务过渡，就是一条比较成熟的职业生涯规划道路，这对于职业生命的延长和自身价值的提升有着良好的促进作用。

案例 4-2

做最好的自己

小凡是一个活泼开朗的女孩，她经常说："我很平凡，没有很高的事业期望，职业生涯就是这样一步一步走下来的，似乎水到渠成，但是我相信成功就是做最好的自己。"

小凡的职业生涯路似乎很平坦。她从某职校经济管理专业毕业后，在一家民营企业谋得了一份文员工作。文员的工作有点枯燥乏味，并不太适合性格活泼的她。小凡最初的收入也不高，月薪只有 2 000 元左右。但是小凡并没有就此消沉，而是积极地做好自己的本职工作。小凡是个很有责任心的人，即使工作不是很理想，但她觉得尽心尽力完成工作非常必要，"我觉得无论如何要对得起自己获得的薪水，尽力地付出，终归会有回报"，同时小凡也在静心等待着机会的来临。

一年后，小凡应聘到一家新成立的外资银行工作。在外资银行的工作让她受益匪浅，同时她感到了很大的职业压力。因为外资银行对从业人员的要求很高，很多同事的学历和资历也高于自己，需要处理很多烦琐的事情。但她依然坚持"做最好的自己"的信念，在认真完成自己工作的同时，不断地完善自己、提高自己。

"那时候顶着很大的压力，对自己也是一种挑战。"工作中小凡没有退缩，没有被困难击倒，遇到自己不懂、不擅长的地方，就认真地向同事请教。她的亲和力与良好的人际关系也使同事们愿意给予她建议和帮助。此外，小凡还在业余时间里不断从专业书籍和相关杂志、报纸中汲取知识，提高自己的专业能力。很快，小凡就消除了最初的压力感，开始逐步胜任工作，凭着认真负责的工作态度和优秀的工作成绩，被提升为部门主管。现在的小凡就职于一家基金公司并担任部门经理，工作干得非常出色。

在别人看来，她是个幸运儿。对此，小凡看得很平淡，"踏踏实实地走好每一步，总会有机会的，事业是这样，生活也是这样"。

[分析]

小凡顺利的职业生涯道路实际上是建立在个人勤奋踏实的工作态度和良好的人际关系网这一基础上的。年轻人在工作中不能忽视个人关系网的建立和维护，良好的人际关系是获得职位的一个重要因素。小凡的亲和力及其对人际关系的重视，不仅为她带来了自身能力的提高和更多的工作机会，也为她带来了事业的提升。她现在所在的基金公司部门经理职位就是建立在她前两份工作建立起的人脉关系上的。

小凡珍视工作、踏实认真、努力学习的态度正是很多年轻人所缺少的品质，这也是她获得高薪机会的重要原因。

案例 4-3

做到适合岗位

某技工学校艺术设计与工艺专业毕业的小李于去年 8 月被学校推荐到市内一家广

告公司实习。进入公司后，她全身心地投入工作。在单位，她踏踏实实，从不多说一句话。只要接到任务她就会按时完成。

一年实习下来，她原本以为自己可以轻松地被公司留用，但谁料实习期一结束，经理告诉她："你的性格不太适合搞广告，并且你的积极性和创新意识也有些欠缺，拟录用计划没有通过。"

事实上，小李自己并不是个内向的人，也并非没有创新意识，而是自己觉得刚到一个新单位，没有什么经验、资历，一般不愿说出自己的观点，认为只要踏踏实实完成工作就万事大吉了，没想到这竟然成了被弃用的理由。"到底实习期该怎么做才能顺利通过呢？"她感到十分困惑。

［分析］

小李在实习期后之所以没有录用通过，一个重要原因在于她对"新人"所担任职位性质的理解不够，并对行为规范产生了片面认识。她认为自己刚到一个新单位，没有什么经验、资历，不需要说出自己的观点，只要踏踏实实完成工作就万事大吉。殊不知，她担任的职位是"广告人"，其主要工作内容是策划和制作，这是一种富有开拓、进取、创新精神的人才能胜任的工作。她在片面认识支配下的这种行为表现显然与岗位对人才素质的要求存在太大的差距，属于不能胜任类。

实训练习

1. 分析自己具备哪些能力有助于自己选择职业。
2. 专业技能的掌握对职业成功的作用有哪些？

思政园地：用中国故事鞭策自己前行

精益求精地做一件事，做到极致

随着我国航天事业的飞速发展，火箭总装技能大师马利的名气也越来越大了，名气大是因为他做事总是精益求精。马利认为火箭安装不允许有一丝一毫的马虎。他说，"工匠就代表做工的人，他只有钻到里头去了，精益求精地做一件事，才能做到极致。"马利团队总装一枚火箭，有时需要2～3个月，最忙的时候没有休息日，两班倒24小时连轴转，马利就曾连续加班一个多月，而且做到在高强度工作的状态下零失误。我国航天事业发展60多年来，国力越来越强，发展越来越快，发射的卫星越来越多，火箭总装的任务也由少到多。虽然工作很累，但是赶上航天事业大发展的时期，马利自己感到很自豪。马利曾对当代大学生和年轻人寄语："做每一件事，必须勤奋、舍得付出，想做好又不想出力，这是不可能的。"

资料来源：《中国航天工程教育与产教融合发展论坛资料汇编》，2019-04-24.

第五章

心理素质与职业化能力

第一节 心理素质与职业能力比较

一、良好心理素质的特征

（一）智力正常

智力正常是人们具备良好心理素质的基本条件，能够保证人们有效地开展认识活动。智力主要包括观察力、记忆力、想象力、思维能力、注意力和创造力。

（二）意志健全

意志是人在实现既定目标活动过程中的心理素质。意志健全表现为：行为目的明确而合理，自觉性高；意志顽强，能自觉克服前进道路上的各种困难和挫折，努力朝着既定的人生目标奋进；善于冷静、客观地分析情况，处事果断；自制力强，忍耐性强，能有效地控制自己。

（三）情绪稳定

情绪稳定是指情绪反应适度，积极乐观。无论成功或失败，都能适时自我调整情绪，正确支配自己的情感与行动，对周围环境和外界刺激作出适当的反应。特别是身处逆境时，能发掘生活的希望，增强自信心；受到挫折或失败时，不气馁、不灰心，能控制自己的情绪，调整自己的心态，及时摆脱消极情绪的困扰，避免情绪大起大落。

（四）行为适度

行为是心理品质在具体活动中的表现。行为适度是指行为符合年龄特点，对外界刺激能作出符合社会认可的反应。

（五）人格统一

人格是指个体区别于他人的比较稳定的心理特征的总和。人格统一的主要表现是：性格乐观开朗；有较强的自我意识，能比较正确地认识和评价自己并有效地支配自己的行为，同时有积极的价值取向；人格结构中无明显的冲突、分裂的现象。

（六）人际关系和谐

人际关系从社会关系的侧面反映了一个人的心理素质。人际关系和谐主要表现在：乐于与人交往，在心理上能够接纳大多数人，积极主动地广交朋友；在与人交往过程中能够保持独立而完整的人格，不依赖别人，不驾驭别人，不卑不亢，言谈举止与自己所扮演的社会角色相符；严于律己、宽以待人、正直诚实、乐于助人，与人相处和谐愉快，使人有安全感。

关键提示

心理素质的好坏直接影响个体的自身发展、活动效率及对各种环境变化的适应程度，对职业能力的影响更加明显。目前，我国倡导的素质教育中将心理素质列为十分重要的内容，这足以说明了心理素质在学生健康成长中和未来职业能力发展中的重要性。

二、心理素质对就业、择业的影响

由于就业、择业是学生人生的一次重要选择，心理素质对他们求职的影响是十分明显的。

（一）心理素质对确定择业目标的影响

求职择业是毕业生完成学业、走向社会、服务社会的新起点。求职择业中的首要问题是确定择业目标。心理素质对确定择业目标起着重要作用。它决定求职者能否客观、正确地分析自己、认识自己。例如：能否认清自己的专业、思想修养、能力特长、兴趣爱好等；能否客观、正确地分析用人单位的需要和社会需要；能否将个人利益与国家利益、个人理想与社会需要有机结合起来；能否在择业的坐标中找到自己准确的位置。

（二）心理素质对实现择业目标的影响

择业是一个选择与被选择的过程，是毕业生施展才华、叩开职业大门的过程，也是用人单位评判、筛选应聘者的过程。职业院校学生在择业过程中会遇到自荐、面试、笔试、竞争等一系列的考验，也会遇到专业与爱好、专业与效益、专业与地域、地域与家庭之间的矛盾。能否顺利地接受这些考验，能否果断地处理这些矛盾，心理素质起着重要作用。良好的心理素质可使人在面对考验和矛盾时，做到镇定自若、乐观向上、不怕挫折、勇于创新、缜密考虑、果断决策。

面对择业，无论成功与否都应及时进行情绪的自我调整，正确支配自己的感情和行动，能对外界刺激作出符合社会行为规范的反应。特别是在不成功时，更应有效地克制自己，调整自己的心态，尽快摆脱消极情绪的影响，避免情绪过度波动，以便及时总结经验，另择他途。如果心理素质不好，是很难面对这些考验和复杂矛盾的。

良好的心理素质对择业目标的实现起着促进和保障作用，可使求职者充分发挥自己的聪明才智，挖掘自己的潜力，综合自己的优势，扬长避短，不懈努力，从而找到最能施展自己才华、实现人生抱负的舞台。

三、良好心理素质的养成

前面分析了心理素质对择业、就业的影响，那么良好的心理素质如何养成呢？笔者认为心理素质的养成涉及多方面，在此仅谈两方面内容。

（一）培养自信心

怎样能够真正变得自信起来？在日常生活中可以通过一些行为来锻炼。

1. 练习正视别人

有自卑感的同学在别人盯着自己时会立即躲避别人的眼神，自负的同学会把眼皮抬得高高的。一个人的眼神可以透露出许多有关他的信息。躲避别人的眼神意味着“我怕你，我感到不如你”；将眼皮抬高意味着“我很心虚，担心不如你，我要显示自己的强大”；正视别人意味着“我很诚实，且光明正大”。因此，练习正视别人不但能给自己信心，也能为自己赢得别人的信任。

2. 适当加快走路速度

懒散的姿势、缓慢的步伐表达出“我无所事事，我觉得我是个失败者”的意思，而较快的步伐则告诉整个世界“我要到一个重要的地方，去做很重要的事情，我相信自己能成功”。因此，抬头挺胸走快一点，你就会感到自信心在增加。如果你能够在以上这些心理素质方面注意培养自己，相信你的综合素质会有很大提高，从而在就业过程中如鱼得水、游刃有余，果敢但不莽撞，自信而不自负。

（二）培养宽容心

宽容是指对那些意见、习惯和信仰方面与你不同的人表现出耐心。你应该学会接受别人，尽量减少与他人的辩论。当遇到对方有不同观点时，不能直接说“你说得不对”，而应说“你说的有一定道理，我的想法是……”。因为仅凭我们自己的知识和经验很难判断对方对错，如果直接否定对方，则表示你不尊重别人、独断专行、心胸狭隘。但宽容也不是完全接纳别人的观点而放弃自己的观点，而是欣赏和接受对方观点的合理成分，使自己的想法或决策更趋完善。宽容的心态可以使你成为一个心胸广阔和合作能力强的人。

第二节 个人能力提升与职业化培养

某一职业所需要的任职能力，即职业能力。各种职业对从业者的能力要求各不相同：有的强调语言能力，有的强调计算能力，有的强调动手能力……大多数职业需要几种能力的综合。当大学生去看各种招聘广告时，就会直观地看到某一职位的多种能力要求。劳动部门有各种职位相关能力的考核标准，如大家最熟悉的行政能力测评、各种职业能力测评工具及考核方法。面对这些许多学生会应接不暇，有的会心存自卑和胆怯，逃避工作，成为“啃老族”；有的却无视这些能力的要求，只想着自己舒适，希望能找到“工作不要太辛苦，工资待遇要好，工作环境也要好一些，最好工作时也别管得太严”的理想工作。这两个方面是毕业生经常要考虑的，前者属于一个人的内职业生涯期望，后者属于一个人的外职业生涯期望，片面地强调任何一方面都是错误的。所以，即将毕业的学生应该补上“职业化”这门课。职业化是一种潜在的文化氛围。职业化就是大家在职场上都使用同样的语言讲话，用同样的方式沟通交流，用同样的道德准则和规范来做事。

目前，用人单位对员工职业化的要求越来越高。尤其是外资企业，在招聘应届毕业生时，重点考查的是应聘者的职业素质和潜质。可以这么说，随着市场经济的发展，职业化会越来越成为人才市场的通行证。只有具备高度职业化素质的人才，在未来的市场竞争中才会拥有更强的竞争力。职业化包含很多内容，我国改革开放以来，职业化环境已经逐渐形成，职场人士的职业化素质开始成为他们获得职业成功的主要因素之一。根据专业人士的研究，职场人士的职业化表现在两个方面：（1）职业化素养；（2）职业化能力。职业院校学生必须意识到：要想成功走向社会、走向职场，培养职业化素养是基础，提升职业化能力是重点。本节就职业院校学生职业化素养和能力的培养做一些探讨。根据一些职场专家多年的研究，职业化素养主要包括诚信、敬业、责任感、团队协作精神、创新意识等；职业化能力主要包括专业技术能力、自我管理能力、学习与适应能力、情绪管理能力、人际沟通能力等。“找工作本身就是一种工作”。不少即将毕业的学生说起找工作来都是一肚子苦水、一大堆委屈，而前文提及的各项调研结果显示，毕业生不具备用人单位要求的职业素质与能力是其中重要的原因。下面重点说明沟通能力、责任意识及团队合作精神、解决问题能力的培养和提高，以及积累工作经验的方法。

一、沟通能力的培养和提高

沟通能力，特别是有效的沟通能力，是职场人士一项非常重要的基本素质。一个现代职场人士所需要的三项最基本的技能依次是：沟通技能、管理技能和团队合作技能。这些是一个职场人士所需要具备的入门基本课程。世界上很多著名的公司都把这三点当作员工最基本的三项技能。企业的人事经理在招聘新员工时，对新员工有一个非常重要的要求，就是新员工必须具备良好的沟通技能。人事经理在面试的时候经常问应聘者：你如何与客户沟通？如何与上级沟通？如何与同事沟通？如何与下级沟通？用人单位在招聘员工过程中，都会将沟通能力作为一项重要的能力进行考查。从某种意义上说，沟通能力就是说服人的能力。我国目前大力发展第三产业，第三产业中各个行业中的职业都需要较强的沟通能力。同时，沟通能力强的同学在面试中往往显得更自信，更能够充分地展示自己的才能，以赢得工作机会。

关键提示

沟通能力的培养越早越好。沟通能力具体可分为倾听能力、口头表达能力、文字表达能力、交谈能力及演讲能力五大类。其中，倾听能力、口头表达能力和交谈能力对学生尤为重要。因为这是目前职业教育中较少培训的，又恰好是社会工作中非常需要的，所以在学校学习期间，同学们要有意识地通过课外活动去培养这些能力。

人际沟通是人与人之间的信息传递，人们通过口头语言、肢体语言来传递各种信息。

人际沟通也是人与人之间的意识交流与情感沟通。成功的人际沟通有以下几个基本要素：空间距离接近、情感吸引、需求一致、特征相近、意识交流等。例如：亲戚、同学、朋友就很容易拉近双方的空间距离，同种运动的爱好者就有较多的共同语言。在这几个要素中，情感吸引和意识交流是最基本的要素。目前的毕业生多是独生子女，从小没有兄弟姐妹，几乎都是在长辈的过度关爱下长大的，尤其是那些极少担任学生干部、性格内向的同学，沟通能力的欠缺在面试中表现得尤为明显。

依据一个人在沟通过程中情感流露的多少以及沟通过程中作决策是否果断，可将工作和生活中的人分为四种不同的类型，即分析型、和蔼型、表达型和支配型。这四种不同类型的人在沟通中的反应是不一样的，每个人只有很好地了解了不同类型的人在沟通中的特点，并且用与之相应的方式与他人沟通，才能在沟通过程中做到游刃有余。因此，职业院校学生首先要了解这四类人的特征，然后采用与其相似的沟通方法，这样就容易得到较好的结果。可以先通过测试了解自己属于何种类型的沟通风格，再根据具体情况进行训练、改进，以提升自己的沟通效果。

沟通能力的培养和提高有以下几种渠道：

（1）在日常的生活和学习中，注意与家人、老师、同学乃至商家的沟通。性格内向的同学更要有意识地养成主动与人沟通的习惯。例如：在课堂上争取主动发言，遇到熟人主动打招呼，甚至买东西时也可以通过讨价还价来提高自己的沟通技巧。

（2）通过阅读有关人际沟通能力的书籍、文章及选修类似“沟通技巧”等课程来训练自己的沟通能力。

（3）通过担任学生干部及承担社会工作得到锻炼。在校期间学生们通过担任班委及学生会干部为同学们服务，通过参加一些社团活动结识更多志趣相投的朋友，不仅可以提高沟通能力，还可以开阔视野、培养爱好、结交朋友，丰富自己的人生经历。

二、责任意识及团队合作精神的培养和提高

一个人的责任感体现在职业中是其对所从事工作的负责程度会直接影响其工作绩效及组织目标的达成。团队是指由拥有互补的技能、相同的目标、一致的绩效、共同承担责任的方式组成的小规模团体，是现代企业中备受关注的一种组织形式。很多管理先进的企业的实践证明，优秀的团队能给企业带来很大的活力及很高的绩效。由于团队的上述特征，良好的协作成为团队存在和发展的基础，团队协作精神也成为职业人的基本素质。团队精神是指在团队中尊重、协助其他成员、发挥群体效应、追求集体目标的精神。随着社会分工的不断细化，社会协作也越来越普遍，体现在具体的现代企业中，管理者对员工间的分工、协作的要求也越来越高，这就要求员工具有团队合作精神。然而由于特殊的历史原因，目前走上工作岗位的80后、90后毕业生多是独生子女，从小缺乏与兄弟姐妹分享合作的机会，团队意识普遍较为薄弱。因此，学生在校学习期间要通过参与团体活动有意识地培养团队合作精神。

责任意识及团队合作精神是现代企业对员工重要的、基本的素质要求。职业院校学生要成为责任意识强的优秀的团队成员，需要做到以下几点：

（一）与团队成员建立友好的关系

从团队组织者的角度来讲，要创造条件营造一种轻松、友好的团队氛围，使每个成员都得到充分的支持和尊重。因此，应当多安排大家交流的机会，鼓励大家经常聚会碰头，建立一个相互了解、有凝聚力的集体。从个人角度来讲，要做到与团队成员坦诚相待，鼓励大家畅所欲言，自由交流看法和意见，而不鼓励一言堂的风气。无论自己的个性如何，都需要运用前面谈到的人际关系技巧处理问题，排除阻力，与团队成员们融合在一起。

（二）了解团队伙伴，明白自己和他人的长处及不足

在团队中，要尽快认识所有的团队伙伴，设法了解他们各自的能力和长处，以搞清楚在这个团队中，哪些是自己行的，哪些是别人行的，这样才能更好地整合自己身边的力量，与别人有效协作，自信而不逞强，在团队中充分发挥自己的作用。

（三）乐于并善于与别人合作

在明白了自己及团队其他人的长处后，当与他人合作时，切忌因为自己能力强（或者自以为自己能力强）而什么事都要亲力亲为，不给别人机会。如果事情进展得不顺利或是不适应同伴的做事方式就相互埋怨，非但解决不了问题，还会伤害彼此的感情，影响团队的凝聚力和对目标完成的执行力。因此，遇到不顺利的情况要抱着“对事不对人”的态度，积极与同伴共同查找原因，尽快找出解决的方法，而不是找出责任者。这样就会形成相互支持的氛围，自己也会赢得同伴的尊重和支持。

（四）勇于承担责任，对自己负责

勇于承担责任是一个人志向成熟的表现。对自己负责是指自我管理，也就是说在完成团队的目标过程中要对自己的行为负责，保证个人对团队的贡献和效率。自我管理是情商的重要指标。例如：要控制自己的情绪，特别是在情绪激动时要稳定心态，对事情作理性的判断，控制自己针对别人的抱怨。当出现问题时，勇于承认自己的错误，以开放的心态求得团队的支持，而不是推卸责任，证明自己永远正确。

（五）相互信任

信任对于团队的重要性，就如同空气对于人一样。在所有的团队关系中，信任是一切的基础。如果缺乏信任，团队的成员就无法交流与合作。因为有了信任，任何错误都能得到原谅并被逐渐遗忘。

三、解决问题能力的培养和提高

在2017年上海进行的一项问卷调查中，研究人员在问卷中列出了学生的各种求职条件，分为学校名气、专业和学习成绩等学习因素和社会关系、工作履历、处世方式、个人形象包装等非学习因素两大类。被调查的学生认为求职中学习因素占56.1%，非学习因素占43.9%。而这些非学习因素其实就是大学生将理论知识转化为实际工作能力的必要条

件。提高解决问题的能力是应届毕业生提高就业竞争力的有效方法。曾经有段时期，社会上在将受过高层次教育的学生视为“天之骄子”的同时，也把“书呆子”的雅号送给了他们。由于“食书不化”，很多学生毕业后发现学习的很多知识“用不上”，用人单位也对招来的“高才生”动手能力差而感到失望。职业院校学生固然没有“书呆子”的雅号，但是锻炼和提高解决问题的能力也是即将毕业学生必要的就业准备。

一般来说，培养和提高解决问题的能力，可以在学习理论知识的基础上，通过案例分析及对专业理论知识的实际应用演练来进行。例如：会计学的做账、金融学的股票走势分析、营销专业的市场调研及促销活动策划与实施、人力资源管理专业的人员素质测评工具的掌握等。工商管理专业的不少专业课老师都会布置一些需要到实际的企业中进行社会调研、实践才能完成的作业。有些同学非常认真，在实践中发现问题后会向老师请教。通过完成作业，他们真正掌握了方法，提高了动手能力，在求职面试中也会表现出应有的自信。对于工科专业的学生，除了在实验室、实训场地中做试验和锻炼外，在老师的指导下参与一些横向的应用性课题是提高解决问题能力的有效方法。此外，参与实际生产活动，哪怕是生产线的简单操作，也是培养和提高解决问题能力的很好途径。

四、积累工作经验的方法

很多即将毕业的同学到招聘会上找工作，回来十分气馁：“企业都要求工作经验。”其实，用人单位要求工作经验是希望聘用的毕业生对职场有感性的理解和认识，而不仅是从书本里、理论上了解某一行业及某一职业。这样的要求也反映了用人单位的希望：毕业生能清楚职场规则、知道如何与同事相处、能够很快融入职场。因此，用人单位要求应聘的毕业生有工作经验，主要的目的是甄选已经做好入职准备的毕业生。从这种意义上看，学生可以有很多积累工作经验的方法。首先，现在很多学校都要求学生参加生产实习或暑期社会实践。如果能够按照要求完成，这是积累工作经验的好机会。其次，前文提及的在专业课程的学习中完成老师布置的一些需要实践环节的作业、练习，以及在最后学期的毕业论文撰写阶段，有些同学有机会参与指导教师承接的课题或参与企业生产问题研究，都可以帮助学生积累非常实用、与未来工作密切相关的实践经验。最后，一些同学利用寒暑假及黄金周的时间做兼职工作，不仅能够得到收入，而且可以锻炼自己的动手能力、提高沟通能力，更重要的是积累工作经验，为自己毕业前的求职简历添上浓重的一笔，顺利赢得面试机会。

第三节 就业心态与自我管理

在就业形势日益严峻的今天，走出思想观念误区、树立良好的就业心态是毕业生实现成功就业的基本前提。

一、就业观念比较

就业观念是毕业生对就业的目的和意义比较稳定的根本看法和态度。毕业生的就业观念不是先天固有的，而是一个社会的、历史的范畴，它是一定历史条件下的产物，是随着社会经济的发展而变化的，是毕业生人生价值观在就业活动中的深层反映。“态度决定一切”，职场上最大的财富是积极的心态。了解就业观念是为了更好地帮助自己作出合适的调整。

（一）当代学生就业观念的特点

随着毕业生就业制度改革的不断深化，市场导向、政府调控、学校推荐、学生与用人单位的双向选择、自主择业的就业机制已逐步建立。在此背景下，职业院校学生对就业问题的认识和态度也随着社会形势的发展而有所变化，他们对职业要求、生活理想、成就感等进行新的思索，在就业观上表现出新的特点。

1. 自主性与主动性增强

在市场经济开放性、竞争性特点的影响下，学生原有的被动型就业心态变为积极主动地参与选择，自主性和主动性大大增强，这是学生自我意识和独立意识发展的必然。某高职院校择业观调查结果表明：86.3%的学生在学校期间做过兼职或有过社会工作经历；56.3%的学生积极参加教学计划外的技能培训，有61.8%的学生获得了一个以上的技能证书（不含计算机和英语等级证书）。职业院校学生不断拓展知识面，提高综合素质，有利于增加自己的求职资本。

2. 择业观念日趋务实

20世纪80年代青年择业标准为：第一位是社会地位，第二位是社会意义，第三位是发挥个人才能和获得报酬。而当代毕业生情况又如何呢？某高职院校的相关调查表明，对“影响确定工作的因素有哪些”这一问题的回答，根据选择人数的多少依次为：个人发展空间、行业发展空间、人际关系融洽、工作自由度大、薪金福利、兴趣爱好、社会意义、社会地位。这表明当代学生从单纯追求职业的社会地位和声望向关注实际利益转化，越来越关注自我价值的实现，这是学生择业观务实化的最好佐证。同时，从学生希望从事的职业来看，民营企业、国有企业和国家机关成为毕业生最主要的就业单位，分别占34.2%、23.5%和12.7%。在20世纪80年代后期，学生在毕业前两三个月时才逐渐关心毕业动向问题；20世纪90年代初提前到最后一个学期开始关注毕业去向；而近几年的职业院校学生甚至在刚入学就开始关心就业问题。这使他们一方面带着危机感和使命感进入学校学习，自我消化专业设置缺陷造成的就业不利因素；另一方面积极参加社会实践，把所学的理论知识与实践应用结合起来，在实践的过程中体现自己的价值。为此，各职业院校现在都开设了就业指导课。2017年山东高考改革启动后，高中也开始实施职业规划的课程。某高职院校的2015、2016届毕业生70%左右选择生产（工程）技术人员，这说明大部分高职学生对自身就业岗位的目标层次已有基本认识。从市场反馈的信息来看，学生的薪酬期望值基本接近目前实际工资水平，这表明经过近几年激烈的就业竞争的洗礼，大学生的就业心态也日趋务实。

从对大学生择业观的相关调查中可以看出，毕业生就业制度的改革为不同层次毕业生提供了更广阔的发展空间和前所未有的机遇，也使学生择业观发生了积极的变化，他们的主体意识、竞争意识增强了；在择业中开始把职业与自身的兴趣、是否能发挥自身的特长相结合，这无疑有利于发挥学生在未来职业中的主动性、积极性和创造性，是社会进步的表现。

3. 多向性与不确定性

择业的多向性和不确定性表现为“鱼”与“熊掌”兼得的愿望、“这山望着那山高”的趋向，多向地进行求职与应聘。例如：有些毕业生同时与多个用人单位联系，今天认为这个单位待遇不错，明天又觉得那个单位更有利于自己发展，在多个单位之间难以取舍；还有一些毕业生脚踏两只船，三心二意，朝秦暮楚，心态浮躁。

毕业生择业的多向性和不确定性，一方面对自身的就业不利，择业时左顾右盼，当断不断，必定坐失良机；另一方面对用人单位和学校不利，毕业生在择业时反反复复，随意违约，既增加了用人单位的招聘成本，也延误了其对人才的挑选。同时，少部分学生这种不负责任的行为也给学校的声誉造成了负面的影响，加大了就业推荐的难度。

毕业生就业的自主性与主动性增强、择业观念日趋务实，为学生在激烈的竞争中取胜打下了基础。然而，由于西方价值观念、我国的传统习惯、社会舆论和不正确的择业心理认知等多种因素的影响，学生在择业中依然存在期望值过高、心高气傲、选择草率等倾向。例如：择业目标上过于追求自我价值的实现而淡化了社会责任；择业取向上过于追求经济利益而忽视了社会的需要；择业中对职业、对自己缺乏正确的认识和评价，认为工作中的“小事”和“琐事”不应该由自己来做等。这些思想观念如果不及时转变和更新，势必对学生的就业产生很大的负面影响。

（二）更新就业观念，把握就业机会

1. 树立“先就业，后择业”的思想，打破“一步到位，从一而终”的传统就业观

市场经济是通过人才的合理流动实现人力资源的优化配置的，一次就业定终身仍然是目前毕业生就业的绊脚石。“一步到位，从一而终”的传统就业观带着较强的计划经济的色彩，但随着市场经济的建立、人事制度的改革，“铁饭碗”和“大锅饭”被打破，竞争上岗、人才流动已成为普遍现象。科学技术日新月异，产业结构调整不断加快，知识更新、产业高级化趋势加速，传统产业逐渐被新型产品代替，所以职业变动在所难免。个人的才能往往也在职位的变动中得到不断的开发。有研究表明，在市场经济条件下，人的一生要从事 4～6 种职业（职位）。现在仍然抱着“一锤定音”的态度就业必然会给毕业生带来极大的阻碍。因此，毕业生要树立“先就业，后择业”的就业观，要学会在流动中求生存、求发展，哪里找到岗位就在哪里就业。同时还要树立“干一行，爱一行”的思想。

毕业生在就业过程中还要避免弄虚作假、频繁跳槽。有的毕业生在向用人单位作出承诺后又见异思迁，有的用虚假欺诈的手段祈求得到用人单位的录用；有的挑肥拣瘦、频繁跳槽，这些都难以取得用人单位的信任和录用，到头来还是竹篮打水一场空。只有诚实守信、兢兢业业、勤奋不辍，才有可能作出成绩和贡献。

2. 树立竞争意识，加强自身素质

随着就业形势的日益严峻，就业竞争日益激烈，社会对人才的要求也越来越高，尤其

是就业制度的改革，“双向选择”使用人单位和毕业生一样可以公平而充分地选择，往往出现几十名甚至几百名毕业生角逐一个职位的情况。为此，毕业生必须一方面树立竞争观念，增强上岗要靠本事的意识，主动出击，积极参与，充分利用各种条件，大胆推销自己，靠自己的主观能动性自强自立，争取自己理想的职业；另一方面提高竞争能力，不断提高自身素质，不断学习新的知识与技能，把自己培养成为一专多能的复合型人才，力争在竞争中获胜。当然，有竞争就有风险，参与竞争就难免要遭受挫折。毕业生应当加强自身心理承受能力的培养，保持良好的竞争心态，做到胜不骄、败不馁。

二、常见的就业心理问题

职业选择是不可避免的，也是人生中最大甚至是最重要的一次选择。然而，职业选择并不是一件轻而易举的事情，它受个人和社会等内外因素的影响。“供需见面、双向选择、自主择业”的就业形式和社会经济的迅猛发展，使学生就业有了更多自主选择的机会。然而职业院校的专业设置与社会发展还有不相适应的地方，结构性的供求矛盾依然突出，毕业生依然要面临激烈的就业竞争。在这一选择的过程中，由于各种社会因素的影响，特别是毕业生的主观认识和个性等方面的因素，毕业生在择业过程中常常出现强烈的心理波动，也可以说是种种心理误区与心理障碍。常见的有以下几种。

（一）焦虑心理

面临就业，很多毕业生会出现不同程度的焦虑情绪。一般来说，轻度的焦虑属于正常现象。适度的焦虑会使人产生压力，消除自身的惰性，增强自我的进取心，产生求胜的心理和行动。但是，如果被过度焦虑甚至沮丧的情绪长期困扰就会产生压抑、抑郁心理，当自己不能及时化解这些情绪时，心理健康就会受到影响，并影响个人主观能动性的发挥，埋没人的潜能和才华。

毕业生就业制度改革拓宽了职业选择面，但职业选择自由度越大，择业心理压力越重。有的同学面对用人单位的严格录用程序（如笔试、口试）感到胆战心惊；有的因性别、学历层次等而不敢大胆求职；有的因为自己学习成绩不佳而烦恼；有的因为自己能力低而紧张；有的担心不知道自己能否被用人单位选中等。此外，部分学生在就业过程中希望一蹴而就，尽快落实就业单位顺利就业，或幻想无须付出多大的努力就能得到称心如意的工作，但在实际中往往事与愿违。正是因为害怕失败，毕业生在求职择业过程中会出现焦虑和烦躁不安甚至恐惧的心理。就业过程中的过度焦虑会给求职带来不必要的困难，甚至造成择业的失败。

（二）自卑心理

一些毕业生在择业过程中过低地评价自己，具体表现为看不到自己的优点，不喜欢自己，讨厌自己的缺点，常常抱怨和责备自己，希望自己变成另外一种人。当这种自卑心理严重时，就可能发展为自暴自弃，甚至失去生活乐趣。职业院校学生刚进学校时大都比较自信，然而在日后的比较中发现自己无论在能力、成绩还是在特长、素质等方面都不尽如人意，甚至不少方面落后于本科院校学生，外加受社会对职业院校学生存在偏见的影响，强烈的自卑感就会严重地困扰着他们。这些都使他们在面对用人单位提出的各种苛刻条件和问题时，不是以积极的态度去争取，而是悲观地认为技不如人，以消极的态度面对，在求职择业过程中缺少必要的主动性，往往与许多合适的机会失之交臂。久而久之就形成自卑保守型心理，不敢正面对待就业问题，在激烈的竞争面前不战而败。

（三）怯懦心理

新时期的职业院校学生接触实际、接触社会的机会还是很少。在校内熟人圈子里他们还能应付，一出校门便感到手足无措。特别是在供需见面洽谈中普遍存在羞怯心理，直接影响用人单位对他们的取舍。羞怯是一种胆小、脆弱的性格表现。在求职择业过程中，有少数学生过于胆小，对自己缺乏足够的自信。例如：面试之前担心、慌乱、焦虑，面试时紧张、语无伦次、答非所问。对面试看得过重，反而束缚了自己的手脚，不能表现出应有的水平。性格比较内向的学生和少数女学生更易产生羞怯心理。

在择业的过程中，毕业生还会出现犹豫观望、举棋不定、相互攀比、盲目从众、过于自信、盲目乐观、缺乏主见、依赖他人、遭遇挫折、怨天尤人等心理误区，如果不及时疏导和调整，势必影响就业。

关键提示

世上没有绝对完美的职业和工作，毕业生要调整好心态，抓住时机，主动出击。选择职业如此，做任何事都是如此。走上社会的毕业生，是一个社会公平竞争的平等参与者，竞争要求毕业生具备良好的身心素质，否则很难在社会上立足。健康的心理是一个人事业能否取得成功的关键。心理素质好的职业院校学生能够以充沛旺盛的精力、积极乐观的心态处理自我与自然、自我与他人、自我与社会之间的关系，积极发挥体能和智能，主动适应、支配和改造环境，并从中体会一种安全感和成就感。

（四）嫉妒心理

嫉妒是对他人的成就、名望、特长或者优越地位的一种既羡慕又敌视的情感。这种情感的内化就是嫉妒心，它是一种属于情感范畴的狭隘心理。一些毕业生对别人所找的工作心存嫉妒，特别是看到自认为条件不如自己的人也能找到好工作就更容易出现嫉妒心理，于是故意对别人的工作冷嘲热讽、贬低、讽刺和挖苦，意图打击别人，更有甚者抱着“我得不到，你也别想得到”的畸形心态在用人单位面前造谣中伤。有嫉妒心的学生往往存在一些共同的特点：自私、心胸狭窄、虚荣心强。

从职业院校学生择业中表现出来的嫉妒现象来看，嫉妒者和被嫉妒者通常专业相近、兴趣相近或是性别相同。在择业中，由于嫉妒，会疏远自己与他人的关系，使朋友远离、人际关系冷淡，从而使自己处于孤立的境地，并导致内心的矛盾与痛苦。择业嫉妒心理有很大的危害性。积极进取的职业院校学生千万不要因为嫉妒而贬损别人，以求得自己的心理平衡。假如别人的某些才能具有绝对优势，那就要转移竞争方向，审时度势，朝其他方面去努力。“寸有所长，尺有所短”，关键要在择业竞争中充分发挥自己的特长，承认人与人的客观差异，摒弃狭隘的观念，与广大毕业生进行公平和正当的竞争。

（五）挫折心理

挫折心理是指人在从事有目的的活动时遇到障碍所表现出来的情绪。当一个人产生心理挫折后，就可能陷入苦闷和失望等复杂的情绪体验之中，它是一种消极的心理状态。职业院校学生在就业时受到一定的挫折在所难免，这一方面是因为就业竞争的压力不断增加，另一方面是因为职业院校学生的挫折承受能力相对脆弱。当他们的志向和抱负不能施展时，就容易产生怀才不遇的心理，因而抱怨自己生不逢时，怨天尤人。

挫折感产生之后，如果不能在挫折中认真反思，而是失去理智，盲目地一意孤行或者悲观消沉，长此以往就可能形成人格障碍，并引起内心世界的扭曲。在日常生活中，人们的心理挫折感受程度有较大的个体差异。面对同样的挫折，有的人反应轻微，持续时间短；有的人反应强烈，持续时间长。这种差异的原因在于个体对挫折的认识不同。一方面，毕业生要尽可能消除引起挫折的原因；另一方面，要提高抗挫折能力，采取合适的心理防卫机制，增加建设性行为，减少破坏性行为，正确对待挫折，从而战胜挫折。如果我们能做到充满自信和脚踏实地，就一定能克服择业过程中的挫折心理，抓住社会提供的每一次机遇，从而找到施展自己才华的空间。

（六）攀比心理

在求职过程中，同学之间“追高比低”的现象时有发生。一些同学在求职中经常相互吹嘘自己的职业待遇好、收入高，导致择业期望值越来越高，求职变成自我炫耀。还有些同学看见或听说别人找到了条件优越、效益较好的单位心里不平衡，抱着“他能去，我更能去”的态度非要找一个条件更好的单位，而不考虑自身的条件、社会需要特点、职业发展及就业中的机遇等因素。在这种心理作用下，即使有些单位非常适合自身发展，但因某个方面比不上同学选择的就业单位，就轻易放弃，事后却后悔不已。

（七）盲从心理

盲从心理是指在求职中不考虑自己的兴趣、专业等特点，盲目听从或跟随别人的意见以及盲目寻求热门职业的心理倾向。持有这种心理的毕业生往往脱离自己的实际状况，跟在别人的后面走。例如：在就业市场中哪个摊位前人多他们就往哪里去，别人说什么工作好他们就寻求什么样的工作，而全然不顾自己的能力和现状，不会扬长避短。盲从心理重的人容易接受暗示，无主见、依赖性强、不能独立思考、迷信名人和权威，往往说违心的话，办违心的事。

在毕业生择业问题上，盲从心理表现在愿意到大城市去工作。其实大城市工作并不一定是你最佳的职业选择，只是盲从心理影响的结果。多数成功者都具有很强的创造力和思维能力，力求摆脱盲从心理的束缚。职业院校毕业生应培养较强的独立思考能力、独立分析问题和解决问题的能力，从而克服盲从心理的影响，为今后走上社会打好基础。

（八）自负心理

自负心理是过高地估计个人的能力，失去自知之明。一部分学生自认为是“天之骄子”，什么都懂，什么都会，应得到优待，于是在择业过程中总是抱有洋洋自得、自负自傲的心理。面试时，夸夸其谈，海阔天空，给用人单位留下浮躁、不踏实的印象，用人单位难以接受。在自负心理的支配下，部分职业院校学生的择业观念不正确，心理定位偏高，只看到自己的优点，看不到自己的弱点，表现出非常强的优越感，往往不切实际地追求高工资、高名利的工作，而对一般的工作单位百般挑剔，甚至提出过分的要求。自负的学生由于不能审时度势地认清自己，缺乏自知之明，其结果必然会高不成低不就，迟迟不能落实单位。看到别人都签了约，他们常常会牢骚满腹、怨天尤人，对社会、学校和他人都可能怀有不满情绪，有时甚至会向相反方向发展，出现比较严重的自卑心理，从而不敢应聘求职。

（九）依赖心理

依赖心理是指在就业中不愿承担责任，缺乏独立意识，没有个人独立的决策能力。依赖心理主要表现在两个方面：（1）缺乏独立意识，总是喜欢找父母拉关系，把就业的期望更多地寄托于父母的身上。“学好数理化，不如有个好爸爸”到今天依然是部分同学的心里话。他们总是自身不努力，一旦错失了好机会就责怪父母无能。这样的学生就算可以依靠父母的关系找到工作，日后也很难有大的发展。（2）找工作时喜欢同学相伴，一帮学生共同应聘同一个单位，只是希望日后相互照应。这样没有主见、没有魄力的应聘者只能被应聘单位放弃。

在社会竞争机制日益健全的今天，个人的发展越来越多地取决于自身的能力以及把握机会的能力。“是金子总会发光”，没有相应的能力而进入某职位，只能在碌碌无为中终日担心如何保住位子。至于如何发展、如何找到实现人生价值的途径，已是考虑之外的问题了。其实这样的工作，即使是待遇优厚，也未必能让工作的人找到幸福的意义。

（十）等待心理

在求职择业过程中，机会对每个人都是平等的，就看你如何把握。各种招聘信息每时每刻经过各种渠道在发布、在传递。好比一条河流，信息是一朵朵浪花，你抓住了，就归你所有；你错过了，就无法回头。因此，只要你认准这条信息对你有用，你感兴趣，就必须主动以最快捷的方式向发出信息方作出反应，让对方知道你、了解你，从而有可能看中你。机会往往就是这样被主动者拥有。相比而言，女学生比男学生缺乏主动性，参与竞争的欲望和勇气不足，面对竞争时疑虑重重、优柔寡断，只能消极等待。

三、积极就业心态的培养

积极的心理调适是指个体为了达到某种目的，在思想或行动上进行自我调整，借以保持自身与环境之间和谐关系的过程。职业院校学生应当掌握正确的心理调适方法，培养良好的心理素质，排除心理困惑，以积极的心态面对择业。

（一）提高主动适应的自觉性

求职择业本身就是毕业生认识和适应社会的一个过程。职业院校学生在求职过程中遇到困难，甚至经过几次挫折才最终成功是正常的；在就业中遇到许多心理冲突、困惑，产生一些不良情绪也是正常的。学生在遇到就业问题时应及时调整心态，从容、冷静地面对就业这一人生重大课题，并作出正确、理智的选择。

1. 建立合理的职业价值观

对于当代职业院校学生来说，职业对个体的意义已经远不是仅仅满足生存的需要，职业的价值是丰富的，要充分认识到职业对个体发展、社会进步所起到的重要作用。因此，职业院校学生在择业时也不能只考虑工作的经济收入、工作条件、地点等因素，更要考虑职业对毕业生一生发展的影响与作用，应看重职业能否帮助实现自我价值。学生要在考察社会需要的基础上，树立重视自我职业发展、才能发挥、事业成功的职业价值观。对于那些现在经济发展水平不太高，但发展潜力大、创业机会多的工作地点也要重视。职业院校学生要建立适合自己发展需要的、合理的职业价值观，实现正确择业。

2. 适当调整就业期望值

就业市场化、自主择业给职业院校学生带来了机遇与实惠，但一部分毕业生对就业市场残酷的一面认识不足，对就业市场的客观实际了解不够。经过对就业市场、就业形势的客观了解与深刻体验，学生必须面对现实、接受现实，不能怨天尤人。同时，学生要适当调整就业期望值。有一种说法是“求上得中、求中得下”，意思是说对事情的期望值不要太高。因为事情的结果往往和所预想的有一定差距，要有从最坏处着想、向最好处努力的思想准备。职业院校学生要在职业生涯规划和职业发展观念上确定自己正确的人生轨迹，树立长远的职业发展观念，放弃一步到位、要求绝对安稳的旧观念。在择业时要看得长远一些，学会规划自己整个人生的职业生涯。当前职业院校毕业生由于学历、能力素质与社会实际需要尚存差距等原因，宜采取“先就业，后择业，再立业”的办法。先选择一个职业，在工作中不断提高自己的社会生存能力，增加实际经验，然后凭借自己的努力，通过合理的职业流动逐步实现自我价值。许多职业院校毕业生不愿意到经济欠发达地区工作，但随着国家政策的倾斜，这些地区将成为经济发展的热点，也将给毕业生提供更多的发展机会。因此，抢先到这样的地区去工作可能会更有利于自己的职业发展，取得事业的成功。

3. 正确认识社会和自我，寻找机遇

毕业生择业要知己知彼。知彼就是要了解择业的社会环境和用人单位，正确认识面临的就业形势，了解用人单位的需要。知己就是实事求是地评价自己，对自己有正确的认识；要客观、正确地认识自己德、智、体诸方面的情况，自己的优点和长处、缺点和短处，自己的性格、兴趣、特长；要明确自己想做什么。毕业生应在择业前进行各种测试，了解职业特点，找到适合自己的职业方向，了解自己的特长和兴趣，扬长避短，用发展的观点来看待自己；要知道自身存在的某些缺点并不可怕，可以先就业然后在工作岗位上不断克服缺点、发展和完善自己。积极参加招聘会，主动寻找机遇，并根据已定的择业标准进行选择。一个人工作的好与不好是相对的，对别人合适的对自己不一定合适，因此一定不能盲从，要时刻记住，只有合适自己的才是最好的。还要注意机遇的时效性，在发现就业机会时要主动出击，不能犹豫，也不要害怕失败，应有敢闯敢试的精神。

（二）运用心理调节方法调适自我

心理调适是指改变或扩大原有认知结构，以适应新的情况或新的历程。其作用就在于

帮助学生在遇到挫折和冲突时，能够客观地分析自我，有效地排除心理困扰，控制和调节自己的情绪，从而保持一种稳定而积极的心态，维护自己的身心健康。

1. 认清就业形势，正视就业现状

缺少社会经验的职业院校学生对选择职业这一人生大课题产生适度的焦虑心理属于正常现象。在现实社会中，学生在校期间的表现固然重要，但他们的个人形象、气质、逻辑思维能力、语言表达能力等方面更加受到用人单位的关注。现实生活中，职业院校学生面临激烈的就业竞争，部分人的自我心理调节能力相对薄弱，加上一些外在因素的干扰，导致出现就业恐惧心理，直接影响毕业生顺利择业和就业。在一些地区，职业院校学生就业存在明显的不平衡性，需求也显示出一定的地区差异；另外，在一些地方，职业院校学生就业存在结构性矛盾，买方市场形成，长短线的矛盾一时难以根本解决，不同学科、不同专业取向就业乐观度差异明显等。所有这些都是造成毕业生产生就业压力和焦虑的因素。

面临就业，毕业生要清楚自己正面临严峻的形势。只有正视就业压力，我们才能迫使自己积极行动起来，产生求胜的心理和行动。

2. 树立自信心，培养竞争意识

自信是对自己的一种积极评价，它是一种勇于面对生活的信心和勇气。职业院校学生在求职择业时必须树立自信心，就是要在正确估量自己的前提下，鼓起勇气去迎接挑战、参与竞争，大胆地推销自己。当然，自信不是自负、自傲，自信要有资本和基础，这个资本和基础就是真才实学、有一技之长。因此，面对日益严峻的就业形势，当代职业院校学生首先必须树立建立在自己实力基础上的自信；其次，应具备竞争意识和风险意识，当今社会处处充满竞争，市场规律、竞争机制的引入使社会发生了很大的变化，职业院校学生离开校门走上社会就不得不接受优胜劣汰的洗礼，亲身体验现实的严峻性和挑战性。因此，毕业生在择业时要自觉地培养敢于竞争、敢冒风险的心理素质，要敢于向社会挑战，扩大就业成功的机会，使自己成为竞争的强者。

3. 坦然面对就业挫折，提高心理承受能力

职业院校学生在求职过程中遇到挫折时，应该用冷静和坦然的态度客观地分析自己失败的原因，进行正确的归因。首先，在就业市场化、需求形势不佳、就业竞争激烈的条件下，出现求职失败是在所难免的，不能期望自己每次求职都能成功，要对可能出现的求职挫折有充分的心理准备。同时，应把就业过程看作一个很好的认识社会、认识职业生活、适应社会的机会，通过求职活动来了解自己、认识自己、发展自己，促进自我成熟。其次，求职失败并不一定是因为自己能力不够。职业院校学生有自身的优势，出现求职失败有许多原因，可能是因为选择求职方向不对，也可能是因为自身的价值观与企业文化不符合，还有可能是其他一些偶然的因素。总之，要正确分析自己失败的原因，调整自己的求职策略，学会安慰自己，以便下次求职时获得成功。

4. 积极调整心态，促进人格完善

在求职择业过程中，职业院校学生应当自觉提高自我心理调适的主动性，当自身心理平衡难以维持，即将产生或已经产生心理障碍时，应当根据自己心态的实际情况，选择自我静思法、自我转化法、自我适度宣泄法及理性情绪法等自我心理调适方法来调节自身心态，重新建立心理平衡。首先，可以进行积极的自我心理暗示，鼓励自己、相信自己，帮

助自己渡过难关。其次，可以向朋友、老师倾诉，寻求他们的安慰与支持。最后，可以通过体育锻炼、听音乐、旅游等方式转移自己的注意力，排解心中的烦闷，放松自己的心情。通过对自己就业时出现的种种不良心态的分析，可以发现自己平时不容易察觉的一些人格缺陷。应该说这些人格缺陷是产生这种就业心理问题的根本原因。如果现在没有很好地完善自己的人格，那么这些问题还会给今后的工作、生活带来困扰。因此，要正确面对就业过程中自身暴露出来的问题，不必为自己所存在的人格缺陷而懊恼，因为绝对的人格健全者几乎是不存在的，关键是要在发现自身问题的基础上，积极改变自己、发展自己，使自己的人格更加成熟，从而顺利就业。

（三）寻找社会支持

1. 向就业主管部门咨询

目前，我国各级各类毕业生的就业都是与用人单位双向选择，主管部门与学校上下结合来制定就业方案，毕业生的择业必须在国家有关政策的指导下进行。有些毕业生由于对就业政策不够了解，往往可能逾越政策盲目地去寻找就业单位，最终导致无法落实就业单位。因此，毕业生在择业之前，一定要认真阅读有关文件，了解就业政策，不清楚时要向学校负责就业的部门和老师咨询，以便顺利找到工作单位，同时避免因政策问题导致的心理困惑。

2. 争取亲戚朋友的帮助

将自己的基本情况和志愿告诉亲戚、朋友、同学、熟人，请他们留意有关信息，帮助推荐，形成一个信息网，有利于自己及早了解社会需求和用人单位的情况，从中作出选择，避免因信息不畅和自我认识不足导致心理困惑。

3. 寻求就业心理咨询

为了提高就业面试的技巧或消除择业挫折带来的焦虑、烦恼、抑郁等不良情绪，职业院校学生可以寻求心理咨询机构的帮助。目前，不少职业院校都建立了心理咨询机构。近年来，社会上的心理辅导服务机构也纷纷兴起。心理辅导老师或心理医生能帮助毕业生迅速有效地消除择业挫折带来的不良情绪，帮助毕业生在客观地、正确地认识自我，进行心理训练，提高择业求职的技能技巧。

生理、心理发展的特殊性决定了职业院校学生比其他年龄群体更容易产生过度应激反应。良好的社会支持对于减轻毕业生的心理应激具有重要作用。因此，职业院校学生应主动寻求社会支持，积极主动应对学习挫折、情感挫折、人际关系挫折和就业挫折等各方面造成的心理压力；努力提高自身的心理承受能力，乐观面对社会现实，实现快乐就业。

（四）常见的心理调适方法

职业院校学生要控制自己的心境，自觉地调整内在的不平衡心理，提高各方面的心理素质，保持积极、愉快的情绪，需要不断地对自己进行心理调适。下面介绍几种常用的心理调适方法，毕业生在择业过程中可根据自己的实际情况有选择地加以使用。

1. 自我激励法

自我激励法主要是指用生活中的哲理、榜样的事迹或明智的思想观念来激励自己，同各种不良情绪进行斗争，坚信未来是美好的。因为失败、挫折已经成为过去，要勇敢地面对下一次。即使遇到意外事件或择业受挫，也要鼓励自己不惊慌、不冲动、不急躁，而是开动脑筋、冷静思考、寻找对策。毕业生在择业过程中要相信自己的实力，同时自我激励，增强自信心，消除自卑感，保持良好的情绪和心态。

2. 注意转移法

注意转移法即把注意力从消极情绪转移到积极情绪上。当不良情绪出现时，可用转移注意力的方法寻找一个新颖的刺激，激活新的兴奋中心以抵消或冲淡原来的兴奋中心，使不良情绪逐渐消失，如听听音乐、参加体育运动、进行自我娱乐、接受大自然的熏陶、参加感兴趣的活动等，使自己没有时间沉浸在因各种原因引起的不良情绪反应中，以求得心理平衡。

3. 适度宣泄法

当遇到各种矛盾冲突，引起不良情绪时，应及早进行调整或适度宣泄，使压抑的心境得到缓解和改善。宣泄的较好方法是向你的挚友、师长倾诉你的忧愁、苦闷，使不良情绪得到疏导。在倾诉烦恼的过程中，可以获得更多的情感支持和理解，获得认识和解决问题的新思路，增强克服困难的信心。也可通过打球、爬山等运动量较大的活动，消除压抑心理，恢复心理平衡。但应注意场合、身份、气氛、程度，宣泄应是无破坏性的。

4. 自我安慰法

自我安慰法，又称自我慰藉法，关键是自我忍耐。在择业过程中，职业院校学生常常会遇到挫折，当经过主观努力仍无法改变时，可适当地进行自我安慰，以缓解矛盾冲突，解除焦虑、抑郁、烦恼和失望情绪，这样有助于保持心理稳定。在因挫折而被情绪困扰时，可用“亡羊补牢，未为晚也”“塞翁失马，焉知非福”等话语来做自我安慰，以摆脱烦恼。

5. 合理情绪疗法

合理情绪疗法认为，人们的情绪困扰是不正确的认知即非理性观念所造成的。因此，通过认知纠正，以合理的思维方式代替不合理的思维方式，就可以最大限度地减少不合理的信念给人们的情绪带来的不良影响。例如：有的毕业生择业不顺利时就会怨天尤人，认为“人才市场提供的岗位太少”“用人单位要求太高”。他只从客观上找原因，认为“职业院校学生择业应该是顺利的”“社会应该为职业院校学生提供充足的岗位”等。正是这些不正确的认知信念造成了学生自己的不良情绪。所以，如果能改变这些不合理的观念，调整认知结构，不良情绪就会消失。职业院校学生运用合理情绪疗法时要把握三点：（1）要认识到不良情绪不是源于外界，而是自己的非理性信念造成的；（2）情绪困扰得不到缓解是因为自己仍持有过去的非理性信念；（3）只有改变自己的非理性信念，才能消除情绪困扰。

自我调适的方法还有很多，如环境调节法、自我静思法、广交朋友法、松弛练习法、幽默疗法等。以上都是应变的一些方法，但主要的是毕业生要树立正确的择业观，对择业要充满信心，要注意磨炼自己的意志，培养乐观豁达的态度，不要惧怕困难、挫折，始终保持积极向上的精神状态和健康的心理。

四、用人单位心理

广大求职者在求职时，应学会揣摩用人单位的求才心理，做到有的放矢地求职。从心理学角度分析，目前社会上用人单位招聘人才时常有以下心理：

（一）求专心理

专业对口是用人单位录用人才的首要标准，尤其是一些工科、经济、法律等专业性很强的单位，所以求职者首先应找专业对口的单位，这样可大大提高命中率。在专业对口的前提下，用人单位会对求职者提出专业技能的要求。这就要求求职者一方面靠平时的努力学习和积累，另一方面学会包装自己、展示自己，求职时突出自己对这门专业掌握的精深程度。对于这样的人才，用人单位心理上是会考虑接受的。

（二）求全心理

要求求职者一专多能、多专多能是用人单位的重要标准。目前社会上流行的考证热，实际上就是这种要求的反映。证多不压人，一方面，职业院校学生应考取计算机等级证书、外语证书等；另一方面，最为重要的是应考取与自己专业有关的职业资格证，如中文专业的可考取文秘资格证，法律专业的可考取律师资格证，机械专业的可考取机械类的诸如数控技术等相应技术等级证书等。求职时，求职者应突出这些证书的地位和作用，体现自己知识面广、自学能力强、有经验积累等全才优势，以满足用人单位求全的心理。

（三）求通心理

求通心理是近几年尤其是我国加入世界贸易组织以后众多用人单位对人才的强烈要求。某一专业相当精通又能在相关领域大显身手的毕业生，当然更受用人单位的欢迎。不但各相关专业皆通，并且在某一领域内对其国外情况也很精通的人才，则更受欢迎。例如：IT专业知识不错，外语是六级以上水平；熟知本国法律，对发达国家的相关法律也同样精通；有数控技术的等级证书，会操作，还能读懂国外先进设备的外语说明书等。这样的复合型人才可以说是目前职介市场上最抢眼也是最抢手的人才。

（四）求变、求异心理

求变是指用人单位面对瞬息万变的社会对人才所作出的要求。要求求职者心理素质好、应变能力强，对于不断变化的情况能及时调整心态，积极应变。例如：知名公司普华永道在每次招聘面试时都有一个保留项目：让求职者根据所抽到的题目，如美国总统选举、网络等，发挥自己的想象力和变通能力，画一幅画，用以测试求职者的应变能力。求异是指一些招聘单位尤其是企业喜欢选择一些爱突发奇想、富有创造力的求职者，以求在险象环生的商场中出奇制胜。有一名求职者在一家公司的面试时遇到“1＋1＝？”的问题，一名平时喜欢创新的大学生思考一番突发奇想，脱口而出：“1＋1你想让它等于几，就等于几。”

案例 5-1

心比天高

小汪是2019届管理专业毕业生，在校期间曾多次获得各项奖学金，一直担任校学生会干部，是老师和同学心中的佼佼者。大家都认为找个好工作对小汪来说是不成问题的。可是离学校上报就业方案的截止日期一天一天逼近，按理说小汪早该名花有主，可是她还在翘首以盼，等着心目中“白马王子”的到来。小汪曾参加过几家单位的面试。第一家单位是外资企业，人力资源部的经理亲自面试，当场拍板，希望签约并许诺要对小汪进行重点培养。但小汪认为这“馅饼”来得也太容易了，何况这是一家外企，不符合自己的要求，第二天就打电话婉言谢绝了。第二家单位是深圳的一家保险公司，公司待遇不错，但小汪认为该公司规模小，在市场中缺乏竞争力。第三家单位是广州的某公司，基本符合小汪的要求，可是小汪却在第二轮面试时被淘汰。面对失败，小汪有些怅然。论人品、学历、专业、能力，自己都不比别人差，怎么就会找不到好的工作呢？小汪一下子没有了目标，变得慌乱不已，于是免不了开始手忙脚乱地投简历。之后，她又联系了几家单位，要么嫌公司规模小，要么觉得单位地理位置不理想，要么觉得单位薪水太低，均未能与单位达成协议。

小汪在患得患失中心态失去了平衡，开始茶不思、饭不想，夜不能寐，觉得自己在学校无脸见老师、同学，回家无颜见江东父老，整天神情恍惚，最后只好求助于心理医生。在心理医生的耐心开导下，小汪后悔地道出了心声：“其实说到底是我自己的心理素质有问题，对自己缺乏一个准确的定位，这山望着那山高。我一直一帆风顺，几乎没怎么遇到挫折。择业过程中总在考虑哪一个单位才能让我的自身价值得到最充分的承认和实现，老是担心自己会吃亏。”

[分析]

小汪的求职经历反映了毕业生的普遍心态。首先，他们认为机会来得太快，总觉得后面还会有更好的，总感觉就这样定下来会心有不甘。其次，对什么是“好工作”的理解过于片面和现实，认知上也有些问题。他们过分强调风光体面、待遇优厚的职业才是好工作，不知道“好工作”是因人而异的。所以很多人会草率决定放弃这个机会，抱着再看看的心态。殊不知，人人都追求一份风光体面、待遇优厚的职业，却不明白这样的“好工作”不一定适合自己。竞争变得异常激烈，越往后机会就越少，压力就越大，从而因心理压力过大而导致焦虑情绪的出现。

小汪在一帆风顺的成长经历中却蕴涵着一颗脆弱的心，在失败的打击下暴露出心理问题。求职的过程是对一个人综合素质的考验，它不仅是对个人思想道德素质、专业素质、文化素质的一个全面检验，也是对心理素质的考验。面对拒绝、失败等一系列心理挫折后，若没有足够的思想准备，心理承受能力弱，就会失去心理平衡，陷入焦虑、浮躁之中。

案例5-2

逃避现实

小曹是某职业技术学院机械制造专业的毕业生，他性格内向，不喜欢在他人面前表达自己的情感。三年职业院校学习生活中的唯一憾事是学习尽管刻苦努力，但学习成绩却中等偏下，不能在本专业同学中出人头地。久而久之，小曹产生了一种己不如人的自卑心态。

在求职择业过程中，小曹根据自己的情况制定了相应的择业规划，规划中较为特殊的一条就是应聘过程中的回避策略。在整个择业过程中，小曹一直采取回避的方式，不与本专业中学习成绩好于他的同学竞争同一家单位，唯恐单位选择了他人，自己落榜而丢了面子。故此，一些经营业绩突出的企业由于有同班同学踊跃参加应聘，小曹放弃了应聘；一些经营业绩一般的企业，小曹又不愿意去应聘，生怕同学们嘲笑。一直到接近毕业生离校时间，小曹为了不让同学们说他无能，匆匆忙忙地在有限的几个效益较差的企业中不太情愿地选择了一个，并很快地与该企业签了约。工作几个月后，性格变得开朗了许多的小曹深有感触地说："如果再给我一次择业机会，我绝不会因为怕丢面子而放弃那么多优秀企业的选择。看来，消除自卑还需要胆识。"

［分析］

剖析小曹择业失败的原因，我们不难发现几个关键问题。首先，较强的自卑心理使小曹作出一个错误判定：选择和执行了应聘过程中的回避策略。由于在应聘时间内主观排除了一些经营效益较好的用人单位，小曹可应聘的用人单位范围大幅度地缩小，相应地被用人单位录用的机会也减少了。其次，小曹的行为是错误的自我感觉造成的。他总是怕和本专业同学一起竞争相同单位，怕失败、怕丢面子、怕被同学们看不起。实际上就是不去竞争，这种在其他同学看来近似于懦夫的行为，还能让人看得起吗？最后，小曹并不太情愿地选择了一个效益较差的企业，委曲求全的主要原因还是怕自己不能按时签约而遭到同学们的讥讽。这些和自卑心理相联系的自我表现使小曹失去了更好的就业机会。真是应了他总结出的那句话：消除自卑还需要胆识。

职业院校学生大部分都有很强烈的自尊心，这是职业院校学生积极上进、不甘落后表现的内在动力之一。但是职业院校学生年龄偏小，人生观、价值观还没有定型，强烈的自尊在特定的环境中未能体验，对其自身的价值就会产生怀疑，这种怀疑如果经过一段时间的认可，就会生成自尊的反面——自卑。生活在自卑心态下的学生，在择业问题上可能会走一段弯路。小曹的择业结果就是这类毕业生择业不甚理想的一个缩影。

案例5-3

小李为何总得不到提升？

两个毕业生小王和小李同时受雇于一家超市，两人都是从最底层干起。不久小王被提升为领班，而后一直升到部门经理；而小李好像被人遗忘一样，还在最底层做职员。小李觉得不公平，向总经理提出辞呈，并痛斥总经理不提拔辛勤工作的人，专提拔溜须拍马的小人。总经理耐心地听完了小李的话。他了解这个小伙子，工作肯吃苦，一点不偷懒，但总觉得缺少点什么。缺少什么呢？三言两语说不清楚，只能换个方式测试他。

总经理说："小李你别急，你现在到集市上去，看看今天卖什么。"

小李很快从集市上回来说，刚才集市上只有一个农民拉了一车土豆在叫卖。"一车大约多少袋，多少斤？"总经理问。

小李又跑回去，回来说有10袋。"价格多少？"总经理的问题似乎总问不完。小李只好再次跑到集市上。总经理望着跑得气喘吁吁的小李说："你请休息一会儿吧，看看小王是怎么做的。"

小王过来了，总经理说："小王，你马上到集市上，看看今天卖什么。"

小王很快从集市上回来，汇报说，到现在为止只有一个农民在卖土豆，共有10袋，价格适中，质量很好，他还带回几个让总经理看。并接着说，这个农民过一会儿还将弄几筐西红柿上市，价格还公道，可以进一些货。小王说完，小李红了脸。

[分析]

人们应该把握生活给自己提供的信息和机会。在信息爆炸时代，信息已成为一种无形的财富，我们每天被大量杂乱的信息所包围；商业巨子们对信息非常敏感，而许多人对信息社会却无所适从。在处处充满信息的社会中，对信息的收集与整理就至关重要。

信息的收集离不开良好的观察力，要善于把握事物的全部细节。信息积累多了，你会发现信息之间是相互联系的。小王之所以比小李强，是因为他在收集信息时首先做到了信息的系统性，只要是与所卖商品有关的信息他全部收集起来，然后加以整理、及时总结，提高了办事效率。

实训练习

1. 个人能力提升的方法有哪些？你打算在日常生活学习中如何培养自己的职业化能力？
2. 积极就业心态培养有哪些内容？
3. 了解用人单位招聘心理，班级组织一次模拟招聘活动。

思政园地：用中国故事鞭策自己前行

谱写高昂生命之歌

张海迪的故事曾震撼了亿万青年的心灵，她是"80年代新雷锋"和"当代保尔·柯察金"。现在的"海迪姐姐"从青年楷模，成长为国内国际残疾人事务领袖。

张海迪5岁因患血管瘤导致高位截瘫。从那时起，张海迪开始了她独到的人生。她无法上学，便在家自学完中学课程。15岁时，张海迪跟随父母，下放（山东）聊城农村，给孩子当起教书先生。她还自学针灸医术，为乡亲们无偿治疗。后来，张海迪自学多门外语，还当过无线电修理工。

在残酷的命运挑战面前，张海迪没有沮丧和沉沦，她以顽强的毅力和恒心与疾病做斗争，经受了严峻的考验，对人生充满了信心。她虽然没有机会走进校门，却发奋学习，学完了小学、中学全部课程，自学了大学英语、日语、德语和世界语，并攻读了本科和硕士研究生的课程。张海迪从80年代开始就从事文学创作，先后翻译了《海边诊所》等数十万字的英语小说，编著了《向天空敞开的窗口》《生命的追问》《轮椅上的梦》等书籍。其中《轮椅上的梦》在日本和韩国出版，而《生命的追问》出版不到半年就重印4次，获得了全国“五个一”工程图书奖。在《生命的追问》之前，这个奖项还从没颁发给散文作品。她还完成长达30万字的长篇小说《绝顶》。

为了对社会做出更大的贡献，她先后自学了十几种医学专著，同时向有经验的医生请教，学会了针灸等医术，为群众无偿治疗达1万多人次。《中国青年报》曾发表《是颗流星，就要把光留给人间》的报道，张海迪怀着“活着就要做个对社会有益的人”的信念，以保尔·柯察金为榜样，勇于把自己的光和热献给人民。她以自己的言行，回答了亿万青年非常关心的人生观、价值观问题。邓小平亲笔题词：“学习张海迪，做有理想、有道德、有文化、守纪律的共产主义新人！”

资料来源：新华社记者．张海迪．中国青年报，2011-03-07.

第六章
就业形势、前景与应对策略

懂技术、有技能的学生是未来建成中国特色社会主义强国的中坚力量，在他们身上寄托着全面建成小康社会、实现中华民族伟大复兴和中国梦的历史重任。学生就业问题解决不好，科教兴国战略就难以真正落实，全面建成社会主义现代化国家就会成为一句空话。

第一节　就业难题与政策解读

当前，影响学生就业的因素有许多。对症下药就是个人要找到就业的策略，必须先分析目前影响大学生就业的因素。

一、就业影响因素比较

（一）外部因素

1. 岗位数量

近年来，我国经济以平稳的速度增长，改革开放以来的巨大变化、西部大开发、振兴东北计划、中部崛起、“一带一路”等彰显了我国经济发展的潜力，也提供了大量的工作岗位。但我国就业岗位的增加慢于劳动力的增加，毕业生供需矛盾是社会公认的就业难的一个直接原因。根据调查，供需差别基本是岗位增加 36%、学生增加 130%，因此我国的待业人数年年攀升。中国产业信息《2019—2025 年中国共享经济行业市场监测及未来前景预测报告》显示，2018 年城镇新增就业人数整体情况趋好发展，2018 年全年城镇新增就业人数达到了 1 361 万人，同比增加了 10 万人。每年城镇需要安排的就业劳动力总量预计 4 400 万人，2019 年全国高校毕业生人数达 860 万人。为此，新生劳动力不断增加，新的就业岗位与经济增长率等已经成为社会高度关注的问题。

2. 就业政策

就业政策对毕业生的就业有很大的影响。近年来，国家大力倡导大众创业、万众创新，坚持劳动者自主就业、市场调节就业、政府促进就业和鼓励创业的方针，实施就业优先战略和更加积极的就业政策，围绕促进毕业生就业创业出台了一系列政策措施，各地区也结合实际制定了一些有本地特色的具体政策，对促进毕业生就业发挥了积极作用。但从目前情况来看，有的政策尚未落实到位，政策效应尚未得到充分发挥。例如：鼓励毕业生到基层工作、到西部工作、实施小额贷款鼓励创业等，确实引导了一些毕业生到基层工作、到西部工作，减轻了东部地区的就业压力，缓解了西部地区对人才的渴求，增加了中小企业的人才供给，但总体来说对毕业生就业的扶持力度还是不够的。

3. 社会舆论

社会舆论对毕业生的就业也有很大的导向作用。社会舆论倡导什么职业，这些职业往往就成为毕业生心目中追求的目标；相反，社会舆论反对什么，毕业生就会规避这样的职业。同时，社会舆论对企业招聘人才也会产生影响。近年来，一些媒体报道了针对毕业生在求职过程中暴露出的一些问题和不良行为，如作假等无限制地加以夸张和放大，在一定程度上误导了社会上对于毕业生的认识，助长了不利于毕业生就业的偏见。

4. 就业指导

毕业生缺乏应用性的职业指导是各级各类职业院校的通病。许多学生到学校是“两耳不闻窗外事”，不接触社会，不参加社会实践，更谈不上职业规划、职业素养的培养。学生在校期间应加强各种能力的培养，如交际能力、组织管理能力、自学能力、实际操作能力、运用外语和电脑等现代技术的能力等。只有具备全面的综合能力，才能把所学知识很好地应用于实践，并在实践中充实自己。事实也一再证明，在就业过程中，综合能力强的学生总是备受青睐。部分毕业生出于种种原因，自身素质难以符合工作要求，难怪相当多的用人单位以应届毕业生实践能力、创新精神较差，缺乏责任感和主人翁意识，在为人处世方面还存在种种缺陷为由，拒绝应届毕业生。为此，学校应承担起学生在校期间的综合能力培养和就业指导工作。

（二）学生对就业的误区

1. 留恋城市生活

“宁要东部一张床，不要西部一套房。”求职学子心目中最理想的工作地点仍然在城市，原因主要是怕吃苦、怕丢面子、怕下去了上不来。目前，许多就业政策都规定毕业生到中西部或者下基层工作几年后便可以回来，并附有一定的奖励。但是，大多数学生还是怕政策不落实、单位说话不算数。死守城市造成人才的过度集中竞争，许多优秀人才找不到工作，而需要人才的地方又没有人才。大材小用，甚至无用；高能低薪，甚至无薪。

2. 将经济收入的高低作为择业唯一标准

目前，学生择业要求“起点高、报酬高、职位高”，有些甚至将经济收入高低看作择业的唯一标准。其实，这是很短视的行为。毕业生初入职场，对于他们而言更重要的是学习机会和发展空间。当你学习了本行业的技能，成为一位行家里手时，报酬和职位自然随之提高。想不经过艰苦奋斗而一步到位的思想是不切实际的。

3. 追求职业声望高的职业

“三百六十行，行行出状元。”无论什么职业，只要做到最好，就是最强的。可是目前学生就业时却只追求职业声望高的职业，如CEO助理、医生、教师、工程师等，似乎从事职业声望较低的职业就没有面子。在就业中，有不少学生眼高手低，一心想找一份令人瞩目的工作，也有许多是不切实际的幻想。但无论有怎样的才华和壮志雄心，一定要记住：不积跬步，无以至千里。小事情也能磨砺大意志，小职位也能成就大事业，凡事要量力而行。

4. 只选专业对口的职业

目前有70%毕业生找第一份工作的主要参考依据仍是专业对口，这一观念成为众多毕业生就业的“障碍”。但是社会不可能为每个人都提供专业绝对对口的职业，在择业时如果僵化地理解专业对口，无疑会画地为牢。在校期间，职业院校学生不仅学到了某一专业的知识，更重要的是提高了个人素质，打牢了基础，使自己具备开放的心态和广泛的适应性。没有哪一种工作只需要某一门专业的知识，也没有哪一种专业注定只能从事某一特定的职业。社会不可能为每个人都准备对号入座的工作。职业院校学生在选择职业时不应被动地局限于自己的专业，而应该主动地把握机会，尤其是在自己的专业就业形势欠佳时更应如此。学哲学的从事贸易工作、学历史的从事广告工作、学数控的从事计算机工作，都没有什么奇怪的。只要具备一定的素质，在工作中加强学习，不对口的工作也同样能得心应手。

5. 贪图享受

“名声好一点、工作轻一点、离家近一点、管理松一点。”这些择业“理想”严重影响了学生就业，反映出一些学生贪图享受的择业心理。还有一些学生则是拈轻怕重、挑三拣四。这样的人是不会得到招聘单位青睐的。现在许多城市的独生子女在父母的百般宠爱下，一切都不用自己操心，自立、自强的意识很薄弱，逆境成长的能力极为欠缺。因此，毕业生不应贪图安逸。世上没有免费的午餐，只有付出辛勤的汗水，才能赢来丰收的喜悦。

（三）学生就业问题表现

1. 专业相同的人多，热门专业人才过剩

近年来，一些工科院校和具有专业特色的学校追求综合发展，纷纷开设热门专业，致使这些专业的毕业生就业难度加大。应坚决按教育部规定，加强专业建设和课程建设，契合市场需求办专业，减少人才浪费。

2. 缺乏工作经验，教授多教练少

调查显示，学生求职中遇到的最大困难是缺乏工作经验，这约占求职者的60%。我国的教育体制多年来按照一种模式培养人才，专业设置脱离社会需求，不注重学生实际能力的培养。大多数学生有的是专业知识，缺的是专业的操作技能、良好的心理素质、职业素养、礼仪和法律观念。学校里有的是教授，缺的是教练。

3. 频繁跳槽

学生就业后稳定性差是企业不愿意接收应届毕业生的另一个重要原因。企业接收学生后一两年内流失率在30%以上的达到被调查企业总数的50%。甚至像联想集团、浪潮集团这样的大型企业也认为其为学生就业后高流失率“交的学费太高”。

4. 职业能力素质不够

毕业生的能力素质与用人单位的要求也存在较大的差距，加大了毕业生的就业难度。现在，用人单位对毕业生的敬业精神、职业道德、思想道德觉悟和能力素质水平提出了越来越高的要求，不仅要求毕业生诚实守信、勤奋敬业，而且要求其有开拓创新精神和团队意识。另外，良好的心理素质和社会适应能力也是用人单位看好的主要方面。毕业生就业市场已进入买方市场，用人单位可以按自己的用人标准对毕业生进行选择，不合格者将面临淘汰。

5. 学生就业的结构性矛盾突出

学生就业的结构性矛盾是指大量毕业生过度集中在经济发达地区和城市，集中在数量和增量有限的就业岗位；而中西部地区、广大基层却面临人才匮乏又难以吸引毕业生的状况，导致“无业可就”和“有业不就”现象并存。造成这种局面的原因有两个方面：（1）打开基层就业的新空间面临重重困难。虽然国家鼓励和提倡毕业生面向基层就业，但受地方经济发展水平制约，欠发达地区和基层缺乏编制和资金，吸纳毕业生就业的空间有限；

社会分配制度、社保制度、户籍制度、地区经济状况、人才发展环境等机制和体制问题带有一定的滞后性，制约着毕业生到基层就业。(2) 人才的合理有序流动仍受到客观因素的制约。流动性既是学生就业的特点，也是市场经济体制下社会劳动力就业的特点。虽然政府有关部门制定了一系列鼓励学生合理流动的政策，但地区之间实施起来还很不平衡，有些做法在一定程度上不利于毕业生的充分就业。

二、就业方针和政策

各级各类毕业生就业市场是随着市场经济体制的建立和毕业生就业制度政策的深化而建立的。职业院校学生就业市场是毕业生就业制度的一个重要组织部分，其任务是举办就业洽谈、进行供需信息交流、开展咨询服务等活动，通过市场作用使毕业生找到合适的工作，使用人单位得到所需的人员，即实行“双向选择”“自主择业”的基本制度。各级政府应贯彻统筹安排、合理使用、加强重点、兼顾一般和面向基层，充实生产、科研、教学第一线的方针，在保证国家需要的前提下，贯彻学以致用、人尽其才的原则。国家采取措施，鼓励和引导毕业生到边远地区、基层、艰苦行业和国家急需人才的地方去工作。地方所属高校毕业生就业主要为区域经济和社会发展服务。

（一）就业政策

这里主要介绍针对高等职业教育学校方面的内容，主要包括：

1. 毕业生就业的原则和机制

当前，毕业生就业坚持“公开、公正、择优、自愿”的原则。其就业机制为“市场导向，学校推荐，学生和用人单位双向选择”。

2. 定向生的就业政策

定向生原则上按入学时所签合同就业。如确因特殊情况不能回原定向单位就业，须征得原单位的同意，报就业主管部门批准，并交纳相应的违约金和培养费，之后可调整就业单位。

3. 享受国家专业奖学金及享受艰苦行业、地区或特殊岗位定向奖学金的毕业生就业政策

享受师范、农林、民族、体育、航海等国家专业奖学金及享受艰苦行业、地区或特殊岗位定向奖学金的毕业生原则上按国家计划就业，对不服从就业计划自谋职业的，需补交在校学习期间普通专业的学费并返还定向奖学金、专业奖学金。

4. 结业生的就业政策

结业生就业必须在就业报到证上注明“结业生”字样；在规定时间内未联系单位的，由学校将其档案、户籍关系转至家庭所在地（家居农村的保留非农业户籍），自谋职业。

5. 有病毕业生的就业政策

学校应在毕业生毕业前认真负责地对其进行健康检查，不能坚持正常工作的，让其回家休养。一年内治愈的（须经学校指定县级以上医院证明能坚持正常工作的）可以随下一届毕业生就业；一年以后仍未痊愈或无用人单位接收的，户籍关系和档案材料转至家庭所在地，由其自谋职业。

6. 来自边远省区毕业生的就业政策

来自边远省区的本、专科毕业生，只要是边远省区急需的人才，原则上应回来源省区就业。边远省区特指以下10个省、自治区：内蒙古自治区、黑龙江省、广西壮族自治区、贵州省、云南省、西藏自治区、甘肃省、宁夏回族自治区、青海省、新疆维吾尔自治区。

7. 毕业生自费出国留学的政策

毕业生可以申请自费出国留学。申请自费出国留学的毕业生不参加就业，凭国（境）外大学的录取通知书，在学校规定的期限内提出申请，经学校教务处和毕业生就业管理部门审核同意后，不列入就业计划。毕业生集中离校时未办妥手续的，原则上将其户口转至家庭所在地，继续办理出国手续。

8. 高职毕业生的就业政策

高职毕业生的就业政策原则上与其他专科毕业生的就业政策相同，但必须在“就业报到证”上注明“高职”字样。

（二）就业途径

自实行“自主择业，双向选择”的就业制度以来，毕业生实际上被推上了市场化就业轨道，并逐步形成了即时就业、延时就业、自主创业、继续深造和出国等多种就业途径和渠道。

1. 即时就业

毕业生在毕业前通过学校推荐，参加招聘会和各种人才交流会，签订就业协议而就业。

2. 延时就业

毕业生由于暂时未能找到一个满意的工作单位或由于其他原因，在毕业前夕先回家庭所在地，然后就业。

3. 自主创业

即学生毕业后不是向社会“寻求”工作，而是用自己所学知识进行自主创业，通过科技创新、社会服务或某一方面特长，自己或与他人合作创办公司。这不仅解决了自己的就业问题，而且可以为他人创造就业机会。自主创业目前已成为毕业生一种新的就业途径，它作为一种新的就业渠道，无疑对毕业生的知识、能力和综合素质等提出了更高的要求。

4. 继续深造

本、专科生继续在学业上深造，一方面提高了学历层次，另一方面缓解了就业矛盾。如逐年上升的考研和专升本人数，成为缓解就业难的有效途径之一。

5. 出国

随着改革开放的不断深入和中国在世界经济中地位的提升，部分毕业生到国外继续读书深造和劳务派遣。另外，有不少毕业生参与国际人才竞争，到境外的企业去工作。

（三）就业方式

实行“自主择业，双向选择”的就业制度后，市场化就业的模式形成了签约就业、合同就业、定向就业、灵活就业、升学、出国以及参加国家和地方项目等多种就业方式。

1. 签约就业

毕业生通过学校与用人单位签订就业协议书，领取就业报到证，到用人单位工作。

2. 合同就业

毕业生与用人单位已签订劳动合同，或用人单位出具接收函，到用人单位工作。

3. 定向就业

招生时以定向、委培形式录取的毕业生回原定向、委培单位工作。

4. 灵活就业

灵活就业包括自主创业、自由职业和其他灵活就业形式。自主创业内容前面已经提到过。自由职业是指以个体劳动为主的一类职业，如作家、自由撰稿人、翻译工作者、中介服务工作者、某些艺术工作者等。其他灵活就业是指毕业生与一家或多家用人单位建立不定期、不定时的劳动就业关系，如技术主管、技术顾问、技术员、产品推销员和管理人员等。

5. 升学

升学包括专科毕业生升本科、本科毕业生考取研究生、考取第二学士学位深造。毕业生升学一方面提高了学历层次，另一方面缓解了就业矛盾。

6. 出国

部分毕业生到国外继续读书深造，有不少毕业生参与国际人才竞争，到境外的企业去工作。

7. 参加国家和地方项目

毕业生参加由国家有关部委或地方政府选派的大学生志愿者活动，如到我国的“老少边穷”地区工作等。

三、现行就业创业政策

在市场经济条件下，毕业生就业政策发生了较大的转变。因此，各位同学一定要打破旧的就业观念，牢固树立“通过自身劳动获得合法收入即为就业”的新就业观念。毕业之前，一定要深入了解国家的就业创业政策和学校的就业创业原则，熟悉毕业生就业创业工作的主要程序，以及各个就业创业环节在实施过程中应注意的问题。同时针对自身的特点，有重点地了解有关地区、有关行业的就业创业政策。

（一）现行毕业生就业政策

每年国务院办公厅都会转发由教育部、公安部、人力资源和社会保障部联合下发的一系列关于深化毕业生就业制度改革和做好毕业生就业工作的重要文件。2021 年 3 月，国务院办公厅公布了《关于做好 2021 年全国普通高等学校毕业生就业工作的通知》，要求拓宽高校毕业生就业渠道、鼓励高校毕业生自主创业、开展就业帮扶和就业援助，大力促进公平就业。

现行的毕业生就业政策可具体归纳为：国家计划统招毕业生在国家政策规定的时间和范围内一般通过供需见面、双向选择、自主择业的方式落实就业单位；实现“建立市场导向、政府调控、学校推荐、学生与用人单位双向选择”的就业机制；定向和委托培养的毕业生按合同就业。政府对以下九个方面提出了具体的要求：

（1）认清形势，深化改革。

（2）进一步完善高校毕业生就业工作管理体制。

（3）加快调整人才培养结构。

（4）拓宽高校毕业生到基层就业的渠道。

（5）切实解决非公有制单位聘用高校毕业生的有关问题。

（6）制定鼓励人才合理流动的政策。

（7）完善尚未就业高校毕业生的有关政策。

（8）进一步整顿和规范高校毕业生就业市场秩序。

（9）进一步加强对高校毕业生的思想教育和指导。

（二）国家在就业创业政策措施上的新举措

自2017年开始，我国政府就出台政策，促进就业创业，针对新就业形态提出新措施，在发布的《关于做好当前和今后一段时期就业创业工作的意见》（以下简称《意见》）中要求采取多项措施做好当前和今后一段时期的就业创业工作，新一轮政策已经向新兴业态和新就业形态以及基层倾斜。

《意见》提出了五个方面的政策措施，包括坚持实施就业优先战略、支持新就业形态发展、促进以创业带动就业、抓好重点群体就业创业、强化教育培训和就业创业服务等。原中国劳动和社会保障科学研究院院长刘燕斌认为，《意见》在就业促进政策方面有三个特点："一是针对当前就业形势趋势，相应提出措施，稳住就业基本盘，进一步改善民生。二是针对部分地区行业群体在就业中面临的突出矛盾和问题，采取有针对性的对策措施，抓好重点群体的就业创业工作，防范失业风险，守住底线。三是适应经济转型升级、结构调整深化的需要，支持新兴业态和新就业形态的发展，释放劳动力市场活力，激发劳动者积极性主动性和创造性。"

毋庸置疑，随着经济增长，产业机构、发展动力的新变化，以及劳动力市场供求关系的变化，我国就业形势面临着新情况、新问题，国家已经出台新的政策措施。包括新兴企业及新就业形态的出现，如与很多人生活息息相关的快递小哥、外卖小哥、网店小二等。对此，《意见》指出，支持新就业形态发展，将鼓励创业创新发展的优惠政策面向新兴业态企业开放，探索适应灵活就业人员的失业和工伤保险保障机制。

《意见》还提出了两大方面新举措。第一，明确提出支持新兴业态发展，明确政府部门带头购买新兴业态企业产品和服务，这是新提法；第二，完善适应新就业形态特点的用工和社会保险制度，符合条件的新兴业态企业可以享受社保补贴、税收减免、创业担保贷款等优惠政策。《意见》要求加快网上社保建设，建立异地转移接续平台，为从业者跨地区参保提供便利，鼓励"互联网＋社保"。让从业者更加方便办理社保和劳动关系，享受社保服务和公共就业的服务。

《意见》指出，新兴业态从业者中，签订劳动合同的，可参加职工社会保险；没有签订劳动合同的，可以按照灵活就业人员身份参加养老和医疗保险，并且缴纳住房公积金。《意见》还要求探索适应灵活就业人员的失业和工伤保险保障机制。

另外，在此轮推出的新政策中，将高校毕业生、化解去产能而转岗的工人等人群列入了重点关注的范围。要引导高校毕业生到基层去、到中西部地区去，在这次文件也有明确的政策导向。一是更好地发挥政府购买服务的作用，聚焦基层短缺人才，聚焦基层和艰苦贫困地区迫切需要的脱贫攻坚、现代农业、教科文卫等重点领域，开发更多适合高校毕业生的岗位；同时，拓展基层单位的就业空间，编制政策和标准向基层适当倾斜。发挥中小企业吸纳就业主力军，鼓励到基层创新创业。

2020年，为促进就业创业，国家又放了大招。7月15日召开的国务院常务会议部署深入推进大众创业万众创新，重点支持高校毕业生等群体就业创业。此次会议提出了四方面的重磅举措：一要加大对创业创新主体的支持；二要鼓励双创示范基地建设大中小企业融通、跨区域融通发展平台；三要鼓励金融机构开展设备融资租赁和与创业相关的保险业务；四要实施创业带动就业示范行动。

具体措施包括：在给钱方面，中央预算内投资安排专项资金支持双创示范基地建设。对首次创业并正常经营1年以上的返乡入乡创业人员，可给予一次性创业补贴。取消保险资金开展财务性股权投资行业限制。在给地方面，盘活闲置厂房、低效利用土地等，加强对双创重点项目支持。政府投资的孵化基地等要将一定比例场地免费向高校毕业生、农民工等提供。在给培训方面，推动企业、“双创”示范基地、互联网平台联合开展托育、养老、家政、旅游、电商等创业培训，引导择业观念，拓展就业空间。

按照国家13部门公布的《关于支持新业态新模式健康发展 激活消费市场带动扩大就业的意见》，有15个新业态将提供更多的就业就会。分别是：在线教育、互联网医疗、线上办公、数字化治理、产业平台化发展、传统企业数字化转型、“虚拟”产业园和产业集群、“无人经济”、培育新个体经济支持自主就业、发展微经济鼓励“副业创新”、探索多点执业、共享生活、共享生产、生产资料共享及数据要素流通。尤其是，国家鼓励发展新个体经济，开辟消费和就业新空间。按照要求，支持微商电商、网络直播等多样化的自主就业、分时就业。鼓励发展基于知识传播、经验分享的创新平台。此外，大力发展微经济，鼓励“副业创新”。着力激发各类主体的创新动力和创造活力，打造兼职就业、副业创业等多种形式蓬勃发展格局。支持就业者做微商、电商，做网络直播，就业机会真的是越来越多样化。

2020年上半年，人社部等部门发布了互联网营销师等9个新职业信息，其中，在“互联网营销师”职业下增设“直播销售员”工种。这意味着带货主播成为正式工种，“李佳琦们”正式转正了。国家要进一步激活新型就业潜力，要打破就业服务和保障“雇佣”的惯性思维，完善适应就业模式创新的政策制度。这些新业态、新职业，让人们重新认识“职业”二字，为人们打开了更多新就业“风口”。如果你正在找工作，不妨积极拥抱这些新业态、新职业、新风口，你的选择可能就此改变你的命运。

1. 大学生就业政策措施

（1）鼓励中小企业吸纳高校毕业生的政策措施：

● 对招收高校毕业生达到一定数量的中小企业，地方财政应优先考虑安排扶持中小企业发展资金，并优先提供技术改造贷款贴息。

● 对劳动密集型小企业当年新招收登记失业高校毕业生，达到企业现有在职职工总数30%（超过100人的企业达15%）以上，并与其签订1年以上劳动合同的劳动密集型小企业，可按规定申请最高不超过200万元的小额担保贷款并享受50%的财政贴息。

● 高校毕业生到中小企业就业的，在专业技术职称评定、科研项目经费申请、科研成果或荣誉称号申报等方面，享受与国有企事业单位同类人员同等待遇。

● 对小微企业新招用毕业年度高校毕业生，签订 1 年以上劳动合同并缴纳社会保险费的，给予 1 年社会保险补贴。

（2）引导国有企业吸纳高校毕业生就业的政策措施：

● 承担对口支援西藏、青海、新疆任务的中央企业要结合援助项目建设，积极吸纳当地高校毕业生就业。

● 建立国有企事业单位公开招聘制度，推动实现招聘信息公开、过程公开和结果公开。

● 国有企业招聘应届高校毕业生，除涉密等特殊岗位外，要实行公开招聘，招聘应届高校毕业生信息要在政府网站公开发布，报名时间不少于 7 天；对拟聘人员应进行公示，明确监督渠道，公示时间不少于 7 天。

2. 大学生创业政策措施

（1）高校毕业生自主创业可以享受的税收优惠政策。持就业失业登记证（注明“自主创业税收政策”或附着高校毕业生自主创业证）的高校毕业生在毕业年度内（指毕业所在自然年，即 1 月 1 日至 12 月 31 日）从事个体经营的，3 年内按每户每年 8 000 元为限额依次扣减其当年实际应缴纳的增值税、城市维护建设税、教育费附加和个人所得税。对高校毕业生创办的小型微利企业，按国家规定享受相关税收支持政策。各级政府应进一步改进和完善“小额担保贷款＋信用社区建设＋创业培训”联动工作机制。有条件的地区还应加大财政投入，并积极引入风险投资资金，探索财政资金、风险投资等与大学生创业赛事的对接模式，规范发展民间融资，多渠道加大创业资金投入。进一步完善和落实行政事业性收费减免等优惠政策，按照法律法规的规定，适当放宽市场准入条件，鼓励高校毕业生创业。

（2）高校毕业生自主创业可以享受小额担保贷款和贴息支持政策。对符合条件的高校毕业生自主创业的，可在创业地按规定申请小额担保贷款；从事微利项目的，可享受不超过 10 万元贷款额度的财政贴息扶持。对合伙经营和组织起来就业的，可根据实际需要适当提高贷款额度。这一政策一方面明确了高校毕业生可以在创业地申请贷款，同时还将贷款额度提高到 10 万元（以前最多只能贷款 5 万元），并明确从事微利项目的，中央财政给予全额贴息，有利于引导和促进更多高校毕业生创业。

（3）高校毕业生自主创业享受的免收费政策。毕业 2 年以内的普通高校毕业生从事个体经营（除国家限制的行业外）的，自其在工商部门首次注册登记之日起 3 年内，免收管理类、登记类和证照类等有关行政事业性收费。

（4）高校毕业生自主创业享受的创业服务。

● 享受培训补贴：对高校毕业生在毕业年度内参加创业培训的，根据其获得创业培训合格证书或就业、创业情况，按规定给予培训补贴。

● 免费创业服务：有创业意愿的高校毕业生可免费获得公共就业和人才服务机构提供的创业指导服务。

（5）高校毕业生提升自主创业的能力措施。有意愿自主创业的大学生，可以参加创业培训和实践，接受创业教育，以系统学习创办企业的知识、完善创业计划、提高企业盈利能力、降低风险、促进创业成功。目前，许多高校开设了创业培训方面的课程和创业实践活动，在校大学生可以选择参加；另外，各地人力资源和社会保障部门也开办了创业培训班，离校未就业的高校毕业生可向当地人力资源和社会保障部门申请，参加有补贴的培训，以提高创业能力，如“GYB”（产生你的企业想法）、“SYB”（创办你的企业）、“IYB”（改善你的企业）。

（6）国家明确鼓励大学生创业的相关服务：各高校要广泛开展创业教育，积极开发创新创业类课程，完善创业教育课程体系，将创业教育课程纳入学分管理。积极推广成熟的创业培训模式，鼓励高校毕业生参加创业培训和实训，提高创业能力。对高校毕业生在毕业年度内参加创业培训的，根据其获得创业培训合格证书或就业、创业情况，按规定给予培训补贴。要根据高校毕业生特点和需求，组织开展政策咨询、信息服务、项目开发、风险评估、开业指导、融资服务、跟踪扶持等“一条龙”创业服务。各地在充分发挥各类创业孵化基地作用的基础上，应因地制宜地建设一批大学生创业孵化基地，并给予相关政策扶持。对基地内大学生创业企业要提供培训和指导服务，落实扶持政策，努力提高创业成功率，延长企业存活期。

（三）十八大以来各级政府的就业创业政策

为了使毕业生顺利地找到自己的工作岗位，就业是最大的民生工程。党的十八大以来，各级政府把稳定和扩大就业作为最大的民生工程紧抓不放，实施就业优先战略和更加积极的就业政策，多渠道扩大就业、稳定就业。党的十九大报告又明确指出，提供全方位公共就业服务，促进高校毕业生等青年群体、农民工多渠道就业创业。破除妨碍劳动力、人才社会性流动的体制机制弊端，使人人都有通过辛勤劳动实现自身发展的机会。今后，各级政府将深入贯彻十九大精神，牢牢把握五大发展理念这条主线，增加公共服务供给、提升公共服务能力，在就业创业、收入分配等民生领域制定更加有效的措施，让人民群众有更稳定的工作、更满意的收入、更可靠的保障，享受更加便捷高效的基本公共服务，获得感、幸福感、安全感，更加充实、更有保障、更可持续。

（1）全面准确把握新的就业方针。党的十八大以来，国家就明确提出要贯彻劳动者自主就业、市场调节就业、政府促进就业和鼓励创业的方针。这是政府第一次将鼓励创业纳入就业方针，并要求引导劳动者转变就业观念，鼓励多渠道、多形式就业，促进创业带动就业。新的就业方针进一步明确了劳动者、市场、政府在促进就业中应发挥的作用，高职院校毕业生必须全面准确地把握。

（2）认真贯彻落实促进就业的重大政策措施。党的十八大将促进就业上升到新的战略高度，明确提出实施就业优先战略和更加积极的就业政策。在今后的工作中，各级政府要根据就业形势变化，及时充实和完善就业政策，加强就业政策与产业、贸易、财政、税收、金融等政策措施的协调，加大公共财政对促进就业的投入，完善促进就业的税收和金融扶持政策，实施更加积极的就业政策。

（3）加强对重点群体就业的扶持。党的十八大报告提出，要做好以高校毕业生为重点的青年就业工作和农村转移劳动力、城镇困难人员、退役军人就业工作。采取有针对性的扶持政策，解决重点群体的就业问题，是保持我国就业局势稳定的重要任务。

（4）加强职业技能培训。为进一步提高就业质量，不断适应新的职业变化，增强就业稳定性，必须切实加强职业技能培训，注重提升劳动者就业创业能力。

（5）健全人力资源市场和就业服务体系。要发挥市场机制在配置人力资源中的基础性作用，加快统一规范、灵活的人力资源市场建设，完善城乡劳动者平等就业制度，健全人力资源市场监管体系，发展人力资源服务业。要健全完善覆盖城乡的公共就业服务体系，加快以基层公共服务平台为重点的公共就业服务机构建设，建立全国就业信息网络。

(6) 全面发挥失业保险对促进就业的作用。要进一步完善失业保险预防失业、促进就业的政策体系，通过实行失业保险基金支付岗位补贴、社会保险补贴、培训补贴和就业补贴等政策，鼓励企业稳定就业岗位、吸纳失业人员就业，构建稳定就业的长效机制，切实增强失业保险对促进就业的作用。

(四) 各种就业优惠政策

1. 面向各基层就业的优惠政策

为了吸引应届毕业生到西部地区、到基层和艰苦地区建功立业，中办发〔2005〕18号、中青联发〔2005〕17号等多份文件出台了多项毕业生面向基层就业的优惠政策。

对原籍在中、东部地区而去西部工作的毕业生，实行来去自由的政策，根据本人意愿，户口可迁到工作地区，也可迁回原籍，由政府主管部门所属的人才交流机构提供免费人事代理服务；到西部贫困边远地区工作的毕业生，可以提前定级，并根据实际情况适当高定工资标准。人力资源和社会保障部还要求各地积极引导毕业生进入国有大中型骨干企业及承担国家重点工程、项目的单位。

各级政府要为毕业生创造工作条件，主要充实城市社区和农村乡镇基层单位，从事教育、卫生、公安、农技、扶贫和其他社会公益事业。在艰苦地区工作两年或两年以上报考研究生的，应优先予以推荐、录取；报考党政机关和应聘国有企事业单位的，在同等条件下，应优先录用。

对于高校毕业生专门实施“大学生志愿服务西部计划”。从毕业生中招募志愿者，到西部贫困县的乡镇一级教育、卫生、扶贫等单位服务1～2年，服务期间计算工龄，档案户口保留在学校，免收服务费用，志愿者服务期满后再发报到证。

服务期满，将对志愿者作出鉴定并存入本人档案。考核合格的颁发证书，作为志愿者服务经历和就业、创业的证明。服务期为一年，期满考核合格的，授予中国青年志愿者服务铜奖奖章。服务期为两年，期满考核合格的，授予中国青年志愿者服务银奖奖章；表现优秀的，授予中国青年志愿者服务金奖奖章；表现特别优秀的，推荐参加“中国青年五四奖章”“中国十大杰出青年”等。在录用党政机关公务员和新增国有企事业单位专业技术人员、管理人员时优先录用、招聘志愿者。

2. 到非公有制单位就业优惠政策

到非公有制单位就业的毕业生，公安机关将积极放宽建立集体户口的审批条件，及时、便捷地办理落户手续。用人单位将按照国家有关规定与所聘毕业生签订劳动合同，为其办理社会保险手续，缴纳社会保险费，保障其合法权益。从事个体经营和自由职业的毕业生要按当地政府的规定，到社会保险经办机构办理社会保险登记，缴纳社会保险费。鼓励和支持毕业生自主创业，工商和税务部门简化审批手续，积极给予支持。

劳动、人事部门所属人才服务机构将为到非公有制单位就业的毕业生提供集体户口、人事代理、存放人事关系等服务，同时为毕业生办理人事关系接转、人事档案管理、转正定级、党团关系、专业技术职务任职资格申报评审、社会保险金缴纳等服务，实行全方位的人事代理服务，解除到非公有制单位就业的毕业生的后顾之忧。

对于以非全日制、临时性和弹性工作等灵活形式就业以及到个体、民营等非公有制经济组织就业的毕业生，将按照有关规定，在工资支付、社会保险、劳动争议处理等方面维护其合理权益。

3. 高职（大专）毕业生及困难毕业生相关优惠政策

对就业困难的高职（大专）毕业生，教育部及人力资源和社会保障部将继续实施“高职院校毕业生职业资格培训工程”，对需要培训的应届高职（大专）毕业生进行职业技能培训和职业技能鉴定。

毕业半年以上未能就业并要求就业的毕业生，可持学校证明到入学前户籍所在城市或县人力资源和社会保障部门办理失业登记。人力资源和社会保障部门所属的公共职业介绍机构和街道劳动保障机构应免费为其提供就业服务。对已进行失业登记的毕业生，有条件的城市、社区可组织其参加临时性的社会工作、社会公益活动，或到用人单位见习，给予一定报酬。对于因患病等原因短期无法工作并确定无生活来源者，由民政部门参照当地城市低保标准，给予临时救助。

对生活困难毕业生实施临时救助是党中央、国务院关于就业工作的一项重要举措，能够切实保障高校困难毕业生的基本生活，维护社会稳定。实施办法有以下几个方面：

（1）凡高校毕业生（含大学专科、大学本科）因患病等原因短期无法就业且生活困难的，由高校毕业生户籍迁入地所在地民政部门参照当地低保标准，给予临时救助。享受临时救助的时间最长不得超过一年，一年后家庭生活仍有困难的，按有关规定申请享受最低生活保障或其他社会救济。对于滞留高校尚未办理户籍迁移的高校困难毕业生，民政部门不予受理。

（2）高校生活困难毕业生申请临时救助，按最低生活保障的申请审批程序办理。高校生活困难毕业生应当向户籍迁入地所在的申请审批机关出具高等学校颁发的普通高等学校毕业证书、个人身份证以及省级高校毕业生就业工作主管部门签发的全国普通高等学校本专科毕业生就业报到证。

（3）享受临时救助的高校毕业生已参加就业或家庭经济条件好转的，应及时取消其临时救助。

4. 进一步解除落户等阻碍人才合理流动的障碍

为了促进毕业生就业，消除人为限制毕业生跨省就业的障碍，近来国家有关部门出台了多项鼓励人才合理流动的政策：

（1）落实企业用人自主权的规定，鼓励用人单位根据实际需要多招聘应届毕业生。

（2）取消对接收高校毕业生收取的城市增容费和其他不合法、不合理的收费政策。

（3）省会及省会以下城市放开对吸收高校毕业生落户的限制。省会以上城市也要根据需要，积极放宽高校毕业生就业落户规定，简化有关手续。公安部门对应届毕业生凭用人单位与毕业生签订的就业协议书和高校毕业生所持的普通高等学校毕业证书、全国普通高等学校本专科毕业生就业报到证办理其落户手续；对非应届毕业生凭用人单位录（聘）用手续、劳动合同和普通高等学校毕业证书办理其落户手续。

第二节 就业形势展望与用人单位特点

一、未来行业走势

热门行业在今后的一段时间内必将继续受到追捧。但整个宏观经济态势是不断发生变化的，热门行业的热点在哪里？还能热多久？把握整个行业的人才需求趋势，对职业发展无疑是有所帮助的。为此，我们选取了十个热门行业，对其发展潜力以及未来的人才需求进行预测，以供参考。

（一）IT 业

当今时代是信息时代，信息网络技术的发展使人们对网络信息的依赖越来越大，网络信息服务已成为社会上的一个重要行业。这个行业包含网上购物、商业信息服务、广告媒体服务、技术信息咨询与服务等。近几年，工程技术研发人员一直是 IT 行业最热门的人才，不管是硬件工程师还是软件工程师，总体需求量很大。今后，IT 行业仍以工程技术研发人员为第一需求热点，多领域经营人员招聘职位数仍呈现增长的趋势。

（二）建筑、房地产行业

随着住房政策改革和住房的商品化，房地产开发业成为一个繁荣兴旺的行业，购房也成为每个家庭的头等大事，房地产开发业也因此面临无限的商机，并因此带动了与之相关的房地产开发、咨询、销售业务、物业管理、租借、二手房转让行业的迅速发展。房地产开发具有巨大的市场，也具有较高的利润回报，因此为众多房地产投资者青睐。现在企业非常青睐持有一定职业资格证书的熟练技术人员，对中高级人才的需求越来越大。据对山东劳动职业技术学院近几年建筑装饰工程技术专业学生就业情况的统计，在招聘会上对中高层人才的需求从 5%上升到 20%。目前有几类人才非常紧俏，包括工民建管理人员、项目经理、工程造价管理人员、建筑师（尤其是室内装修方面）以及会计师，特别是持有中高级职业资格证书的专业技术人员供不应求。从全国来看，推动该行业人才需求的利好因素不断，如加快小城镇建设、西部大开发、扩展海外市场等，使该行业的人才需求保持了非常旺盛的态势。

（三）金融行业

这里所指的金融行业包括银行、证券和保险。目前，业内的主要招聘单位首先是保险公司，其次是股份制商业银行，然后是证券公司、金融行业的支持服务机构；还有一些想要进入中国的产业基金。随着国家经济的进步和社会保障体系的不断完善，保险业日益受到人们的重视。近年来，中国保险市场以两位数的增长率高速发展。保险业最缺乏三类人才：（1）营销高手；（2）各类专业人才，包括核保核赔方面的高级专家顾问、高级客户服务管理师、营销业务管理师、营销培训师、应用软件开发工程师、信息项目管理师、财务管理师、人力资源管理师等；（3）大批有经验的优秀投资分析师、投资家等高级资金运用管理人才。现在金融行业的人才需求还没有被完全激发出来，高端金融人才市场尚未成熟。人才竞争与市场的成熟度、产业的成熟度有很大的关系。金融市场、金融产业在发展、在成熟，整个行业人才需求会继续上升，这是毋庸置疑的。

（四）汽车制造业

国家经济的飞速发展和人们物质生活的不断提高，给家用汽车制造业带来了前所未有的机会，商家也将从中获得丰厚的利润。同时，家用汽车市场的发展还将带动汽车配件、维修以及相关的技术产品生产等行业的发展。汽车产业带动的产业很广泛，如汽车装饰、维修、轮胎、汽车零配件、制造轮胎的橡胶产业、用于汽车生产的钢铁业等。目前，我国的汽车产业发展迅猛，各个职位的人才包括销售、设计、维修、生产管理人员等都大大增加。相对而言，销售人才的需求量更大一些。未来，复合型汽车人才将成为中外企业的竞争焦点，精通外语的汽车设计人才、具备汽车技术背景的营销人才、具备汽车销售背景的 IT 类专业人才以及汽车信贷、保险等金融人才有着广阔的施展舞台，市场对这类复合型人才的需求必然呈现上升趋势。

（五）电信业

在当今快节奏的时代，人们对信息传递快捷性、同步性的要求越来越高，对相关通信产品（如电话、手机、传真机）以及通信服务的需求也越来越高。目前，固定电话的保有量开始渐渐下降，而手机的普及率则快速上升，中国通信市场的开发潜力巨大，这将给通信业带来新的机遇和丰厚利润。

（六）老年医疗保健品业

目前，中国已步入人口老龄化社会。老年人比例的增加带来了医疗、保健、社会服务等方面需求的增加。因此，从事老年人保健品、药品、生活必需品、社区服务等将具有很大的发展前景，并形成一个独特的产业。

（七）妇女儿童用品业

随着人们对生活质量要求的提高，女性和儿童对服装、化妆用品、洗涤用品以及生活中一些必需品的需求也越来越大。在这些用品上的投入也比较高，并带动了相关产业的迅速发展。在未来的社会发展中，这一行业仍然有巨大的发展潜力。

（八）旅游休闲及相关产业

随着人们生活水平的提高以及节假日数量的增多，外出旅游休闲成为人们生活中常见的事情。这不仅带动了旅游业的发展，而且带动了服务业、运动产品、体育场馆、旅行社、旅游产品等行业的繁荣发展，形成了一个促进经济发展的强大产业。

（九）装潢业

国内城市居民住房的商品化带动了装修业的发展，室内装饰产品和装修工程承包业成为获利丰厚的行业。有关部门的统计资料表明，当前城市居民装修住房的投入一般在5万元～10万元，并促进了装饰材料业的发展。

（十）餐饮、娱乐与服务业

社会生活节奏的加快使人们对快餐业的需求增加。虽然西式快餐业在中国迅速发展，但是西式快餐业更多的是针对儿童市场。中国人更习惯于中式快餐，因此，中式快餐业在未来社会发展中将占有重要的地位。

二、就业信息收集及运用

（一）就业信息的获取

就业信息获得对刚刚离开校门的毕业生十分重要，那么如何才能获得真实、有效的就业信息呢？

每当学生求职的时候，总会出现这样的情况：有些毕业生有几家单位可供选择，为不知何去何从而烦恼；有的毕业生却因找不到一个合适的单位而发愁，甚至有时后者比前者优秀得多。为什么会出现反差如此巨大的情况？事实上，毕业生求职择业不仅取决于个人素质、国家经济形势和社会环境等诸多因素，而且取决于就业信息的获取。

对面临求职择业的毕业生来说，如何收集就业信息显得尤为重要。就业信息可以帮助毕业生确定择业方向，选择工作单位。可以说，信息是择业的基础，是走向用人单位的桥梁。谁获得了就业信息，谁就获得了就业主动权，谁收集的就业信息多，谁择业的范围就大，谁就更能主动地掌握自己的命运。

1. 通过各种社会关系获取信息

每个人都是纷繁的社会关系网中的一个节点，人与人之间的互相联络是交流各种信息的纽带，要善于利用这种信息传播途径。相关的研究表明，大约有65%的人是通过自己的社会关系网找到工作的。通过这种渠道就业的成功率是很高的，这种社会关系包括自己的父母、亲戚、邻居、同学、校友，也包括自己本专业的老师和班主任。

本专业的老师比别人更清楚你适合到什么单位就业，而且他们往往在科研协作、兼职教学、学生实习实践中与对口单位有着广泛的接触。历届校友会也不要错过，要经常跟校友保持联系，因为校友大多在对口单位工作，对所在单位情况了如指掌，通过他们可以获得许多具体、准确的信息。家长和亲友对你的就业更为关心，他们与社会的方方面面有联系，常常是你找到工作最有利的后盾。

事实上，几乎任何一个人都有可能为毕业生提供工作机会，因为无论他们从事何种工作，都能够认识各种各样的人，从而帮助毕业生找工作。毕业生要做的就是通过适当的途径和方式让其知晓你在找工作、你理想的工作是什么。同时，认真地对待他们给你介绍或推荐的工作，正确地处理你认为其中不适合的工作，不能直接拒绝或有诸多不满和抱怨，否则下次即使有适合的工作，他们也不敢再贸然推荐给你，使你白白丧失好的就业信息和机会，有的甚至造成终身遗憾。

2. 利用社会实践和实习获取信息

毕业生应该充分利用社会实践、毕业实习及业余兼职的机会，广泛地获取信息。毕业生在求职择业的过程中一个很大的障碍是供求双方缺乏了解。而毕业生在校期间所从事的社会实践和毕业实习等活动，是毕业生了解用人单位，并让用人单位了解自己的很好途径。

毕业生在参加社会实践和毕业实习时，应该力求与拟选择的就业单位和确立的就业意向挂钩，注意了解所去的企事业单位各方面的情况，并且在社会实践和毕业实习过程中有突出的表现。如果各方面表现非常突出，社会实践和毕业实习极有可能成为择业成功的难得机遇。

3. 通过学校就业主管部门获取信息

学校的毕业生就业办公室（或指导中心）作为毕业生就业的重要指导、推荐部门，与中央有关部委和各省市的毕业生就业主管部门以及有关用人单位保持着经常、密切的联系，随时掌握着有关用人单位简介材料及需求信息等。

这些部门获得的信息具有较强的针对性、准确性和可靠性，并具有一定的指导性，是毕业生获取就业信息的主要渠道之一。一般而言，各个学校的毕业生就业工作机构都有相对固定的就业信息发布渠道，毕业生可以按照学校的指导，经常或定期浏览学校毕业生就业信息网、就业信息发布栏、就业信息简报等，以便获得一定量的就业信息。有的学校班主任和专业秘书是就业指导工作的具体执行者，要多与他们联系，从而获取需要的信息。

4. 通过各级政府劳动人事部门获取信息

为了适应毕业生就业制度改革的需要，每年教育部都要制定毕业生就业的有关方针、政策，各省、自治区、直辖市的主管部门也要相应地制定实施意见；各地的毕业生就业指导机构也要开展信息交流和咨询服务。

全国县以上各级政府一般都设立了毕业生就业指导机构，这些主管部门的主要职责就是制定所辖区域的毕业生就业政策，向毕业生发布本地区企事业单位的招聘信息，为毕业生就业提供各种咨询与服务。他们每年都要通过各种形式为毕业生提供各种真实、可靠的就业信息。

5. 通过人才市场及就业洽谈会获取信息

在各地人才市场和定期、不定期组织的人才交流会上，毕业生可以通过与用人单位直接见面，获取许多信息，有的还可以当场拍板、签订协议，比较简捷、有效，但总体来说成功率不高。同时，各高校、各地各部门还在毕业生就业的高峰期举办各种类型、各种层次的双选洽谈会。由于这些洽谈会是专门针对高校毕业生组织的，因此与人才市场定期组织的人才交流会相比，针对性更强，毕业生和用人单位都有较强的目的性，获得成功的可能性比较大。

6. 通过有关新闻媒介获取信息

报刊、广播、电视媒体等以其信誉度高、易于为大众所接受等特点，成为各类企事业单位或组织介绍企业现状、发展前景和人才需求的重要工具。同时，毕业生就业作为社会普遍关注的热点问题，近年来也引起了新闻界的普遍重视。

媒体对有关就业政策、热门话题、讲座、招聘广告等的报道，全国高等学校学生信息咨询与就业指导中心主办的《中国大学生就业》杂志以及各地人才市场报等都是获取就业信息的渠道。从调查的情况来看，很多毕业生获取的就业信息都来自这些传统的新闻媒体。但是，这种信息传播面广、竞争性强、时效快、成功率较低，而且其内容往往比较笼统，如果选用还应作进一步的了解。

需要特别注意的是，在通过这种渠道收集信息时，要特别留意报纸上的工商注册公告。进行注册公告的公司大都是刚刚开始创业，还没有来得及发布招聘信息，而此时正是公司最缺人手的时候。此时前去自荐或寄去求职材料，非常有效。更重要的是，一旦公司录用了你，你也会成为公司的创业者，成为公司管理人员的概率就会增大。

7. 通过互联网获取信息

随着网络的迅猛发展，网上交流已经逐渐进入我们生活的每个角落。对处于时代和科技前沿的广大职业院校毕业生而言，借助互联网查阅和交流信息，已经成为一件再普通不过的事情。目前，基于互联网的毕业生就业服务和人才招聘市场逐步走向成熟，包括高校、企业在内的各级各类毕业生就业或人才招聘服务机构都已经建立了自己的网站，向毕业生提供就业指导和就业信息服务，有的已经实现了网上招聘。

除了上述介绍的几种信息获取渠道外，毕业生还可以通过其他途径获取信息。例如：向你认为适合的用人单位写自荐信或求职信，然后通过电话预约，亲自登门拜访。还可以采用通过中介机构获取就业信息的方式，或通过在媒体发布自己的求职信息从而达到反向获取就业信息的方式。但这些方式由于盲目性大、准确性不高，因而命中率较低。不过在缺乏就业信息的情况下，也不失为一种办法。亲自走访调查你想去的用人单位也是获得求职信息的渠道之一。通过与用人单位零距离接触，能搜索到对求职有用的准确信息，而且有利于展示自己的形象，引起用人单位对你的注意。

（二）就业信息的处理

1. 就业信息的比较

职业院校学生就业过程中有一种现象令人匪夷所思，那就是同学们很费力地到处寻找就业信息，却很少认真分析自己通过就业信息选定的将去应聘单位的情况，对应聘单位的了解大多是皮毛而已，这反映了职业院校学生择业时盲目浮躁或者急功近利的心态。事实上，对应聘单位不了解，不仅影响择业的成功，而且可能给未来的工作带来不可估计的负面效应。把自己“交付”给一家自己知之甚少的单位，与它风雨同舟，你是否觉得太草率？事先收集好用人单位信息，对自己未来的工作做一番模拟，可以增添应聘的信心，同时建立起与用人单位的良好沟通，准确地将对方需要的信息传递给对方。

了解用人单位的信息大概包括以下方面：

- 用人单位的准确全称、性质及隶属关系。
- 用人单位的经营业务范围、产品或服务内容与类别。
- 用人单位的组织结构、规模（员工数量）与行政结构。
- 用人单位的发展历史与最新动态、客户类型与规模、竞争对手的类型与规模。
- 用人单位的文化背景、工作环境、单位领导的有关信息、员工的办事方式和思维方式。

● 用人单位的发展目标、实力（包括规模、效益）、远景规划，在整个行业中的排名或在整个社会经济结构中的地位。

● 用人单位的地点、总部及分支机构的业务范围与地理分布。

● 用人单位的财政状况及绩效考核体系、培训体系和薪酬体系（工资、福利、住房、奖金），以及为员工培训和发展所提供的空间等。

● 用人单位需要的专业、具体工作岗位及对所需人才的具体要求。

● 用人单位的联系方式，如人事部门联系人、电话、通信地址、邮政编码等。

每个用人单位都有不同的企业文化和用人标准。例如：硅谷中很多小公司没有固定的上下班时间，员工可以穿着短裤、拖鞋在没有多少办公家具的办公室里到处溜达。在这里，创造力得到了最大限度的发挥。而世界上一些著名大公司员工崇尚的是职业素养、团队精神和努力工作，穿着讲究，与之相伴的是优雅、舒适的生活方式。

因此，毕业生要了解用人单位的文化与个性，可以使择业的目标更为清晰、更为准确，更能把握主动权。此外，了解用人单位的文化与个性，也有助于毕业生充分展示与这一单位择才标准吻合的优势和特长，做到扬长避短。再者，如果毕业生能在谈话时自如地谈及对该单位的了解，容易引起对方的亲切感和认同，同时也向对方展示了应聘该单位的诚意。

2. 就业信息的甄别

在不少针对应届毕业生的招聘中，五花八门的陷阱层出不穷，涉世未深、缺少社会经验的应届毕业生要识破招聘中的“猫腻”还真是不太容易。毕业生在择业过程中可能遇到不可预测的变化，但是，事先给自己的择业确定一个比较明确的目标，可以使整个就业活动有的放矢、有条不紊。也就是俗话说的“你有千变万化，我有一定之规”，避免左右摇摆，让一些虚假信息和骗子单位乘虚而入。具体措施有以下几点。

（1）通过正规渠道求职。职业介绍市场的虚假招聘信息有其复杂的原因，求职者应尽可能到政府开办的正规职业介绍所或职业介绍中心去求职，在那儿不仅能享受到免费的优质服务，还能向专业的职业指导员请教，避免上当受骗。

（2）参加正规招聘会。信息不对称是毕业生在应聘中受骗的主要原因。每年都会有大量的毕业生为了寻找一份工作而奔波于各类招聘会，漫无目的地投递简历。为了避免浪费时间、精力和金钱，在考虑向何处递交简历之前，最好先选择适合的招聘会。选择招聘会要注意三点：一要避免盲目出击；二要尽量回避一些常设性的人才市场；三要了解招聘会的专业场次、性质和服务对象，有的放矢。应尽量选择由校方或者当地教育机构、劳动人事局和有影响的媒体举办的应届毕业生专场招聘会，因为主办方对于进入招聘会的企业都进行了资格审查。

（3）掌握及时放手的原则。应届毕业生有针对性地选择招聘会、投送简历三四天后，如果没有得到回音，应主动根据对方提供的联系方式与招聘主管人员取得联系，摸清对方的“底牌”。真正有招聘意图的企业一般会比较具体地告诉应聘人员面试的时间或者其他的要求。如果对方出现推托的现象，应及时放手。

（4）认真考察中介。如果选择职业中介寻找工作，就得对中介认真审查，做到四看：一看中介是否具有职业介绍许可证和营业执照，相关证件是否在明显位置悬挂，如果没有就是假中介；二看收费标准和依据是否公开、收费是否合理，如果未公开或收费过高，也要小心；三看提供的信息是否真实有效，如果提供的信息是假的或是过时的，肯定是黑中介；四看承诺的服务是否兑现，如果说得好听，但做得不好，属于没有信誉的中介。当遇到虚假中介或者黑中介时，要到劳动监察部门举报。

(5) 通过网络鉴别信息真假。应届毕业生若要避开虚假信息陷阱，可以通过互联网进行鉴别。首先要有选择地考察招聘信息、参加招聘会，对于有意向的企业，可以先在网上查找相关的资料。对于那些被请来当“托儿”的企业，或者长期把招聘广告挂在网站上以求广告效应的企业，从网上的招聘信息发布时间上就可以鉴别。

具体方法是：先在其公司网站了解当前招聘信息，在其他一些求职网站上再搜寻一下三个月乃至半年前该公司的招聘信息，将二者对比，在招聘信息变动不大的情况下，就需要同学们多加考虑。因为这些虚假的或广告性质的招聘信息一般都是不会有改动的。

3. 信息利用的原则

毕业生通过各种渠道和方法所收集到的原始就业信息可能比较杂乱，因此应根据自己的实际情况和需求，对信息进行比较分析，去粗取精，去伪存真，有目的、有针对性地加以筛选处理，使获得的信息准确、全面、有效，从而更好地为自己的求职服务。信息处理得好，就能起到事半功倍的效果。在处理这些信息时应把握下面几项原则。

(1) 适合自己的原则。每个人的情况不一样，职业院校毕业生应选择适合自己的信息，要对自己的素质、能力等实际情况进行分析，根据自己的优势、长处和性格特点等，认真考虑自己是否适合和愿意从事这个职业并作出取舍。一旦确定，就要根据信息的要求认真制定自己前去参与竞争的具体方案。

(2) 有利于自身发展的原则。判断就业信息是否适合，不应只看表面和眼前，还要放眼未来。或许现在你所求职的公司只是个名不见经传的小公司，但未来可能会获得较大的发展。如果你现在独具慧眼，那么前途就不可限量。

(3) 掌握重点的原则。首先，对收集来的信息进行必要的调查了解，逐条分析其优势和不足，选出有使用价值的重点信息，标明并注意留存，一般信息则仅作参考。其次，将自己选出来的重点信息分别进行较为详细的调查分析，包括用人单位环境、条件、发展前景及对人员需求的情况、录用条件等。最后，要善于开拓信息，许多信息的价值往往不是直观的，要善于通过有限的招聘文字了解其背后深层次的背景、文化和精神。

(4) 注意信息的时效性原则。人才市场瞬息万变，用人单位发布需求信息后，随时都会收到毕业生的求职信息，及时与用人单位联系能体现你积极的态度，为求职成功增加砝码。因此，收集到就业信息后应适时使用，以免过期；否则，不仅浪费时间、精力和金钱，还可能错过好的就业机会。

三、用人单位欢迎的角色及求职策略

（一）用人单位欢迎的角色

1. 不苛求名校出身，只要综合素质好

中国电信山东分公司的一位人力资源管理人士曾表示：“我们公司不苛求名校和专业对口，即使是比较冷僻的专业，只要学生综合素质好，学习和适应能力强，遇到问题能及时看到其症结所在，并能及时调动自己的能力和所学的知识，迅速释放出自己的潜能，制定出可操作的方案，同样会受到欢迎。”本教材编写组的成员通过问卷调查分析指出：“随着企业竞争的加剧，企业更加关注人才的质量。因为人才是创造产品、提供服务、为企业赢得利润的主要因素。有些企业，尤其是技术含量不高的企业，不是只看重学生的学习成绩，而更看重学生的综合素质，这是现代企业的用人特点。个人综合素质比学历更重要。”

2. 有敬业精神和职业素质

“现在有的年轻人职业素质比较差，曾经有一个年轻人，早晨上班迟到的理由居然是昨晚看电视节目看得太晚了。新来的毕业生在工作中遇到问题或困难时，不及时与同事沟通交流，等到领导过问时才汇报，耽误工作的进展，这些都是没有敬业精神和职业素质差的表现。”这是中关村某电子有限公司的一位人力资源负责人的体会，他说，“企业希望学校对学生加强社会生存观、价值观的教育，加强对学生职业素质、情商、适应能力和心理素质的培养。有了敬业精神，其他素质就相对容易培养了。”新华人寿保险公司人力资源负责人说：“我们把高素质、忠诚负责的员工视为最宝贵的财富。敬业精神体现在责任感、主人翁意识、为做好工作而主动学习、注重细节、先付出后回报等方面。”

3. 有专业技术能力

中通客车股份有限公司人力资源部经理介绍说：“专业技能是我们对员工最基本的素质要求，我们行业招人时更是注重应聘者的技术能力。在招聘时应聘者如果是同等能力，也许会优先录取研究生。但是，进入公司后学历高低就不是主要的衡量标准了，会更看重实际操作技术，谁能做出来，谁就有本事，谁就拿高工资。”山东高校毕业生就业指导中心专家说：“专业技能是技术含量高的企业很看重的用人标准，对专业人才的选拔可以说是精挑细选。”

4. 沟通能力强、有亲和力

京东方科技集团股份有限公司人事部的负责人说：“我们公司认为，毕业生最需要提高的能力是沟通能力。企业需要的是能够运用自己良好的沟通能力与企业内外有关人员接触，能够合作无间、同心同德、完成组织的使命和目的的人。”“企业特别需要性格开朗、善于交流、有一个好人缘的员工。这样的人有一种亲和力，能够吸引同事与他合作，给予他人帮助，通过他的努力，能够赢得更多的客户，使企业财源滚滚。”

5. 有团队精神和协作能力

金山软件股份有限公司人力资源负责人说：“金山特别欣赏有团队精神的员工，因为在软件开发和使用过程中，如果有一名员工在一个环节上出现问题，将会影响整个项目的进程。”上海汽车工业（集团）总公司的人力资源负责人表示：“从人才成长的角度看，一个人是属于团队的，要有团队协作精神和协作能力。只有在良好的社会关系氛围中，个人的成长才会更加顺利。”

6. 带着激情去工作

“企业需要带着热情去工作的人。”京东方科技集团股份有限公司人力资源负责人，“我们在对外招聘时，特别注重人才的基本素质。除了要求求职者拥有扎实的专业基础外，还要看他是否有工作激情。一个没有工作激情的人，我们是不会录用的。”“热情是一种强劲的激动情绪，一种对人、对工作和信仰的强烈情感。”山东省就业促进会会长毕京福说，“一个没有工作热情的员工不可能高质量地完成自己的工作，更别说创造业绩。只有那些对自己的愿望有真正热情的人，才有可能把自己的愿望变成美好的现实。”

（二）求职策略

策略是达到目标的捷径。为了能够得到一个理想的职业，职业院校学生在着手设计职业生涯时和已经开始选择职业时，都要仔细考虑、认真分析、讲究策略，根据对客观实际情况的判断，采用合理的方法，寻求有效的途径，从而达到选择的成功和整个职业生涯的顺利。具体来看，个人应当采取如下策略：

1. 广开门路

个人的求职是在广阔的职业市场中进行的，获得尽量充分的职业信息和有较多的可靠人士推荐，对求职具有重要作用。为此，求职者应当广泛收集社会上各种职业岗位的用人信息，广开眼界，在拟定求职目标单位时宁宽勿严。

在初步确定若干个求职单位以后，求职者要考虑到社会上有着众多的竞争者。求职者有可能在初选时被这些单位选中，但最终不被录用。因此，求职者应当与初选同意的单位保持密切的联系，而不要轻易否决某一个可能就业的单位。

2. 重点集中

求职者在广阔的职业市场中要选择一个职业，开始时往往会考虑许多用人单位，与许多单位进行联系。这里的一个必要原则是：重点集中。为此，求职者要仔细比较，认真思考，然后确定求职的重点目标单位。这样的重点目标最好有三四个。在重点求职目标单位确定以后，应当对自己相中的招聘单位多下工夫，寻找熟悉该单位的人了解情况，并根据该单位的需求情况和招聘条件等进行必要的应聘准备。

3. 目标灵活

尽管每个人的职业选择标准是既定的，同时求职者有自己的职业理想，有很具体的职业目标和用人单位目标，但是到职业介绍所去找工作或参加一个招聘咨询会时，就可能发现现实的职业岗位情况、现实的工作单位要求与自己的想法和要求差距很大。这时，求职者就应当在现实、具体、深入地了解社会职业岗位实际情况的基础上，迅速调整职业目标，修正自己的生涯道路。

4. 方法机动

不同的职业岗位招用人员有着不同的考核内容与招聘方法，不同的招聘单位、不同的考官也有着不同的招聘工作风格。因此，求职者也要有不同的应聘对策，在应聘时，尤其是面试时要随机应变，充分展示自己的条件、特长和优势，抓住考官，打动考官，以取得较好的应聘效果。

第三节 择业、招聘环节与就业应对

毕业生在择业期间，打交道最多的要数学校的就业工作机构。这里是信息的集散地，是学校与用人单位建立联系与沟通的桥梁和纽带。建议每一位即将毕业的学生在择业阶段，多留心学校的学生就业工作部门在校园内设立的公告栏和网站，在那里可以及时得到用人单位的需求信息、就业招聘活动以及新的就业政策规定等；多到学校的学生就业工作部门走走，看看最近有哪些就业活动和信息。同时，在求职择业中所遇到的问题也可以在那里得到解决，并能得到相关的就业咨询和服务。

一、择业环节

对毕业生来说，一个完整的择业过程至少包括收集信息、自我分析、确立目标、准备自荐材料、参加招聘会（投递材料）、参加笔试、参加面试、签订协议、报到上班等环节。走好择业每一步，对成功实现自己的职业理想十分重要。

（一）收集信息

收集信息是就业活动的第一步。毕业生在择业过程中，需要通过各种渠道收集的信息内容大致包括五个方面的内容。

（1）当前就业市场的供需形势。通常包括：社会经济发展形势、社会各行业/各类企事业单位经营状况和对毕业生的需求等。尤其要重点了解本校/本专业的社会需求情况、用人单位对毕业生的基本要求等。

（2）政策和法规信息。包括国家及学校有关毕业生就业政策及规定，如《中华人民共和国劳动法》《中华人民共和国劳动合同法》《中华人民共和国就业促进法》《中华人民共和国反不正当竞争法》《中华人民共和国公务员法》等。

（3）具体用人单位的信息。例如：自己所学专业哪些用人单位需要、需求数量是多少，以及用人单位生产经营状况、文化背景、发展前景、工作条件、福利待遇、对人才的重视程度以及对毕业生的具体安排使用意图等。

（4）就业活动安排信息。例如：什么时候召开企业说明会、什么时候举办招聘会或供需洽谈会等。

（5）成功择业的经验、教训等信息。过来人的择业经验与教训、就业指导教师的体会和建议、学校特聘企业人力资源部负责人的讲座等都会为毕业生的成功择业助上一臂之力。

（二）自我分析

在收集信息的基础上，毕业生要联系自身实际，理智地进行自我分析。自我分析包括以下四点：

（1）自身综合素质、能力的自我测评。如学习成绩在全专业中的名次，自己的兴趣、特长、爱好，有何出众的能力（包括潜能）等。

（2）分析自己的性格和气质。一个人的性格和气质对所从事的工作有一定的影响，如果能从事与自己的性格和气质相符合的工作，就容易出成绩。可以使用测试量表对自己的性格和气质进行一定的分析。

（3）自己在择业过程中，具有哪些优势、哪些劣势，应该如何扬长避短。

（4）问问自己究竟想做什么。即自己想在那一方面有所发展、想成为什么样的人。换句话说，即自己的“满足感”是什么、价值标准是什么。

（三）确立目标

自我分析的结果是为了确立自己的择业目标。从大的范围来说，毕业生首先需要确定的择业目标涉及以下三个方面。

（1）择业的地域。首先要确定是在沿海城市就业，还是在内地就业；是留在本地，还是回到原籍或是去外地就业。此时，既要考虑是否符合政策规定，又要考虑生活习惯以及今后的发展等因素。

（2）择业的行业范围。必须确定是在本专业范围内就业，还是跨出本专业到其他行业就业；是从事本专业范围内的操作性技术工作、管理工作、社会工作，还是从事教学工作、科研工作等。此时应多结合自己的综合素质、能力以及兴趣、特长等考虑。

（3）择业的单位。必须确定是去大企业，还是去小公司；是选择国有企业，还是选择外资企业或民营企业。在这些企业中，有哪些人前来招聘，自己是否符合条件，自己最希望到哪一家企业工作。对于愿意从事教育工作的学生，是选择中等职业学校还是其他学校等。

在择业过程中当然会遇到许多不可预测的变化。但是，事前给自己的择业确定一个比较明确的目标，可以使整个就业活动有的放矢、有条不紊；否则，就会出现乱打乱撞的盲目被动局面。

（四）准备自荐材料

在确定了择业目标后，毕业生接下来即可准备自荐材料。自荐材料包括：学校推荐表、个人简历、自荐信以及有关的辅助证明材料、职业资格证书等。这几种材料虽然单独都能使用，但各自的侧重点不同。自荐信主要表明自己的态度，个人简历主要说明自己的经历，证明材料强调自己所取得的成绩，学校推荐表则体现了学校对自己的认可，职业资格证书等材料会证明自己已具有的能力。缺了任何一个方面，自荐材料都不够完整。

自荐材料是反映毕业生个人总体情况和综合素质的主要材料，是毕业生与用人单位信息交流的载体，也是用人单位透视毕业生的一扇“窗户”和决定是否面试的重要依据。因此，自荐材料被称为毕业生求职择业、赢得面试的“敲门砖”。

（五）参加招聘会（投递材料）

在毕业生就业活动中，招聘会或就业市场在用人单位与学生之间架起了见面、沟通的桥梁。在招聘会或就业市场上，用人单位与学生之间只能进行初步结识，即用人单位向毕业生宣传单位发展情况，同时收集众多毕业生的自荐材料（有的单位可能向应聘学生发登记表）；毕业生则在了解用人单位的大致情况后，将自荐材料和登记表交给招聘单位。从某种意义上说，毕业生去招聘会或就业市场，大多数仅完成了一项材料递交工作。当然，也有一些毕业生与用人单位“一见钟情”，当场签约。为了提高效率，毕业生可以有选择地去几个招聘会或就业市场，没有必要为“广种薄收”而盲目地去“赶场子”，今天去了一场招聘会，明天进一次人才市场，这样既浪费时间和精力，效果也不会太好。另外，毕业生还可以将自荐材料通过邮寄等方式寄给用人单位，用人单位可以依据此材料进行分析，决定是否通知你参加笔试或面试。

（六）参加笔试

不少用人单位在招聘过程中采用笔试的方式考核应聘者的知识、能力与素质。笔试主要检验学生运用所学知识和所掌握技能处理实际问题的能力。当然，笔试不仅在卷面上考核毕业生的知识和能力，同时也在考核毕业生其他方面的素养。例如：书写是否工整、卷面是否整洁、答题是否细心等。因此，毕业生应珍惜并认真对待笔试。

（七）参加面试

面试是众多用人单位考核毕业生综合素质的重要手段。通过面对面的沟通、交流，用人单位可以了解毕业生的表达能力、思维能力、处事能力、仪表仪容，以及对一些问题的看法和其他一些不能通过笔试反映出来的综合素质。因此，毕业生在面试之前要做好充分准备，适当进行形象设计。

（八）签订协议

用人单位通过自荐材料和供需见面、笔试等招聘活动，选拔出自己合意的毕业生后，便可向被录用的学生发出录用通知书。毕业生在接到录用通知书后，如果愿意到该单位工作，则双方签订就业协议书。就业协议书一旦签订，就不得随意变更。如果一方提出毁约，须征得另外一方同意，并要交纳违约金。

（九）报到上班

与用人单位签订好协议，并得到学校、政府教育主管部门的审核同意后，接下来毕业生要做的事便是以优异的成绩完成学业，等待发放就业报到证，做好毕业离校的各项准备工作。至此，毕业生的求职择业程序完成，毕业生可在领取报到证、办理离校手续后，按照报到证规定的期限和指定的地点去单位报到上班。

二、用人单位招聘程序

了解用人单位的招聘程序，并把自己的择业活动调整到与用人单位的招聘活动较为一致的步调，有利于择业活动的有效进行。招聘、应聘过程中，学校、毕业生和用人单位三方的流程如图 6－1 所示。

一般而言，用人单位的招聘活动要经历如下程序：

（一）确定需求和招聘计划

用人单位根据自身的发展状况确定当年需要招聘毕业生的岗位、人数和条件等，同时根据要求制定详尽的招聘计划。

（二）发布就业信息

用人单位在确定了需求信息后会及时向外发布，以传递给毕业生。其主要渠道有：

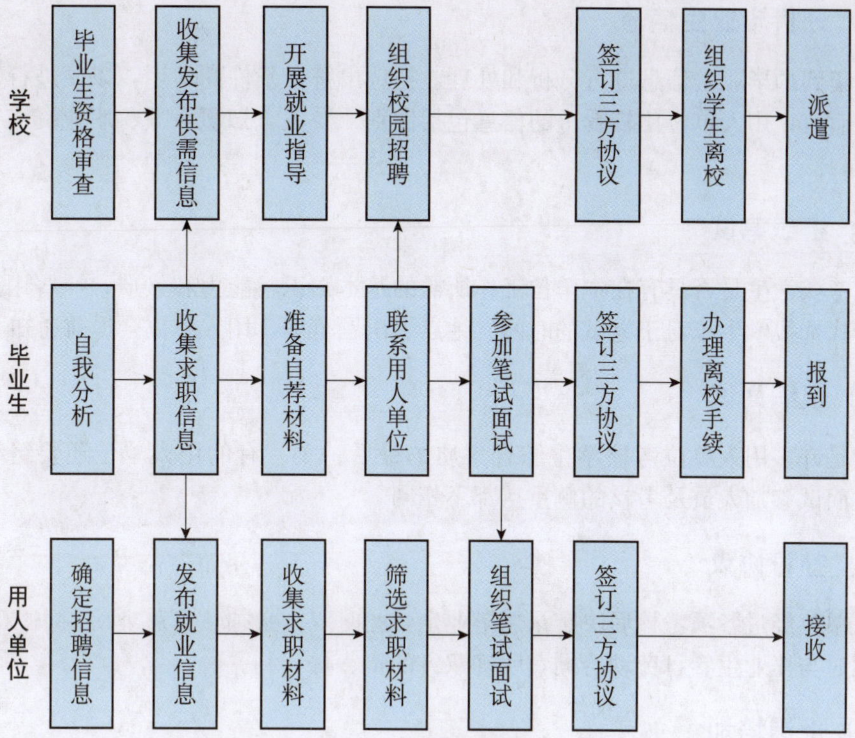

图 6-1 就业流程

（1）在政府教育主管部门所属毕业生就业指导中心登记。

（2）在毕业生就业工作部门登记。

（3）在自己的网站上发布信息。

（4）通过电视、广播、报纸等媒体发布需求信息。

（三）举行说明会

为在毕业生中进行广泛宣传，一些用人单位（主要是企业）还会到学校举办说明会，介绍企业的发展情况、人才需求情况及发展机遇、用人制度和企业文化等，并回答学生关心的各种问题。说明会是毕业生全面了解招聘企业的好机会。

（四）收集毕业生信息

用人单位要招聘到优秀毕业生，需要广泛收集学生信息。收集学生信息的主要渠道有：

（1）从政府教育主管部门所属毕业生就业指导中心及学校有关工作部门获取学生信息。

（2）参加供需洽谈会（招聘会或就业市场）收集学生信息。

（3）在网站上收集学生信息。

（4）通过学生的自荐获取学生信息。

（5）报纸、杂志等媒体所登的求职广告。

（五）分析毕业生信息

对收集到的毕业生信息进行分析和处理，初选出符合条件的学生，以便进行下一轮筛选。一般而言，用人单位比较看重的信息包括性别、专业、知识水平、职业资格、综合能力及素质。

（六）组织笔试

为了考核学生是否具有在本单位工作所需的基本知识、能力和素质，一些用人单位以笔试的形式选拔学生。对于笔试的时间、地点、出题范围，用人单位会提前通知。

（七）组织面试

面试是许多用人单位考核学生综合素质的最后一关。有的用人单位还要组织多次面试，每次面试参加人员及考核的侧重点都不相同。

（八）签订协议

用人单位经过各项考核后决定录用毕业生，此时双方必须签订就业协议书。有些用人单位会同时与毕业生签订劳动合同，明确双方的责、权、利。

（九）上岗培训

每一个用人单位都有针对新员工的培训计划。培训内容因用人单位而异，但其目的都是相同的，即通过培训，让毕业生掌握成为一名称职工作人员的知识和技能，以使其尽快适应新的工作环境和生活环境。

三、就业心态应对及调整

对于毕业生来说，进入职场是一个全新的开始。毕业生不仅要有身体和知识上的准备，而且要有精神上的准备，以便能够更加独立地面对职场压力和事件。必要的身体、知识和心理上的准备将帮助毕业生在职场中走得更加顺利。

（一）热爱工作，做职场有心人

爱上工作是一种幸福，爱上工作也是一种境界，然而在生活中又有多少人能够幸运地从事自己喜爱的事业呢？尤其刚刚参加工作的学生，自我认识不清、没有经验、没有资历，怎能轻易地判断哪份工作是自己未来的事业呢？所以对于职场新人来说，最明智的做法是珍惜现在所拥有的，活在当下，尝试热爱正在从事的工作，从中发现自我潜力，并且把握机遇。因此，职场新人要做有心之人，这里指的是：平凡之心、爱职之心、细节之心、负责之心。

1. 平凡之心：以平常心接受一份工作

在校园里生活了十几年的学生，有的还没有来得及准备好就仓促进入职场；有的是带着书本上对职业的认识，带着许多美好梦想进入职场；有的虽然经过一番思考和选择，进入自己喜爱的单位，一心想做与专业相关的工作，却被安排到底层岗位。毕业生对工作有太多的期许和想象，一旦发现某职位与自我价值不符，便倍感委屈和不满，在如此情绪下工作的结果是消极和懈怠。

离开学校进入职场，大家都是求职应聘者，都是一样的普通员工。所以毕业生进入职场的首要心态是有一颗平常心，严肃、认真地做好每一件小事。大凡成功之士，不仅从小事做起，而且经历了种种磨难。万丈高楼平地起，成功非一日之功。认真做好琐碎的小事，干好别人不愿干的工作，是成就事业必备的素质。如果平常拒绝做小事，就别指望在关键时刻创造辉煌。

2. 爱职之心：以万分热爱之情对待工作

毕业生不应将工作当成生活所迫，而应享受工作的乐趣，为理想、为兴趣而工作，因此不会在意薪酬的高低，加班加点也乐此不疲，工作即乐趣，为理想而工作可以达到忘我的境界，不觉疲劳，感受工作的愉悦。大凡成功者都在乐此不疲地做着他们喜爱的事业，他们乐于工作，并且能将这份喜悦传递给他人，使大家不由自主地接近他们，乐于与他们相处或共事。很多人认为自己所从事的工作太平凡，也许因为环境所迫，不得已做着自己不喜欢的工作，但仍可以想办法使之充满乐趣。当改变不了工作时，与其消极痛苦地工作，不如改变心态，改变对工作的看法。

3. 细节之心：关注细节、重视细节

细节决定成败，职场生活无小事。自由散漫惯了的毕业生进入职场后，问题常常发生在一些细节上。细节之心体现在个人的穿衣戴帽和行为举止上。虽说穿衣戴帽各有所好，但在职场上还是要注意协调与适应：衣服与自身相协调，穿戴与职场环境相适应。初入职场，要做一个有心人，经常留意身边大多数同事的着装，把握最适合自己的着装风格，从而以最快的速度融入所在的团队，与人和谐相处。

4. 负责之心：对待工作尽职尽责、竭尽全力

一颗负责之心，会让工作尽善尽美，也会让个人享受到工作的乐趣，而疏忽却可能带来灾难性的无可挽回的损失。一些惨痛的教训说明了一个道理：每一个职位都有其重要作用。身在其位，要认真履行其职，不管职位如何，从全局来讲它是其中的重要一环，来不得半点马虎和懈怠。从个人成长来讲，责任心更胜于能力。

负责之心意味着敬业。一个真正负责敬业之人总是将个人命运与企业发展紧密联系在一起。其工作不是为老板、不是为单位，也不是为了薪水，而是为了自我使命。负责之心也同时体现在勇于为自己的错误负责。人非圣贤，孰能无过，尤其是刚刚走上工作岗位的毕业生难免会犯错误，问题的关键是犯错之后不要找任何借口，要勇于承担应负的责任。有人上班常常迟到，而且每次迟到都有借口：堵车了、人太多了、公车坏了、前一天加班太晚了等，从来不想主动承认自己有责任，最后，其要承担的就是被辞退的结果。因为一个人如果没有能力发现自己的错误，怎么会改正呢？

（二）世事洞明，做职场受欢迎的人

世事洞明皆学问，人情练达即文章，是指对社会上的事情都看透彻明了，那就是学问；处理人情世故干练而通达，那就是文章。新人进入职场后虽做不到世事洞明，但要做到了解职场；虽做不到人情练达，但要做到处理好职场人际关系，做个受欢迎的职场人。

1. 留下良好的第一印象

刚工作的头一两年是进入职场后的关键期，往往会影响人的一生，因为这是重要的“第一印象”时期。“第一印象”是人的社会认知的一个重要特点，每个个体对他人的印象往往是在很有限的信息资料的基础上就形成了一个相对完整的综合形象，在此初次印象的基础上，进而产生喜欢还是厌恶的基本情感。给未来的同事们留下良好的第一印象是初入职场的毕业生尤其要重视的。良好的第一印象为今后的交往打通道路，如果表现得谦逊、宽厚、大度、随和，即使不会让所有人马上喜欢自己，起码不会遭到一个团队的排斥；良好的第一印象也是自己未来机遇的积淀。虽说机遇可遇不可求，但当机遇来临之时，留有良好第一印象的人就容易得到举荐。例如：某女毕业生试用期结束时得到大家一致的肯定，这为她打开今后工作的局面奠定了基础。在后来的工作中，当主管需要一位助手时，眼光一下落到了她的身上，同事们也很自然地接纳了她，而没有出现挖苦和讽刺之举。如此一来，她将不断地受到特殊待遇。这是在工作中常见的现象，她就像那些明星一样，由于良好的第一印象而不断地获得机遇的青睐，由此可以获得更多的资源和支持，而形成“胜者全胜”的结果。可见，把握了第一次机会，就把握了人生的主动权。

2. 与人交往自信而不自负

自信就是相信自己的能力、选择和价值追求。自信的人乐观，不会被一时的失败打倒；自信的人大度，不会计较别人的议论和批评；自信的人充满力量和激情，不怕困难和挑战。刚入职场的毕业生每天面对大量的否定：第一天上班，对人的称呼错了，看到别人不高兴的面孔；接到一个客户打到公司的电话，被莫名其妙地骂了一顿；主管交给的第一个任务没有完成，遭到主管的指责；在办公室表现积极，多给别人提供帮助，却被讽刺和挖苦。诸如此类的打击很容易让人失去自信。当面临这些情况时，要学会及时调整心态。一方面，不因年轻而自卑，因为只要做事情，就有可能出错。做事越多，出错越多，除非不做事。出错之时，恰是总结经验教训之时，是走向成功的垫脚石。不因学校、专业不如人而自卑，学校和专业的名气是每个人的客观背景。毕业于知名院校对个人来讲是锦上添花，但没有这一学历背景也大可不必耿耿于怀，而要愤于内而发于外，将愤而不平作为动力，只有无能的人才依赖和炫耀出身。另一方面，也大可不必因为年轻、出身名校、学历较高而自视甚高。本来新人的进入就打破了原有组织的平衡，组织中的旧人都会将新人视为竞争对手。如果新人傲气冲天，自会遭到嫉妒和打击。

真正的自信是建立在正确的自我认知基础上的自信，这种自信是傲骨而非傲气。这一傲骨让新人的自尊不受侵害，这一傲骨也让新人坚信自己的能力，自信地去承担任务，精益求精地做好每件事情，困难面前不退缩。在职场上，傲骨内于心，于外要懂得谦让。即使这份工作是你一个人完成的，也要感谢在前，将荣誉与大家分享。所以，毕业生应谨记职场中的规则：高调做事，低调做人。

3. 做到宽容而不一味忍让

宽容大度是为人处世之道，也是自我人格修养的升华。职场上总会遇到不公平之事，职场上也没有完美之人。有一颗理解和宽容之心，不仅会与同事相处和谐，也会让自己心情愉快地工作。忍一时，风平浪静；退一步，海阔天空。但是宽容并不意味着要一味地忍让，要学会拒绝。新人刚入职场，总想与人搞好关系，所以常常是有求必应。助人为乐是美德，在职场中也常听到这样的教诲：助人者助己。但凡事都有度的界限，在单位里，当不会拒绝、做得太多时，助人就成了自己该尽的义务了，连请帮忙的口气都变了，由请求变成了指使，如果自己听到“喂，帮我把这个送过去!”“喂，我今天没时间写，你帮我写吧!”诸如此类的话语，就要考虑自己的助人为乐是否超越了界限。人的精力是有限的，每个人在力所能及的范围内助人是快乐的，而勉为其难是痛苦的。所以学会在最初助人时设置界限，不能让他人习惯于侵占自己的个人时间和空间，那么就要学会说“不”。

（三）明晰职业目标，做自我职业发展的主人

新人进入职场后会遇到许多不可预知的变化。职场新人是随波逐流、任由变化，还是坚持自我、及时改变工作，这些都要看你是否有清晰的职业目标、乐观向上的心态、积极主动的行动精神以及诚信与忠诚的人格品质。

1. 乐观向上

乐观向上是指身处逆境仍能看到阳光和希望的心态。乐观主义者是自己的主人，有自己的行动目标，面对挫折和压力，不是悲观失望，而是积极采取行动，在行动中向着目标接近。但是大部分学生毕业之时对自己不是太了解，报着“骑驴找马”的心态进入职场。在找“马”的过程中，心思不定、悲观失望。此时如果还没有明晰的职业目标，不妨善待这头“驴”。如果做不到用感恩的心去善待驴，至少不要虐待它，以乐观积极的态度对待自己的第一份工作。时间长了也许会发现，众里寻他千百度，蓦然回首，这头“驴”原来就是自己要找的“马”。即使最后能够找到自己所喜欢的“马”，能否驾驭那匹马，那匹马能否喜欢自己，取决于自己以前在对待“驴”的过程中积累的方法和能力。

2. 积极主动

不论是对待工作还是人际交往，有这样几类人：消极被动者属于“躲避”类型，在人际交往和工作中不是太乐观，但不会主动攻击，躲避别人的交往，躲避挑战性的工作；消极主动者属于“找茬”类型，在人际交往中是“刺头”，常会主动攻击人，在工作中对所有问题都会有疑问和不满；积极被动者属于“等待”类型，等着别人来主动与之交往，等着交给他工作，等着机遇的降临；积极主动者属于“进取”类型，主动与人沟通，建立人际关系，主动承担工作，积极寻找机遇，善于把握机遇。

3. 诚信与忠诚

现在许多公司在选择人才时都将诚信放在重要的位置，不再只注重出身和高学历，也不再轻信简历中的辉煌历史，而是用隐含和专业的方式来考查应聘者的人品。万科公司高层管理者认为最重要的人才特质排序为：诚信→个性与能力→教育背景。山东劳动职业技术学院组织的一次 100 家用人单位的调研显示：超过五成用人单位最看重的是毕业生的道德诚信。

诚信是一个人的美德，诚信也是个人的价值追求。一个诚信的人正直、忠诚、积极、负责可靠，具有良好的人格魅力。诚信是成功企业的文化精神，是企业的宝贵财富。诚信是市场经济社会的基本法则，是和谐文明社会的基石，是信息社会的基础。优秀的人、诚信的学生选择拥有诚信价值观的企业，这样的企业会成为优秀人才成长的摇篮，而优秀人才将推动这样的企业走向成功和辉煌。

（1）诚信与忠诚是职场规则，是职业人的重要素质。对于在职场中的个人来讲，诚信表现在：对工作认真而不敷衍，对同事光明磊落而不钩心斗角，对错误承担责任而不推

脱。在压力和困难面前，也要有坚持原则的决心，对上级忠诚而不盲从，做人老实而不迂腐。在职场中与同事相处，共同做事，事情做好了，荣誉大家一起分享；出现了问题，在需要承担责任时，诚信的人不逃避、不推脱，首先找自己的错误所在，做到不栽赃、陷害同事，同时也不要忍受别人的栽赃。

（2）诚信并不意味着迂腐。做一个诚信的人就要说老实话、做老实人，但并不意味着不要个人利益，并不意味着不讲究沟通艺术和适当的变通。生活中一些美丽的谎言是需要的，对于一个得了绝症、濒临死亡的人，给他一个美丽的谎言，是对他生命的承诺和希望。行走于职场之中，周旋于各色人中间，我们要学会辩证地看问题，学会看到事情的不同方面，学会用不同语言表达相同的意思，学会用艺术的可让人接受的方式说真话，这些都是诚信的不同表现。

（3）忠诚并不意味着唯唯诺诺、盲目遵从。在各种有关职场法则的书籍中，均可见到对忠诚的强调，有句话说“职场守则第一条：老板永远是对的；第二条：如果发现老板错了，请参照第一条”。这种忠诚是在强调老板的权威、强调绝对服从，但是这种服从不是盲从，不涉及原则问题，偶尔帮着老板说个谎无可厚非。如果老板为了排除竞争，让你去杀人放火；为了获得暴利，让你去做假账；为了个人利益，让你承担不该承担的责任时，你一定要警惕，以为可用盲目遵从来换取利益，那就大错特错了。这种盲从的结果往往是你会成为替罪羊，不仅工作不保，甚至还会承担法律责任。学会在保护自己的基础上忠诚和诚实，学会对事业的诚信与忠诚，而不是对某个人忠诚。

（4）社会中总有不诚信的人，也有不诚信的雇主。如果你想守住做人的基本准则——诚信，那就睁大你的双眼，调动你的智慧，去挑选与你的价值观相符的雇主。当你在接受用人单位的考核时，别忘了也要考核一下你未来的雇主的诚信如何。

案例6-1

把握机会

程华是某高校毕业生，平时学习成绩优异，对待科研工作更是一丝不苟。经过几个月的精心准备，他终于完成了一份质量很高的毕业论文，并顺利通过了论文答辩。按理说他应该赶紧为找工作动动脑筋，可他却一头钻进了图书馆和实验室，继续搞他的科研，完善他的论文。

毕业前的几个月正是同学们四处奔走、忙着找工作的时候，每天大家都在交流着找工作的信息和心得，只有程华不为所动，埋头搞他的科研。有同学劝他：“论文都已经通过了，就别浪费时间了，赶紧找个工作吧。”可程华却说：“我是一个追求完美的人，这个问题解不开，我是不会考虑工作问题的。”同学们见他固执己见，也就不再劝他了。直到毕业，程华才发现同学们都已找到了工作，只有自己还没有着落，特别是看到一些平时学习和能力都不如自己的同学也都有了不错的工作时，程华后悔莫及。

[分析]

毕业生应把同时面对的几个任务按轻重缓急排序，保持清醒的头脑，找出与自身关系最密切的任务，集中精力首先完成它。“当局者迷，旁观者清。”放下手中的事情，抬头看看周围的情况，听听别人的意见，你会受益匪浅。

案例 6－2

少说多干

小邹是某职业技术学院 2019 届毕业生，自毕业后加入青岛海尔集团以来，从生产一线做起，虚心好学、勤奋努力、扎实肯干。几年来，在工作能力、技术能力、管理能力等方面都有了很大提升，积累了大量处理空调技术问题和工艺的工作经验，有较强的质量整改能力，善于部门之间协调、沟通及现场工艺技术管理，取得了突出的业绩。

他积极开展降成本项目研究，对 2 匹柜机、5 匹柜机的结构及材料进行优化，共计降低成本 50 多万元。他积极参与质量改善与创新活动，成绩显著，所带领的班组多次被评为质量先进班并获得零缺陷奖。在毕业后短短的几年时间，他共荣获 10 几项集团质量星火奖。

[分析]

毕业生应立足岗位，安心本职，干一行爱一行，无论是在“隆隆”的机器旁、繁忙的生产线上，还是在忙而不乱的实验室里，都要从点滴做起，从身边做起，以苦为荣、以苦为乐、艰苦创业，争当行业状元。

实训练习

1. 从学生到职业人的角色转换应注意哪些问题？

2. 以下哪种求职途径成功率高？你有哪些打算？

● 创意求职法

这种方法的主要特点是根据自己的特长和专业知识，向有兴趣的公司查询职位空缺情况前，设法拜会公司的决策人。实践表明，那些越不登广告招聘人员的公司，求职者的竞争对手越少，如得到雇主垂青，对方就可能为你量身打造一个职位。

● 直接找公司的负责人

这种方法有较大的难度，因为你很难找到与那些跨国公司、大公司管理者会面的机会，你很可能要锲而不舍地花上几星期甚至更多时间，对方才肯见面。

● 找朋友介绍

俗话说“多一个朋友多一条路”，可请教认识的每位朋友，了解哪个企业正好有职位空缺。由于是朋友，对方对自己各方面情况比较了解，因此其介绍是找到理想工作的一条重要途径。

● 找亲戚介绍

向亲戚打探各种工作机会，这样可扩大找工作的范围。可以给亲戚朋友一些较详细的个人资料，如要求的工作类别、个人专长等。

- 利用母校就业指导中心

由于近几年毕业生市场化就业工作经验的积累，各个学校毕业生就业指导中心与不少大的用人单位建立了良好的合作关系，其对就业资讯、职位空缺掌握得比较全面。

采用这五种成功率较高的求职方法，最重要的是毕业生要舍得“拉下面子”，同时要有锲而不舍的精神。专家提到了几项最为人们熟悉、为多数人使用的求职方法，如靠招聘广告、职业介绍所、盲目寄出履历表等失败率却比想象中的高。

思政园地：用中国故事鞭策自己前行

“杂交水稻”之父

袁隆平是家喻户晓的“大明星”、杂交水稻专家。杂交水稻的成功是一场“绿色革命”。袁隆平说：“我很赞赏八个字，那就是知识、汗水、灵感、机遇。”知识是基础，没有丰富的知识是不行的；汗水意味着实干，勤勤恳恳地去干；灵感是理论与实践相结合，知识与实干的升华；机遇是优越的社会主义制度和国家的需要。

袁隆平原本是湖南一个镇上的农校教员。虽然工作条件差，可他一心扑在科研工作上。每天除了教学外，就是在试验田里培育高产品种。在试验中，他发现天然杂交水稻穗大粒饱，产量高，但是第二年再种，就退化了，失去了优势。于是，他就想进行一种试验，培育能保持高产的杂交水稻的种子。为了这个理想，袁隆平不知花费了多少精力，有时候在试验田里观察，连家也顾不上回。经过艰苦努力，终于培育成功。

这种杂交水稻亩产达到 500 多千克，在全国推广后，我国稻谷在几年中增产了 1 000多亿千克。袁隆平获得了国家第一个特等发明奖。他被称为“杂交水稻”之父，为改变我国粮食生产的落后状态打了一个翻身仗。袁隆平把毕生精力都投入“杂交水稻”的研究中，经过不懈钻研，他再次培育出具有稳定遗传性状的人工杂交水稻，解决了困扰世界百年的粮食危机。袁隆平被授予“共和国勋章”。

抗疫英雄

没有人生来就是英雄，总有人用平凡成就伟大。他是院长，也是病患。他叫张定宇。2020 年初作为收治患者最多的武汉金银潭医院的一院之长，他另外的身份是一名渐冻症患者。行动不便的他，已在抗疫一线坚持了 30 余天。每天接上千个电话，处理无数突发事件的他，无暇顾及感染新型冠状病毒的妻子，始终坚守在抗击疫情最前沿。他说：“我很内疚，我也许是个好医生，但不是个好丈夫。我们结婚 28 年了，我也害怕，怕她身体扛不过去，怕失去她！”别人眼里风风火火的铁血男儿，害怕失去挚爱的缱绻，湿了他的泪眼。一天睡眠不到两个小时的张定宇，正在和病魔争夺时间。“我必须跑得更快，才能跑赢时间，把重要的事情做完；我必须跑得更快，才能从病毒手里，抢回更多的病人。”“以后我会被固定在轮椅上，我现在为什么不多做一点？”张定宇以舍身忘我、无私无畏的爱民情怀，彰显了英雄硬汉的形象。

第七章

职业类型比较与个人行为举止

第一节　职业类型概览

选择什么样的用人单位，将直接决定其所从事工作的性质、薪金待遇及职业发展等诸多方面。因此，对毕业生来说，了解用人单位是十分必要的。下面我们将对用人单位进行简单的分类介绍，供学生和求职者择业时参考。至于具体单位的情况，求职者可以通过问询招聘人员、浏览相关的企业网站或是实地考察等方式进行了解。

一、职业类型介绍

用人单位大多是在《中华人民共和国民法典》（以下简称《民法典》）中被称为“法人”的社会组织。《民法典》根据法人的活动性质的不同，将法人分为营利法人、非营利法人和特别法人三类。本书将用人单位分为企业、事业单位、党政机关、社会团体和公司。

（一）企业

企业是从事生产经营和服务活动，自主经营、自负盈亏的营利性经济组织，它和事业单位、国家机关、社会团体的不同之处在于：

（1）企业是从事生产、流通、服务的经济组织；

（2）企业是营利性的经济组织，通过经营获得利润，使其投资者得到经济利益；

（3）企业是经济实体，是一个独立的、连续的从事营利性经营活动的组织，有自己的财产，有独立完整的组织机构，有独立的经营权。

企业分为公有制企业和非公有制企业。

1. 公有制企业

公有制企业包括全民所有制企业和集体所有制企业，是社会主义市场经济的主体，在国民经济中占有重要的地位。同时，公有制企业也是毕业生的主要去向之一。

（1）全民所有制企业。是依法自主经营、自负盈亏、独立核算的商品生产和经营单位。企业的财产属于全民所有，国家依照所有权与经营权分离的原则授权企业经营管理。企业对国家授予其经营管理的财产享有占有、使用和依法处分的权利。企业实行厂长（经理）负责制。《中华人民共和国企业法》是调整国家在组织管理企业，企业在设立、变更、终止和从事生产经营活动中所产生的各种经济关系的法律。它适用于我国的工业企业，原则上也适用于全民所有制的交通运输、地质勘探、邮电局、建筑安装、商业、外贸、物资、农林、水利等企业。国有独资有限责任公司属于《中华人民共和国公司法》规定的有限责任公司。它是国家授权投资的机构，或者是国家授权的部门单独投资设立的有限责任公司。它只有一个股东，即国家。国务院确定的生产特殊产品的公司或属于特定行业的公司均为此种类型，如船舶工业公司、飞机工业公司、石油工业公司、烟草公司、火箭及军工产品等行业的公司。这种公司只设董事会，由国家授权机构或部门委派人员和职工代表组成；设立经理，实行聘任制。

（2）集体所有制企业。包括城镇集体所有制企业、乡村集体所有制企业和农民股份合作企业三种形态。城镇集体所有制企业是指财产属于劳动群众所有，实行共同劳动，在分配方式上以按劳分配为主体的社会主义经济组织。其特征有三个：职工集资，自愿结合；自负盈亏，自主经营，集体积累，适当分红；民主管理，按劳分配。城镇集体所有制企业依法取得法人资格，以其全部财产独立承担民事责任。乡村集体所有制企业是农村中按照乡（镇）村等集体经济组织特定范围组织起来的工业、商业、服务业、建筑业、交通运输业等实行独立核算、自负盈亏的企业。它包括乡（镇）办企业、村办企业和村民小组办企业三个层次，不包括农业合作经济组织、农村购销合作社或信用社。依法设立的乡村集体所有制企业具有法人地位。农民股份合作企业是指由三户以上的农民按照协议，以资金、实物、技术和劳动力等作为股份自愿组织起来，从事生产经营活动，接受国家计划指导，实行民主管理，以按劳分配为主，又有一定比例的股金分红，能够独立承担民事责任的经济组织。依法设立的农民股份合作企业具有法人地位。

2. 非公有制企业

非公有制企业主要包括民营企业和外商投资企业。随着我国社会经济的发展，非公有制企业发展迅速，已成为毕业生就业市场中的用人大户。

（1）民营企业。主要有三种形式：独资企业、合伙企业、有限责任公司。其主体法律《中华人民共和国个人独资企业法》《中华人民共和国合伙企业法》和《中华人民共和国公司法》均已颁布实施。《中华人民共和国个人独资企业法》第八条明确规定，投资人为一个自然人、有合法的企业名称、有投资人申报的出资、有固定的生产经营场所和必要的生产经营条件、有必要的从业人员等，就可以申请注册为个人独资企业。它是由一人投资经营的企业，企业主对企业债务负无限责任。个人独资企业职工的合法权益受法律保护。个人独资企业招用职工，应当依法与职工签订劳动合同，按时、足额发放职工工资；应当按照国家规定参加社会保险，为职工缴纳社会保险费。合伙企业是合伙经营，共享收益，共担风险，并对合伙企业债务承担无限连带责任的营利性组织。有限责任公司是由法定人数的股东出资，股东以其出资额为限对公司承担责任，公司以其全部资产对公司债务承担责任的企业法人。依法成立的有限责任公司具有独立的法人地位。

（2）外商投资企业。是指外国商人依照中国法律，在中国境内以私人直接投资方式参与或独立设立的各类企业。外商投资企业依据不同标准，分为外国人直接投资参与的企业和直接投资独立设立的企业，具有法人资格的法人型企业和不具有法人资格的非法人型企业，产品出口企业、先进技术企业和一般外商投资企业。它有下列三种形态：

1）中外合资经营企业。它是依照《中华人民共和国中外合资经营企业法》，由外国合营者和中国合营者在中国境内设立的合营企业。合营者是指公司、企业或其他经济组织。合营各方共同投资、共同经营、共担风险、共负盈亏。其组织形式是有限责任公司。这种企业是中国的法人，受中国法律的管辖和保护。合资经营企业职工的招收、招聘、辞退、辞职、工资、福利、劳动保护、劳动保险、劳动纪律等事宜，按照相关法律规定办理。职工依法建立基层工会组织，开展工会活动，维护职工的合法权益。

2）中外合作经营企业。它是依照《中华人民共和国中外合作经营企业法》，在中国境内设立的合营企业。这种企业有两种形式：一种是有限责任公司，属法人型企业；另一种是合伙企业，属非法人型企业。《中华人民共和国中外合作经营企业法》规定，合作经营企业职工的录用、辞退、报酬、福利、劳动保护、劳动保险等事项，应当依法通过订立合同加以确定。职工依法建立工会组织，开展工会活动，维护职工的合法权益。

3）外商独资企业。它是依照《中华人民共和国外资企业法》，全部资本由外国人投入，没有中国资本加入的企业。它是指外国企业和其他经济组织设在中国境内的子公司，或者是外商在中国投资新建的企业，但不包括外国企业和其他经济组织在中国境内的分支机构。这种分支机构是指外国企业和其他经济组织在中国境内的分公司或常驻代表机构。分公司虽可进行一定的经济活动，但不能独立核算，不能单独承担民事责任，因而不具有法人资格。常驻代表机构不属于企业。《中华人民共和国外资企业法》规定，在新闻广播、影视出版、国内银行、保险、对外贸易、邮电通信等行业，禁止设立外资企业；在公用事业、交通运输、房地产、信托投资、租赁等行业，限制设立外资企业（申请设立者须经商务部批准）。《中华人民共和国外资企业法实施细则》中明确规定，外资企业在中国境内雇用职工，企业和职工双方应当依照中国的法律、法规签订劳动合同。合同中应当订明雇用、辞退、报酬、福利、劳动保护、劳动保险等事项。外资企业应当负责职工的业务、技术培训，建立考核制度，使职工在生产、管理技能方面能够适应企业的生产与发展需要。外资企业的职工有权依法建立基层工会，代表职工利益，开展工会活动。

（二）事业单位

在我国，事业单位是指那些从事文化教育、科学技术、新闻出版、医疗卫生、体育等专业活动的社会组织。事业单位法人有两个特点：（1）以公益为目的，而不是以营利为目的；（2）从事文化、教育、卫生、体育、新闻等公益事业活动。它的独立经费主要来源于国家的财政拨款，也可以通过集资入股或由集体出资等方式取得。它在从事民事活动中所产生的债务，应以其独立经费负赔偿责任。

事业单位大多是人才荟萃之地，包括：公办的高等学校、中等学校、职业学校和初等学校；科学院、设计院；新闻广播电视、图书报刊出版单位；医院、保育院、疗养院、卫生机构；文化馆、图书馆、气象局、物资管理局、各级体育组织等。这些单位的职业有教师、研究员、设计师、工程师、记者、编辑、译审、节目主持人、医生、药剂师、护士、教练、运动员等。

2002年年底，国务院办公厅转发人事部《关于在事业单位试行人员聘用制度的意见》，决定启动事业单位用人制度的改革，并在3年内全面推行，用5年左右的时间实现聘用制度的正常化、规范化，已见成效。聘用制度包括公开招聘、签订合同、定期考核、解聘辞聘、亲属回避和人事争议仲裁等制度，聘用合同分短期、中长期和以完成一定工作为期限三种。对于流动性强、技术含量低的岗位，一般签订3年以下的短期合同。

（三）党政机关

机关法人具有下列特征：(1)机关代表国家从事各种行政管理工作时，并不以法人身份出现，它与有关社会组织或公民之间是领导、被领导或监督、被监督的关系。它没有自己独立的经济利益，在职权范围内的所有行为及其结果皆归于国家，对于依法行使职权所产生的债务，也由国家承担无限清偿责任。(2)机关因工作需要而从事商品经济活动（如购买办公用品、租用房屋或车辆）时，具有法人资格，此时它与其他当事人处于平等法律地位。(3)机关法人的独立经费由国家和地方财政拨款而来，用于参加各项必要的民事活动。(4)机关法人的设立和法人资格不需要进行核准登记程序，而是依照法律或行政命令设立的。

国家机关自设立之日起即具有法人资格。但是，并非其各级部门均有法人资格。国家行政机关的各职能机构的所属部门及其派出机构并非法人，如财政部的各司或局、乡司法所、公安局的派出所等。在军事机关中，只有团以上具有独立编制的军事机关才有法人资格，而营、连、排、班则不为法人。国家行政机关公务员录用考试从 1994 年起开始正式实行。符合条件的人员可以通过国家行政机关公务员录用考试进入国家机关工作。

（四）社会团体

社会团体，简称社团，是由一定数量的社员（自然人或法人）组成，依法登记而成立的团体。按照有无法人地位，可以分成法人社团和非法人社团两种类型。全国性的社会团体必须具有法人地位，而其他社团则视具体情况而定，不一定必须具备法人资格。

社会团体法人由会员组成，必须有 50 人以上的个人会员或 30 个以上的单位会员。其宗旨是实现会员的共同愿望，按照会员大会的决定确定其管理机构的组成、业务范围和重大活动。社会团体不得从事营利性经营活动，虽然也可以收费或从事一些获取利润的活动，但由此取得的财产只能用于目的事业，而不能分给会员。

社会团体有三个特点：(1) 由成员依法自愿成立；(2) 在法律批准范围内具有民事权利能力和民事行为能力，从事相应的非营利性活动；(3) 拥有通过自筹资金（如成员出资、募捐、赞助等方式）或国家财政拨款而形成的独立财产或经费，并以此为限承担民事责任。

社会团体根据其性质和作用可以分为政治团体、学术团体、宗教团体、体育团体、卫生团体、慈善事业团体等多种类型。我国的学会、联合会、研究会、基金会、商会、促进会、联谊会等组织大多都属于社会团体，如中华全国总工会、中华全国妇女联合会、中华全国工商业联合会、共青团、中华全国台湾同胞联谊会、中国作家协会、中国残疾人福利基金会、中国科学技术协会、中国佛教协会等。

（五）公司

公司是现代企业制度的典型组织形式，是依照《中华人民共和国公司法》成立并进行活动的企业。从一定意义上说，公司可以理解为狭义的企业。下面我们来具体了解一下有关公司的知识。

1. 公司的构成

公司是依照公司法规设立，全部资本由股东共同出资，并以股份形式构成，以营利为目的的企业法人。其特征是以营利为目的的经济组织，是由法定人数的股东出资经营的，是经济联合体的一种高级形式。公司制企业实行权力机构、管理机构和监督机构相互监督、相互制约的内部管理原则。

2. 公司的分类

《中华人民共和国公司法》把公司分为有限责任公司和股份有限公司两大类。有限责任公司是由法定人数的股东出资，股东以其出资额为限对公司承担责任，公司以其全部资产对公司债务承担责任的企业法人。其组织机构主要是股东会、董事会和监事会。股份有限公司是其全部资本分为等额股份，通过发行股票筹集资本，股东以其认购股份为限对公司承担责任，公司以其全部资产对公司债务承担责任的企业法人。其组织机构主要是股东大会、董事会、经理和监事会。

二、职场对从业者的要求

无论是企业还是事业单位，社会是个大课堂，有各种各样的人、各种各样的事，有不同的工作要求。那么，千变万化的职场对从业者有哪些基本要求，我们如何把握呢？

（一）谦虚好学

职业院校学生虽比普通院校学生掌握了更多的技能，但也只不过是沧海一粟。现代社会知识爆炸，日新月异，你懂得的不等于别人不懂，别人懂得的不一定你都懂，你对工作单位来说只不过是个新手。所以，毕业生要虚心地向别人学习，绝不能自以为是。

（二）踏实肯干

职业院校学生到了工作岗位后，除了虚心学习以外，还要有实干精神。用人单位录用你是为了解决工作、生产、科研中的实际问题。毕业生只要能苦干、实干，脚踏实地干出成绩来，领导、同事一定会投以赞许的目光，冷遇自然会消失得无影无踪。

（三）豁达大度

职业院校学生走上工作岗位后，由于经验不足等原因，工作中遇到挫折和冷遇是在所难免的，有时不一定是自己的原因造成的。但无论如何对待冷遇一定要沉着冷静、豁达大度，多从自身找原因，认真总结经验和教训。只有这样才有利于问题的解决，否则只能使问题复杂化。

（四）正确看待挫折

就业时，职业院校毕业生怀着满腔憧憬和美好设想，想在工作中有一番作为，但现实往往与理想有较大差距。不论从事何种工作，遭受挫折总是在所难免。如果不能及时调整心态，正视挫折，便容易产生失落、消极情绪。受挫后，有的人自责心理严重，垂头丧气，郁郁寡欢；有的人不从主观找原因，把责任推卸给他人，为自己开脱辩解；有的人将怨气发泄到别人身上，也不正确分析原因，总结教训，结果又重蹈覆辙；有的人万念俱灰，不能自拔。这些都是十分错误的。正确的态度应当是：

1. 采取积极的心理自我防卫，谋求心理平衡

例如：将内心愤懑的消极情绪转化为奋发图强、力争上进的积极情绪，化悲痛为力量，使心理得到升华；或重振雄风，加倍努力工作去实现目标；或改换工作方法另行尝试；或进行补偿，以期达到“失之东隅，收之桑榆”的效果。此外，消除挫折感的方法还有很多种，如宣泄法、认知法、理性情绪法、心理咨询等。

2. 正确认识工作的成败

一帆风顺固然可喜，遇到挫折也不要灰心，也许这一次挫折就是下一次成功的开始。只要看准目标，扎扎实实，一步一个脚印地走下去，就会成功。到那时，再回头来看走过的路，挫折失败也许是人生的财富。

3. 勇于面对问题

遭受挫折并不可怕，怕的是不敢面对现实中的问题。战胜挫折的关键是自己定位于解决问题而不是制造问题。有关专家建议在遭受挫折后反问自己四个问题：（1）问题到底是什么？我足够了解吗？（2）导致问题的原因是什么？反思根源。（3）可能的解决方案有哪些？（4）最佳解决方案是什么？坚持以上四问并努力去解决它，就能真正笑到最后。

与周围的同事或领导和谐相处，与大家轻松愉快地交谈，是一个具备升职潜力的人必需的特质。只有与你周围的人保持良好关系，乐观开朗地待人处事，才能得到领导的赏识、同事的拥护，也才会有更多的晋升机会。

（五）虚心接受批评

以什么样的态度对待批评，反映一个人的修养和思想道德水平，也会对其人际关系和工作绩效产生一定的影响。对待批评时，一定要微笑面对、虚心接受，并掌握正确的方法。

1. 静静聆听

尽可能地让批评者把意见表达完，如果听完了还不清楚错误所在，最好再问一句“你能说得更具体一点吗？”以找出受批评的原因，分析批评是否有道理。

2. 坦然接受

如果是自己错了，勇敢地说一声：“是我错了，谢谢你的批评，我接受你的意见，今后注意改正。”这是最好的办法。

3. 推迟回答

如果批评者自恃有理，态度蛮横，那不妨说一声：“你让我再想一想，明天再谈好吗？”这样可以控制自己的情绪，以免引起冲突。

4. 婉言解释

如果批评者对事实原委了解不够，批评没有道理或纯属误会，你可以作些解释，以便让对方了解事实真相。“你误会了，事情是这样的……”语言委婉一些，语气平和一些，对双方都有好处。

总之，对善意的批评不能反击。如果反击，肯定会造成尴尬的局面，伤害感情，也不能找借口推脱责任或默不作声。这两种态度是消极抵抗，而且不利于批评者指出你的错误所在。无论你采取什么方法，都要认真诚恳、心平气和。语言上接受了批评，接下来还要有实际行动。如果批评者没有道理，你也不应该耿耿于怀，更不应借机报复。须知当面给你提意见多半是希望你进步。即使是一场误会，谈开了也就没事了，挟嫌报复只会损害自己的人格。

（六）努力钻研业务

对于涉世不深、经验不足的毕业生来说，工作中出现某些差错和失误是难免的，但这并不意味着就可以理所当然地出现差错或失误。在实际工作中还是应该尽可能地避免差错，或降至最低限度。要避免工作中出现差错和失误需做到以下几点。

（1）要在现任职业岗位上钻研业务，履行职责，较好地完成任务。学历、知识不等于能力，知识只有应用于实践，才能转化为能力。理论知识和业务实践不断结合，才能尽快地提高业务能力。

（2）要加强薄弱环节。正如每个人都有自己的优点和长处一样，每个人也都有自己的缺点和不足，而缺点和不足往往是造成工作失误的主要根源。因此在具体的工作中要注意弥补自己的缺点和不足。

（3）要注意培养良好的职业品德，树立正确的职业理想和职业价值观，具有忠于职守、敬业乐业、献身事业的精神，坚持严肃认真、实事求是的劳动态度，保持一丝不苟、精益求精的工作作风，尊重他人，团结协作。这些品德不仅是做好工作、为自己开拓未来道路的需要，而且是处理各种人际关系的必要条件，是取得同事认可和上级赏识的基本依据。

第二节　职业道德与道德养成

职业道德是任何一种职业的从业人员都需要具备的。

一、树立正确的人生观、价值观

观念决定行为。人生观是指一个人对人生、生命、生活的基本认识和看法。价值观是指人们通过工作力图要达到什么，以及为达到此目标要如何奋斗。树立正确的人生观、价值观不是空话大话，而是要不懈地努力实现。正确的人生观、价值观会使人确立正确的目标，激励其职业生涯的顺利发展。

一位心理学家在研究过程中为了实地了解人们对同一件事情在心理上所反映出来的个体差异，曾经做过一个实验，这个实验让他选择来到一个建设中的工地上。他看到有三个建筑工人，正在共同砌一堵墙。这时，有个孩子从旁经过，好奇地问他们："你们在干什么呀？"第一个建筑工人头也没抬，没好气地说："你连这个也不知道呀？我们在砌墙！"第二个建筑工人抬起头来告诉孩子："我们在盖一间房子。"第三个建筑工人一边干活一边唱歌，脸上的笑容像是一朵花，他热情地对孩子说："我们在盖一间非常漂亮的房子，不久的将来，这里将变成一个美丽的花园。人们会在这里幸福地生活。说不定你的爸爸妈妈也会带着你住进来呢！"10 年以后，第一个人仍是一名只会砌墙的建筑工人，第二个人成了这支建筑队的队长，第三个人成为一个拥有 20 支建筑队的大型建筑公司的总经理。从这个实验可看出，一个人对于工作的态度往往反映了他的人生观，而一个人的人生观往往是决定其命运的关键因素。

同样的工作、同样的环境，三个工人却有如此截然不同的感受。我们如何来看待这三种人？第一种工人是完全无可救药的人。可以设想在不久的将来，他将不会得到任何工作的眷顾，甚至可能会成为生活的弃儿。第二种工人是没有责任和荣誉感的人，对他们抱有任何指望肯定是徒劳的，他们抱着为薪水而工作的态度，为了工作而工作。他们肯定不是企业以及企业老板可以依靠的员工。第三种工人完美地体现了自动、自发、自我奖励，视工作为快乐。在他们身上，看不到丝毫抱怨和不耐烦的痕迹；相反，他们是具有高度责任感和创造力的人，他们充分享受工作的乐趣和荣誉。同时，因为他们的努力工作，工作也将带给他们足够的荣誉。他们就是企业要的那种员工，他们才是最优秀的员工。

心理学理论通过对人的需求和动机研究，提出了目标激励理论，将人的高层次需求目标归纳为对成就、权力和亲和的需求。这三种目标实际上就是三种不同的人生观和世界观。具有强烈的成就需求的人渴望将事情做到完美，提高工作效率，获得更大的成功，他们追求的是在争取成功的过程中克服困难、解决难题、努力奋斗的乐趣，以及成功之后的个人成就感，他们并不看重成功所带来的物质奖励。权力需求较高的人对影响和控制别人表现出很大的兴趣，喜欢对别人发号施令，注重争取地位和影响力，常常表现为喜欢争辩、健谈、直率和头脑冷静，善于提出问题和要求，喜欢教训别人并乐于演讲。他们喜欢具有竞争性和能体现较高地位的场合或情境，也会追求出色的成绩，但他们这样做并不像高成就需求的人那样是为了个人的成就感，而是为了获得地位和权力或与自己已具有的权力和地位相称。高亲和动机的人更倾向于与他人交往，至少是为他人着想，这种交往会给他带来愉快。高亲和需求者渴望亲和，喜欢合作而不是竞争的工作环境，希望彼此之间能够沟通与理解，他们对环境中的人际关系更为敏感。有时，亲和需求也表现为对失去某些亲密关系的恐惧和对人际冲突的回避。可见，不同的人生观、价值观决定了人们不同的追求方向和行为方式。

二、正确处理个人、集体和国家的关系

雷锋说过："一滴水只有放进大海里才永远不会干涸，一个人只有当他把自己和集体事业融合在一起的时候才能最有力量。"现代青年人已越来越注重个性的自由发展，这无可厚非。但个人离不开社会，当代职业院校学生要想干大事业，就必须有大胸怀、大眼光。"心有多大，事业就有多大""时势造英雄"。只有心怀集体和国家，才能抓住发展机遇，不拘小利，开发潜在的职业能力，最终获得成功。

个人、集体与国家的关系，其实就是小家与大家的关系。每一个小家都从属于不同的大家，一个人的一生就是在大大小小的集体中度过的。一方面，我们要认识到大家是小家的依靠，是小家成长的园地，小家的生活、学习和工作都离不开大家。大家成员之间的相互关爱让我们有一种心灵上的归属感，能满足我们的心理需要；大家的帮助和支持是我们个人成功的重要条件，能帮助我们战胜个人无法克服的困难。另一方面，小家是组成大家的细胞，集体和国家的发展也离不开每个成员的努力。

中国文化讲究和谐与平衡，大家与小家也应保持和谐与平衡。过多考虑个人会破坏良好的人际关系，影响个人的情绪，危害个人的健康心理，也会损害集体。只有将个人利益与集体、国家利益结合起来，个体才能在群体中如鱼得水。离开了集体和国家，个人就成为无源之水、无本之木，也难以在事业上取得大的成就。

三、职业道德与健康心理的养成

（一）保持阳光心态

人生多风雨，前程多坎坷。但我们要相信，快乐多于悲伤，好事多于坏事，好人多于坏人。不论是看待周围世界、他人还是自己，都要从积极的方面看，而不是逃避问题、逃避现实。你不是没有看到问题，重要的是看到了潜力；你不是没有看到乌云，重要的是看到了透过云彩散射出来的阳光。只要坚强地面对生活、工作中所遇到困难，严冬过后是春天，风雨之后现艳阳。

（二）积极进取，知足常乐

心理健康的人会积极进取，追求生活和人生的意义，但要学会自我安慰、知足常乐。奋斗的过程和追求的历程是十分美好的，但有时奋斗的过程比达到目标的那一时刻更值得纪念和庆幸，因为不断的奋斗和追求让你的生活更充实，更有意义。只要你努力了、争取了，即使没有达到目标也不要后悔。自我安慰就是要学会知足，自我感觉良好，觉得自己也很优秀，顺其自然，此目标不成可以追求彼目标，条条道路通罗马。

（三）不要完美主义

金无足赤，人无完人，人皆有缺点。严格要求自己是正确的，但不必凡事都要完美。事事追求完美，你就会担心失败和挫折，做人做事会过于自责，也会给心理增加沉重的负担。不道德的人和超道德的人、对自己的行为失控的人和行为过控的人都是不健康的人。失控会导致反社会人格；过控是精神疾病的特征，容易形成刻板人格。

（四）避免生活在“应该”“必须”的重压之下

人生中应该的事情很多，如你应该在每次考试中考第一、你应该是名优等生、你应该考上研究生、你应该是名公务员等。但是第一只有一名、优等生名额有限、考研竞争激烈、考公务员更是百里挑一，因此只要你努力了就好。理想和现实毕竟有一定差距，不要把理想和现实混为一谈。

（五）多一点“体验”，少一点“占有”

生活不只是占有，还要体验生活、欣赏生活。争名、争利、争奖金、争地位，都是“占有”的生活方式。“占有”的特点是：为了收获，才去耕耘。但占有只是人的生活的一个方面，我们不可能拥有所有财富、享尽人间欢乐、阅尽世间美景。私心和贪欲太重，生活就会暗淡无光。

（六）丰富个人生活

人既要完成自己的社会责任和义务，也要按自己的喜好、兴趣去实现自我价值。除了工作以外，人还应有一些个人的正当爱好，如集邮、下棋、打球、看球赛、钓鱼、唱歌、绘画、旅游、练书法、看展览等高尚的或有益的爱好和人生趣味。拥有两三个知己、一个融洽的家庭，对于你应付工作和生活的压力、保持良好的心态很有益处。工作狂的生活方式是不可取的。

（七）严肃人生与游戏人生的配合

人生就像一出戏，你方唱罢我登场。每个人都在戏中扮演一定的角色，演出某一场次。剧情中，悲欢离合、虚虚实实、跌宕起伏。你要会入戏，也要会出戏，台上台下，可以有不同的表现、不一样的面孔。如果人生只是一副面孔，是十分无趣的。人生需要欢笑，需要幽默。只有从容的人、智慧的人、自信的人才幽默。我们要允许别人开玩笑，也可以自嘲。

（八）洒脱人生

我们需要执着，需要投入、献身、义无反顾、目标如一，也需要超脱。超脱就是暂时跳出热闹、流俗、痛苦、人际纠纷，而以超然物外的态度处事，以使自己保持距离、保持冷静、保持理智、保持判断能力。但是对流俗和而不同也是一种超脱的态度。我们应以理性的态度对待世间的人际纠纷、丑恶现象。

（九）对自己的行为负责，欣赏他人的成功

好汉做事好汉当，敢作敢为，敢于负责。不要把失败和问题归咎于别人、环境等外部因素，多从主观找原因。健康的人能够对自己的生活和命运作自我安排、自我管理、自我负责。心理不健康的人的典型表现是总把自己视为受害者，这种人对社会只有抱怨。除了对自己的行动负责以外，我们要善于欣赏他人，乐见别人比自己强，乐见别人过得比自己好，克服嫉妒心，保持善良之心。

（十）人际关系简单化

人际关系简单化就是不纠缠利弊得失，因为还有根本利益在；不纠缠局部是非，因为还有大道理在；不在乎一时的输赢，因为还有远大目标在；不刻意追求人际关系完美，因为还有个人尊严在。

（十一）学习有利于心理健康

学习能拓展个人观察问题的视野，使人心胸开阔、目光远大；学习使人进入新的精神领域，可以使人升华，抗拒外界不利环境的压力；学习使人变得充实，给人增添解决问题、克服困难的力量和勇气。

（十二）不要过度压抑自己的感情

人常会碰到令自己不开心的人，遇到不顺心的事。心中最大的郁闷莫过于有苦说不出，有苦不知向谁诉。现代职场压力巨大，每个人都会有烦恼，此时应找合适的人在合适的时间、地点向其倾诉，不要让苦水淹没你人生的欢乐，也不要让虚火烧毁你的身躯。

第三节　职场个人行为举止养成

一、个人行为举止

个人行为举止在职场中十分重要，它是个人魅力的重要体现。外表吸引力可分为两种：一种是静态吸引力，包括五官、身体、发式及化妆等，这些非常表面的特质甚至不用亲眼见到本人，只需凭着照片便可评断美丑。一般人口中所说的美，便是这种外表的美。另一种则是经由言行举止所表达的动态吸引力。脸部神情、举手投足、说话的声调或语气等都是构成这类"美"的重要因素。

静态吸引力主要来自遗传。动态吸引力首先来自个人姿态，所谓"站有站相，坐有坐相，走有走相"，良好的个人姿态体现良好的个人教养，有助于提升自己的职业形象；其次来自优雅的个人举止，包括热情待人、彬彬有礼、保持微笑、落落大方、睿智幽默、出口成章。

一般而言，静态吸引力在人际互动的最初阶段颇占优势。然而，动态吸引力（表达力）在稍后有更关键的影响。那些懂得适度表达自己的人，即使貌不出众，一样能在与人初相遇的情况下吸引他人并受人喜爱。动态吸引力深受社交技巧影响，那些社交技巧高超的人常能借助语言或非语言的表达方式超越先天外表限制，散发出内在的魅力。

动态吸引力可经由后天的学习而获得。个人能借着一些学习而来的行为模式展现出独特的吸引力。队列操、健美操等训练方法可以完善个人姿态，演讲、辩论等对训练人的口头表达能力有良好的作用。

（一）灵活运用语言

现代社会中，语言能力是一种极其重要的能力。语言表达是否规范、清晰、得体是衡量一个人职业素质的重要尺度。善于运用语言的人是有魅力的人，容易使别人折服和信任。在语言沟通中，要注意发音、吐字符合规范；注意语言的文化背景、地方色彩，不要让人有错觉；注意语言的歧义、多义词等，避免误解；注意说话的场合，正式场合和非正式场合应当有所区别，不可信口开河；注意说话的对象，说话的对象不同，称谓应有所差别，口气也不一样。多用"您""请""谢谢"，多用商量的口气，会产生意想不到的沟通效果。

青年人有时说话不注意，会造成一些误解与矛盾。主要问题是口气大，不注意场合、对象。有这样一则笑话：某人不善言，言必伤人。某日，同事结婚，皆不同意其出席婚宴，他表示说，你们不必担心，席间我不说话就是了。大家只好让其出席。席间果如其言，相安无事，皆大欢喜。宴毕，此人实在憋不住了，说："今天我可没说话，今后你们夫妻吵架、离婚、生怪胎等可不要怨我。"众人愕然。

（二）树立竞争观念

当今我国实行社会主义市场经济，市场经济鼓励竞争、鼓励创新。没有竞争，就没有效率，就没有发展，因此，竞争无处不在、无时不有。我们不能期望舒舒服服就能实现理想，不经奋斗就能一夜暴富，机会永远留给有准备的人，成功永远属于不畏艰难险阻的人，市场不会同情弱者。唯有竞争、唯有奋斗，才能成功。

职业院校学生要学会在竞争中求生存，在竞争中求发展。树立正确的竞争观念，迎接竞争而不是逃避竞争，这是良好职业素质的重要体现。正确的竞争观念应该是树立目标、发挥潜能、不断创新、更新知识、挑战自我。俗话说，人生如登山，人最难跨越的山是自己。只有不断挑战自我，勇于竞争，才能进步。

（三）包装并推销自己

当代职业院校学生有两种不同的倾向："半桶水乱晃荡""肚里有水倒不出来"。前者是没有内涵却急于表现自己，后者是有内涵却表达不出来。不可否认，当今社会中，有些急功近利者为了出名不惜一切进行炒作。与此相反，有些学生"两耳不闻窗外事，一心只读圣贤书"。他们认为，只要书读好了，满腹经纶，自然有人赏识，这也是错误的想法。现代社会中，职业院校学生必须学会包装与推销自己，树立自己的个性、特点和专长，并乐于在学习、工作、日常生活中展现个人才华，让老师、同学认识你，让用人单位欣赏你、重用你。谦虚但不要自卑，礼让但不要退缩。社会是个大舞台，人生好比一场戏，演好自己的角色，表现非凡的自我，才能创造人生精彩、实现职业辉煌。

（四）学会控制自己

学会控制自己是情商高的重要表现。美国心理学家在研究自我控制对个人成功的影响时曾经做过一个实验，他们在一个幼儿园找了 10 个小朋友，然后由老师分给这些小朋友每人 1 块糖，之后对小朋友们说："老师现在有事暂离开 1 小时，请大家不要吃手里的糖。如果谁听了老师的话，没有吃糖，老师回来后将会再奖励 1 块糖。" 1 小时后，他们回来了，发现有些小朋友已经忍不住把糖吃了。而有些小朋友虽然口水流得三尺长，但为了得到第二块糖坚持不吃第一块糖。十年后，心理学家进行了一些跟踪访问，发现那些为了第二块糖而不吃第一块糖的小朋友在学习成绩、工作业绩等方面皆有良好的表现。此实验证明了个人自制力的重要性。控制自己包括控制感情、控制时间和抵制诱惑。

1. 控制感情

感情用事往往铸成大错。如果一个人的喜怒哀乐都写在脸上，那是成不了大事的。例如：法官必须威严、沉稳，不可凭感情判案，而要以事实为依据，以法律为准绳。平常与人交际，也必须止怒，不要随意发脾气，或不顾他人感受只顾自己宣泄，这只会破坏良好的人际关系，给将来的合作和共事埋下阴影。应当理性对待生活和工作中遇到的人和事；要把解决问题放在首位，而不是把撒气放在首位。对于一些恶意中伤、造谣、诽谤者，要通过法律途径或单位领导协调来解决。

2. 控制时间

一个人来到世间，最大的财富是什么？说到底就是他的生命，而生命又是以时间来计算的。因此，从个人角度来看，一个人拥有的最大财富就是自己的时间。爱因斯坦认为，人与人之间的最大区别就在于怎样利用时间。职业院校学生应该结合个人情况，将计划做的事进行统筹安排。这并不是一件轻松的事，人们往往不但不明白自己要做哪些事，而且不明白在什么时候、用多长时间来做某件事。如果把需要做的事和有限的时间充分地融合在一起，就可充分利用时间来工作、游戏、休息。当我们能控制时间时，就能改变自己的一切。总而言之，控制好时间能让你的工作有计划、有条理。

3. 抵制诱惑

这个世界五光十色，诱惑无处不在。善于控制自己的人懂得自己的追求，坚持自己的目标，就不会见利忘义，偏离自己的方向。

（五）养成良好的习惯

良好的习惯是成功的一半。习惯的作用是潜在的，常常在不知不觉中产生影响。习惯包括生活习惯、工作习惯、学习习惯、劳动习惯等。好的工作习惯是做事有计划、干净利索、不推诿、不拖拉、责任心强、有始有终、追求完美、力争上游；好的生活习惯是热爱生活、生活起居有规律、个人物品摆放有序、干净整洁；好的学习习惯是有计划地学习、理论与实际相结合、学以致用、树立终身学习观；好的劳动习惯是吃苦耐劳、任劳任怨、不投机取巧、靠自己的双手创造明天。

当今，职业院校学生中存在一些不良倾向。(1) 生活习惯不良，表现为：生活起居没有规律，晚上玩通宵，白天睡大觉，酗酒、吸烟，透支身体；生活邋遢，不修边幅，个人物品乱摆放，垃圾废物随手乱丢，宿舍像个垃圾场。(2) 学习习惯不良，表现为：平时不学习，临考抱佛脚，试图通过死记硬背、突击来应付考试，这样的学习不利于知识的巩固和积累，只能欺骗别人，最终是欺骗自己。(3) 劳动习惯不良，表现为怕苦怕累、不愿自己动手、依赖心强。

良好的习惯需要平时注意，从点滴做起逐步养成。这些习惯对职业院校学生的职业生涯是有很大影响的。试想，一个邋邋遢遢的人怎么可能成为一个风度翩翩的外交家？一个丢三落四的人怎么可能成为一个精明的财务人员？美国著名军事学院西点军校不仅培养出大批出色的将军，还培养出一大批商界奇才、政界名人。这是因为那里有非常严格的治学理念，不仅在课堂上对学员进行锻造和训练，还有一整套苛刻的日常生活制度，从学员的作息时间、穿衣戴帽到个人的仪表、行为举止、物品摆放、宿舍卫生都有十分明确的规定。如果学员违反规定，轻则扣分，重则勒令退学。这些制度看似管得太宽，不近人情，但正是这样从细微处入手严格要求、严格训练，才造就出高质量的人才。

二、自我类型与自我教育

（一）自我的基本类型

自我的基本类型主要有五种：自我肯定型、自我否定型、自我矛盾型、自我扩张型、自我萎缩型。除自我肯定型能将理想自我和现实自我通过积极矛盾斗争达到统一，并逐步改正、不断完善现实自我外，其他四种类型均存在不同程度的消极性。自我否定型表现为对现实自我评价过低，理想自我与现实自我差距过大，导致不能实现理想反而放任自己放弃理想，不求进取，保持现实自我，消极维护现状；自我矛盾型表现为既自高自大，又自卑自轻，始终处于矛盾之中；自我扩张型表现为对现实自我评价过高，理想自我虚幻，陷入做白日梦的境地；自我萎缩型表现为其理想自我极度缺乏，对现实自我又深感不满，导致自我拒绝，使自我处于极度自卑状态。

（二）自我教育的方式

职业院校学生如何进行自我教育？首先，要全面认识自我。包括通过他人对自己的认识、评价，与他人比较来认识自我；通过对自己的过去、现在、将来的比较认识自我；通过自己的活动表现和成果认识自我；通过自我反思和自我批评认识自我。其次，要积极悦纳自我。悦纳就是积极地、高兴地接受自己。悦纳是一种态度，是促使个体产生自尊感、克服自卑感的关键。最后，要努力完善自我。它是指个体在认识自我、悦纳自我的基础上，自觉规划行为目标，主动调节自身行为，积极改善个性，以使个性全面发展，从而适应社会要求的过程。确立理想的自我，努力提高现实自我。

1. 全面塑造自己

职业院校学生要经常以成功人士为榜样，全面塑造自己。职场上的成功人士不仅要有智慧，还要有良好的道德、健康的体魄、潇洒的风度等。因此，学生在校期间不仅要搞好学习，还必须锻炼身体，培养良好的个人举止。

学生可以充分利用课外的文体活动来塑造和锻炼自己，如演讲会、朗诵会、文艺会演、体育比赛等，塑造自己的形象，学习表达能力，学会与人沟通。有些同学认为，当前在学校是"读大师"（学习前人成功的经验）、"读图书馆"（积累知识）、"读同学"（学会与来自五湖四海的人打交道）的时代，这个道理可以参考。

2. 提高职业能力

目前，各类职业院校中提高职业能力的方式主要还是理论教学、脱产学习、实习实训、社会锻炼、专家教育。这是相对固定的模式，对学生职业能力的培养和提高有一定的好处。但是，现有的这种教学方式的设置也有缺陷，确实在某种程度上抑制了学生思维能力、动手能力和创新能力的发展，加上学校教育注重正面教育，使得有些学生到了工作岗位上对社会现象缺乏了解，因此难以适应实际的工作环境，极大地影响了学生工作能力的发挥。

有人说学校是社会的"象牙塔"和"垃圾场"。这话虽然过于偏颇，但也不无根据。"象牙塔"是理论学习与社会实践脱离的现象，"垃圾场"是理论学习与社会实践脱离的结果。理论学习不能用于指导实践，就失去了它本身的意义和价值。要提高学生的职业能力，职业院校还必须将理论教学与实践教学结合起来。克服重理论轻实践的问题，不断增强学生对学习的热情；或者通过问题的设计来培养学生解决实际问题的能力；或者根据知识点让学生自己来设计问题，合作或对抗解决相关事例，同样能够培养学生的学习能力、动手能力和创造能力。

职业院校学生更要重视向生产一线人员学习。向老师学习可以提高理论修养，培养思考问题的良好方式。生产一线人员有丰富的实践经验，职业院校学生要尊重他们，不耻下问，虚心学习，不断提高实际工作能力。

总之，我们要纠正目前各类院校中普遍存在的“重理论轻实践、重脱产学习轻在职学习、重向专家学习轻向生产一线人员学习、重记忆力培养轻分析能力培养、重传授知识轻培养素质、重批量培养轻个人特殊性、重培养理论家轻培养实干家、重课堂教学轻实践养成”的弊端，调整教学理念，改进教学方法，只有这样才能把学生造就成具有实际工作能力的合格人才。

案例 7-1

正确的求职观念

刘同学是某高级技工学校的毕业生。毕业后，他被推荐到一家国有企业做了一名维修工。做了不到三个月时间，他突然辞职不干了。他说自己想做的工作不是被人所占，就是因为薪水过低而选择了放弃。他认为委屈自己是对自己的浪费，至今仍赋闲在家，不愿去工作。

[分析]

高技能人才赋闲在家的现象并不是我们愿意看到的，正是由于缺乏正确的求职观念才使得他们眼高手低。许多求职者总是带着挑剔的眼光审视理想的岗位，这是不可取的。其实求职如同登山，陡峭的山壁使你无法攀登，你可以另外寻找道路，而若一直在山脚下观望，就永远无法到达顶点。求职就是知识与经验积累的过程，一步步磨炼才不至于在步入高位时手足无措、力不从心。而如果干什么都挑三拣四，不能很好地摆正自己的位置，无法认识到人尽其能的作用，特别是对于一个高技能的人才来说，高不成、低不就，那才是对人才的真正浪费。

案例 7-2

没有完美的公司

董某自职业学校毕业后一直梦想着找家完美的公司，3 年里换了 8 次工作，卖过保险，做过办事员、推销员，长则 9 个月，最短只干了两个月。第 9 次他如愿以偿到了一家银行工作。频繁跳槽使他的薪酬很低，于是他决定做长远打算，正式与银行签了合同。如今他不仅享受着免费带薪假期，而且参加了出国培训。

[分析]

世上没有完美的公司。很多人跳槽最大的误区就是一味追求完美，还好董某及时反思。这一案例是值得当今求职者特别是毕业生们反省和借鉴的。职业院校学生在择业时，在寻求完美公司的同时不妨先静下心来想一想：自己是个完美的人吗？当前要做的，只有脚踏实地地凭学识和自身的能力取得公司的信任并得以发展，努力把自己塑造成一个出色的职员，人生才会在一步一个脚印中丰富起来。

案例7-3

磨炼自己的意志

张同学是某技校毕业生，毕业后进入一家合资企业工作。由于劳动强度大，同来的几位同学都忍受不了相继离开了，可他硬是在车间做了两年。工作虽枯燥无味，但他仍几年如一日，从不叫苦，也不计较得失。由于他熟悉工作中的每一道工序，在车间表现出色，后来被任命为车间主管。

[分析]

人是有潜能的，在一个屈就的职位施展起来会更加游刃有余，也会更容易获得上司的关注。从最底层做起不仅能磨炼意志，而且能提高自己的各项能力。如果有真正的才能，在底层的工作中反而会更容易脱颖而出。或许这会花费大量的时间，而正是那点滴的过去，才铺就了今天的成功之路。上述例子不就是一个最好的证明吗？白岩松有句话很有道理："实际上你就是一个骑手，毕业后你就应该先骑上一匹马，只要你优秀，你就能找到更棒的马。"

案例7-4

实际能力与薪金对应

小陈是一个学习成绩十分优秀的高职学生，而且一直在校学生会工作，有较强的组织协调能力。求职前，他先客观地审视自己：自己有什么特长？同别人相比，自己有什么优势？最喜欢干什么？什么样的工作最适合自己的发展，最能发挥和体现自己的个人才能和价值？通过对自己的客观认识，小陈尽快地收集了相关企业的资料。为了磨炼自己、积累经验，小陈也尝试性地参加了几家外企的面试，虽然都失败了，但小陈却从中学会了很多应聘技巧。

临近毕业时，小陈得知他向往的深圳某美资企业正在招聘，便满怀信心地带着精心准备的自荐材料前去应聘。公司人事部从300多份求职材料初选了100人进入笔试，结果留下22人进行面试，小陈也在其中。

当考试官问应聘者希望每月薪金是多少时，有人回答2 000元，甚至有人说1 000元。只有小陈不卑不亢地说："我薪金的起点是3 000元。"经理问："为什么？"小陈说："据我了解，在深圳的外资企业，薪金也基本在3 000～4 000元，我认为我期望的薪金应该能够体现我的实际能力。"

结果小陈如愿以偿被录用了。

[分析]

小陈成功的原因有以下几点：

(1) 他的就业目标定位非常明确，并且为之积极进行积累和准备，朝这个方向重点突破。

（2）外资企业往往会出各种应变能力的试题进行面试，而小陈有意识地参加过几次外企的招聘，对这类试题有过接触，事后他注意加强这方面的训练并总结出经验：碰到过分简单、过分容易的提问时，就应避免就事论事地简单作答，而应当用脑子想想提问者是否另有所指，是否在考查你的情商。如果是，那就得跳出常规思维的束缚，采用非常规思维或发散式思维的方式去考虑问题，这样才能获得理想的效果。

（3）刚刚走出校门的年轻人对人才行情一知半解，盲目地应聘和标出自己的工作薪金时，不是眼高手低，就是手高眼低。要么落聘，要么就是做了一份高技能的工作却拿了一份低技能的薪金，而小陈懂得自己的价值。他在积极地收集各种信息资料的同时，尽可能地寻找与自己学历相同、行业相同或类似的职员做自己的价值参照。有了准确的数据，就能知己知彼，合理把握自己的价值，恰如其分地提出自己的薪金要求，而不会给人以漫天要价或盲目应聘的印象，对方也可以愉快地接受。

实训练习

1. 职场对从业者有哪些基本要求？
2. 如何在职场做一个有教养的人？

思政园地：用中国故事鞭策自己前行

中国“女排精神”

2016年里约奥运会女排决赛，中国女排顶着巨大压力，在先失一局的不利情况下使出“洪荒之力”连下三城，以3∶1战胜劲敌塞尔维亚队，时隔12年再次登顶奥运冠军，为中国队夺得了最提气、最具含金量的一枚金牌。主教练郎平，队员朱婷、丁霞、魏秋月，以及全部将中国女排精神在奥运会中彻底贯彻的女排队员们再次成为世界的焦点。

“郎家军”永不放弃、顽强拼搏的战斗精神再次刷爆“朋友圈”，“女排精神”也再次为世人所提起。中国女排从1981年获得第三届女排世界杯冠军以来，作为我国三大球率先走向世界的队伍，中国女子排球队九次登上世界冠军的领奖台。中国女排用旺盛的斗志和对胜利的渴望诠释着顽强拼搏的体育真谛，天道酬勤是这支女排的注脚，代代相传的女排拼搏精神，激励着一代代运动员前仆后继，为国争光，“女排精神”已经超越了体育精神的范畴。

资料来源：本报评论员，中国“女排精神”永不过时．中国青年报，2016-08-20.

第八章
就业技巧与创业准备

谋职择业，除个人的知识、能力起主要作用之外，还与当前社会就业形势和个人就业观念及择业技巧有着紧密的联系。如果说职业院校学生在校期间主要精力是学习知识、培养能力，为谋职择业积累资本，那么在临近毕业时，必须分一部分精力了解社会就业形势，分析自己的实力，并为实现就业目标而积极做好求职过程中所需要的各项准备，成为一名顺应时代潮流的合格就业者。

第一节 就业注意问题及权益维护

工作随着去向走，成功随着工作来，这是一定的规律。“人无远虑，必有近忧”一句话对就业过程作出了概括。

一、就业禁忌

（一）切忌装成熟

现在的毕业生由于在特殊环境中成长，并没有多少机会广泛地接触社会，而现在一些学校没有把就业指导纳入日常工作中，临近毕业时，又疏于就业的定向培训，因此很多学生在应聘时凭感觉瞎摸乱闯、动机单纯、急于求成。一些人临阵磨枪，按“就业指南”上的点拨，明明经验欠缺却装成熟。经验告诉我们，作为见多识广的人力资源负责人不是特别在意应聘者行为举止、礼仪等方面的疏忽和过失，他们真正要考虑的是应聘者是不是具备过硬的专业功底、有没有职业发展潜力。如果应聘者在应聘中清纯些、质朴些，还原学生本色，倒是能引起他们内心的好感或谅解。

（二）切忌太琐碎

曾流传着一个应聘笑话，一名毕业生在进入面试的现场时，左顾右盼，看看地上有没有纸屑，猜想主考官会故弄玄虚，出一道“特殊的考题”。还有一些人认为，现场出现的各种“突发事件”是招聘单位用来检验学生应变能力的试金石。当然，通过某些细枝末节确实可以从一个侧面了解应聘者的心理素质和张合力，然而沉湎其中，把它们当成成功的“经典战例”就有失偏颇了。应聘者中大大咧咧、与招聘现场的气氛不相融洽的表现固然不可取，缩头缩脑、过于琐碎肯定也难被主考官们看好。要读懂你所应聘单位的“心思”，需把精力主要放在应对主考官们最关心的关键问题上去，这样才不至于因小失大、空留遗憾。

（三）切忌问到底

由于受所在单位职权范围的限制，主考官实际上也有一些难言之隐，如实际的工资额、公司或单位的用人机制、最后决定录取的高层等。对主考官来说，他们是为单位物色

“大致的人才”。实际上，从受理应聘材料到正式通知上岗有一定的程序，也要花一段时间。有的毕业生不谙此道，在估摸有初步的录用意向时硬是要打破砂锅问到底。虽然这种自我保护意识值得肯定，但要理解，对于上述一些问题，主考官在现场是较难给予确切回答的。比较明智的做法是：不妨暂时装一下糊涂，待最终签订上岗合同前，每一条每一款都看仔细，问清楚，以便破译某些不正规招聘单位事先设好的“隐语”。

二、就业技巧

（一）弱点缺陷——以长盖短

人无完人，每个人都有弱点和缺陷。在求职时，这些弱点和缺陷就会转化成我们的劣势，给求职带来阻碍。尽管如此，带着劣势求职并非意味着失败。只要善于另辟蹊径，用长处弥补短处，求职时就能突破重围，关键看应聘者有没有勇气、头脑和良好的心理素质。

（二）性格劣势——用场合弥补

毕业生小王天生害羞，一开口说话就脸红，被大家戏称为“含羞草”。去年，在一家私企打工的同学向小王透露了一个信息：该私企近期要招聘一名总裁秘书。有着一叠已发表文章的小王很想得到这个职位，但“面试恐惧症”又一时难以消除。正在他犹豫不决之际，同学邀请他去参加该私企举行的卡拉 OK 大赛。小王是当年全校卡拉 OK 大赛的冠军，只要拿起麦克风，就一点儿也不怯场。他想尽办法，让自己以嘉宾的身份参加比赛，结果如愿以偿。在大赛上，他以洒脱的形象、几近专业的演唱技压群芳，一举夺得大赛冠军，引起总裁等高层人士的注意，纷纷打听这个陌生面孔是谁。此时小王一点儿也不慌张，他说明自己的来意，拿出自己的剪报本，遂如愿地坐上了总裁秘书的位子。性格上的弱点谁都有，但并不是每时每刻都会体现出来。避开可能暴露弱点的场合，找一个最能体现优势的时机，应聘者就有可能成功。不过这种另类的求职方式需要一点创意和策略。

（三）学历劣势——用自信弥补

某广告公司招聘两名广告设计师，优厚的待遇吸引了不少人前来应聘。在招考面试前的半个小时里，应聘者全部坐在接待室里，为两个名额而惴惴不安。总经理与人事部部长此时正通过闭路电视观察他们，其中一位面带微笑、神态自信的女大学生引起了他俩的注意。他们调出她的求职登记表，发现她没有广告设计的相关文凭，从事广告设计的经历也不长。即使这样，她的自信也不由得让总经理忽略了她的学历，开始关注她的作品。面试时，姑娘毫不怯场，面带微笑，加上作品独特的创意展示了她的才华，最终，她成为两名幸运儿中的一名。不难看出：是微笑使总经理和人事部部长注意到她，是微笑使她在面试中有别于其他对手，是微笑使总经理对她产生了信任感。如果应聘者相信自己的能力不比有学历者差，那么，请亮出你的微笑，展现出自信。

（四）健康劣势——用特长弥补

小李在一次打篮球时不幸右眼失明，他很苦恼，为今后的就业忧心忡忡。同学们也很着急，纷纷为他出谋划策。大家发现小李的嗅觉特别灵敏，就启发他如何发挥这一特长。小李也感觉有戏，还专门跑到驻地公安局的警犬基地请教如何提高人的嗅觉的灵敏度等技术问题。去年，在一次同学联欢会上，神采奕奕的小李已是一家香料厂的部门主管，担负全厂出口香料的质量检测把关，月薪五六千元。什么劣势都容易弥补，唯独躯体的残疾让人感到无力回天。但世事无绝对，上帝为你关上一扇门，就可能同时为你打开一扇窗。只要及时挖掘自己其他方面的优势并将这些优势转化成生产力，天堑也能变通途。

（五）专业劣势——用技能弥补

某学校历史系毕业生小刘身高只有 1.65 米，很不起眼，加上所学专业是冷门，使他多次试图进入上海、深圳的大企业的尝试均以失败告终。然而，小刘没有气馁，在一次参加某外资企业的面试遭淘汰后（因个子矮、专业不对口），小刘绞尽脑汁，通过老乡的引见，直接找到中方老板。中方老板被他流畅的英语所折服，最终拍板要了他。冷门专业的学生经常感叹前途渺茫，其实不妨在本专业之外再掌握一些实用性强的辅助性技能，说不定在关键时刻就能派上用场。

三、机遇的正确把握

（一）牢固树立机遇观念

正确认识机遇，树立正确的机遇观念，对就业和职业生涯发展有着重要作用。机遇虽有偶然性、多样性和易逝性，但并不是不能捕捉。机遇乐意成全那些有实力、有理想且不断努力的人，并与他们一拍即合。事实上，始终找不到机遇的只有一种人，就是那些根本没有努力，不学无术，不打算利用机遇的人。也就是说，主观努力不够，机遇就不会光临。对于成功者来说，不仅要做好一切准备等待机遇，而且要主动寻找机遇，树立一种主动的机遇观念。

有三种典型的机遇观念：（1）医生式的机遇观念。医生坐等病号，这种“守株待兔”当然是被动的，而不是主动进取的。（2）火车司机式的机遇观念。火车司机严守“两点一线”，两边的风景看一看，但范围狭窄，影响自己的视线。（3）渔夫式的机遇观念。渔夫的作业特点：一是注意鱼汛；二是从不限制自己的作业领域，哪里鱼多就往哪里去。这是我们应该树立的机遇观念。特别是在当今时代，每个人都有择业的自主权，自己有权对作出选择，有权决定自己的命运，也就是有权对自己的机遇作出选择。如果毕业生树立了渔夫式的机遇观念，就业的机遇就会增多，成功的可能性就会增大，职业生涯发展速度就会加快。

（二）练好内功迎接机遇

机遇只垂青那些有准备的人。个人的能动必定导致寻求到新的发展机会，或者自己创造机会。职业院校学生需做好以下几点：（1）不断充电，增强实力。不断充实自己、增强自己的实力是一种迎接机遇的积极姿态，也是最有效的准备。充实自己的最好办法就是不断充电。充电的内容要根据职业生涯目标的要求，有计划、有步骤地进行。不同的时期，学习不同的内容；不同的内容，采用不同的方法。在实践中提高也是自我充电的重要方式之一。工作也是学习，并且工作中获取的知识、技能、经验，因其实践性带来的亲切感是书本上没有的。“纸上得来终觉浅，绝知此事要躬行”，这一点要特别牢记。(2) 人缘中的机遇。一个人的人缘与机缘有一定的关系，有时人际交往、邂逅、合作、帮助会成为一些人难得的机遇。如果你人缘好、朋友多，良好的人际关系可以使你信息灵敏，遇事有人帮助，机遇就可能频繁出现。(3) 发展优势，培养强项。技艺超群就是人才。正是在这个意义上，着力培养优势、强项，有助于为自己创造机遇和把握成功。所谓优势，主要指个人天资、学识及技能上优于他人的实力。一旦认准优势，定下目标，就要下大工夫、苦工夫去培养，要不怕吃苦，长期坚持，孜孜以求，不达目标不罢休。

(三) 关注信息发现机遇

信息就是资源，就是机遇。因此，职业院校学生应学会运用适当的方法获得信息，准确判断信息，运用信息，机遇就会到来。人的信息越灵通，发展的机会就越多，选择的余地也就越大。职业院校学生要做到：(1) 树立信息与机遇意识，增强信息敏感性。能否有效捕捉信息、发现机遇，关键在于是否有信息意识和机遇意识。有了这两种意识，才会对信息有敏感性，自己的感知系统才会有选择性、方向性，才会在众多的信息中敏锐地发现对自己有益的信息，发现别人看不到的机遇。(2) 广开信息渠道，博采信息资源。前面的章节已有概述，这里再特别强调两点：一要善于从新闻传媒中捕捉信息，二要善于从平常生活中发现不平常的信息。(3) 触类旁通，触发灵感。事实上，一条信息的价值有时候并不在于它能直接产生作用，而在于触类旁通，触发听者的灵感。所以，有些看似与自己无关的事情却可能蕴藏有关因素，甚至在正常情况下看起来很荒谬的事物中也可能包含解决问题的钥匙。因此，在与人相处中，我们对他人的看法、见解、建议，甚至是外行话、玩笑话，切不可充耳不闻，更不要轻易否定，最好思考一下，看其中有没有可资借鉴的因素，从中有所发现。

(四) 立即行动抓住机遇

当我们从信息中发现机遇后，应当立即行动，否则就会错过机遇。立即行动抓住机遇，要注意以下几个环节：(1) 捕捉信息要快。通常所说的抢占先机，说的就是用最快速度进行捕捉，以争取必要的时间，走在他人前面，把机遇抓到手，从而捷足先登。(2) 决策速度要快。捕捉信息之后，进行研究、取舍，拟定方案，形成决策，不能太慢，否则同样会丧失机遇，使后来者居上。(3) 行动要快。作出决策并不等于抓住了机遇，还须快速行动，抓紧落实。只有快速行动，才能抢先于他人，才能不失时机地抓住机遇。

(五) 全力以赴用好机遇

发现机遇，抓住机遇，仅是事业成功的一半，而另一半则是看你能否利用好机遇。只有把机遇变成现实，创造出有价值的业绩，才是将机遇变为成功。职业院校学生应做到：(1) 珍惜机遇，紧抓不放。人应当珍惜机遇，在有利的条件下作出成绩，做成一番事业。切不可一旦机遇到手，就沾沾自喜，以为万事大吉，放弃努力，结果前功尽弃。(2) 分析机遇，找到最佳发展途径。在捕捉机遇阶段，人们的目光主要是盯向外部，而在抓住机遇后，目光就应转向内部，把注意力放在自己的专业领域，将机遇提供的启迪、思路和有利条件引申开来，结合自身特点找到最佳发展途径，利用机遇促进自身的发展。(3) 努力拼搏，用好机遇。机遇对于一个人而言，仅是提供一个机会。能否利用这个机会，创造出一番事业，取决于你的努力程度。所以，我们在抓住机遇后，是否努力奋斗、敢于拼搏，是事业成功的关键。

四、就业权益保护

毕业生就业权益保护的一个重要方面就是毕业生自我保护。了解就业方针、政策和规范以及它们之间的关系，熟悉毕业生在就业过程中的权利和义务，这是毕业生权益自我保护的前提。如果在就业过程中因为所谓的公司规定或部门规定与国家政策法规有抵触，侵犯了自己的权益，毕业生则可以依据法规办事，维护自己的合法权益。

职业院校学生经过努力落实了工作或与用人单位确定了工作意向，并不意味着就此完成了就业。对于初涉职场的职业院校毕业生来说，就业之前还有一个关键环节，就是与用人单位签订劳动合同，它是劳动者合法权益得到有力保障的重要举措之一。

（一）劳动合同的订立原则

《中华人民共和国劳动合同法》（以下简称《劳动合同法》）第三条规定："订立劳动合同，应当遵循合法、公平、平等自愿、协商一致、诚实信用的原则。"

1. 合法原则

劳动合同的订立必须遵守国家的法律法规，不得违反法律法规的规定。劳动合同作为合同的一种，首先应该是签约双方真实意思表示一致的协议。求职者使用假文凭求职，致使用人单位对事实作出错误的理解，录用了该毕业生，公司的录用行为不是一种真实意思的表示。例如：李某为了追求自己的利益，违背诚实信用的基本原则，侵犯了公司合法权益，其行为构成欺诈。李某采取欺诈手段与公司订立的劳动合同属于无效合同。

2. 公平原则

当事人双方的法律地位平等，即双方以平等的主体身份协商订立和变更劳动合同，不存在一方为主要主体，另一方为次要主体或从属主体的问题。劳动是一种经济活动，是商品经济过程中的一种特殊行为，劳动关系中存在商品交换关系，商品交换要求实现公平。所以，确立劳动关系存在的劳动合同中完全可以具有公平的经济基础，它体现了缔约当事人之间就各自为订立合同而实现的目标达成相互利益上的一致。

3. 平等自愿原则

平等是指订立劳动合同过程中双方当事人的法律地位平等。毕业生和用人单位在自愿的基础上订立劳动合同，任何一方不得将自己的意志强加于对方，也不允许第三者非法干预。

4. 协商一致原则

协商一致是指当事人双方在充分表达自己真实意愿的基础上，经平等协商取得一致性意见。

5. 诚实信用原则

要求双方在签订和履行劳动合同时诚实守信，以善意的方式履行其义务，不得滥用权力及规避法律或合同规定的义务。诚实信用原则也是《民法典》中规定的一项民事活动的基本原则之一。

（二）无效劳动合同

无效合同是指不具备法律规定的有效条件，因而不具有法律效力的合同。《劳动合同法》第二十六条规定，有下列情况的劳动合同无效或部分无效：

（1）以欺诈、胁迫的手段或者乘人之危，使对方在违背真实意思的情况下订立或者变更劳动合同的；

（2）用人单位免除自己的法定责任、排除劳动者权利的；

（3）违反法律、行政法规强制性规定的。

（三）签订劳动合同的注意事项

根据人力资源和社会保障部门的有关规定，用人单位的招聘行为是受到劳动保障部门监管的。主要有两种方式：（1）委托职业介绍所发布招聘信息；（2）经劳动保障部门同意，自行发布。用人单位如果委托职介机构发布招聘信息，需要出示单位介绍信、劳动保障年审手册、营业执照（副本）或其他法人登记文件、招聘简章和经办人身份证件。用人单位如自行发布招聘广告，需出示劳动保障行政部门介绍信、劳动保障年审手册、企业法人代码证书、营业执照（副本）等。可见，招聘广告的内容应该是具体的，应该包含劳动合同的主要条款。这体现了劳动法对劳动者的保护，防止用人单位利用招聘广告欺骗劳动者。

1. “口头协议”注意

求职时，如果应聘者对雇主的“口头协议”没有异议，就请雇主将协议中的承诺写入相应的合同书。必须清楚，雇主不与新劳动者签订书面劳动合同是违法的。如果雇主以各种理由强调让应聘者先试试看（哪怕只有几天），这本身就含有潜在的盘剥企图。应聘者即使失掉这份工作，也别掉进陷阱里去。

如果你已经陷进“口头协议”陷阱，赶紧向雇主提出补签协议的要求，这时心怀鬼胎的雇主可能会以“安心工作，一切好商量”之类的话进行搪塞。在这种情况下，应聘者应马上从该企业离职，否则可能会吃更大的亏。

如果应聘者不幸已经中了“口头协议”的圈套，试用期满既得不到企业应付的薪水也转不了正，为了挽回个人损失且不让雇主的黑心得逞，就要用相关的法律条款维护自己的权益。

2. “试用期延长”注意

如果雇主有意与你签订劳动合同，为了尽量避免出现劳动争议，最好的方式是在雇佣关系开始时，将下列问题向雇主问清楚后在合同中具体写明：试用期限、评估标准以及试用期间是否会根据工作能力的考评进行弹性延长等问题。新颁布的《劳动合同法》规定试用期为 1～6 个月，雇主已无权再以试用期间不符合录用条件为由，单方面地解除或延长劳动合同中的试用期条款。

如果试用期满后，雇主对你的工作不满意，要延长你的试用期，就应该要求雇主对你不满意之处提出具体的依据（以合同书中规定的录用条件为准）。如果雇主只是泛泛地口头轻描淡写，而拒绝出具延长试用期的相关依据，你就应该指出对方的决定是违法的，并要求对方立即收回延长试用期的决定。

如果试用期满后，雇主既没有按照劳动合同的规定对你进行考评，又不通知你是否自然转正，但发的却仍然是试用期标准的薪水，这就等于单方面变相地延长了你的试用期，这种做法是违法的。

对于上述雇主因为违法现象而侵害应聘者的试用期权益，应聘者应该依法向对方提出交涉。在交涉未果的情况下，应该向当地劳动争议仲裁委员会申请仲裁，如对仲裁裁决不服，还可以向当地基层法院提起诉讼。

3. “保证金、押金”注意

如果企业录用你时要求付押金，说明这样的企业根本不值得去。如果你已经付了押金，又没有劳动合同，应立即向企业索取。如果索取不回来，应立即向当地劳动部门反映，劳动部门会依法作出处理。

如果你正在为自己的押金犯愁，但又不想失去目前的工作，那么你就要用有效的沟通方式和雇主交流。你可以以帮雇主出主意的口吻，告诉对方收新人的押金实际上要承担的法律风险更大，因为任何一个交了押金的新人向劳动部门求助都会给企业的名誉带来损害。如果雇主明智的话，是会听你的规劝的。

如果企业已经从你的试用期工资中扣走了押金，使你实际所得的薪水低于国家规定的最低保障，你就该花点心力了解企业人事变动的频率。如果你发现多数新人是在试用期未满就被辞退，说明你已经很危险了，你应该向企业提出停止扣工资的要求，并索取已被扣的钱。如果遇到自己解决不了的问题，可以向当地劳动仲裁机构或者劳动监察机构提出申诉。

第二节　创业——就业的新天地

市场是广阔的，行业是多样的，永远存在各种各样的机会，但绝不是每个机会都适合你。常言道：人怕入错行。在选定自己所要开创的事业时，不但要对客观环境有充分的分析和了解，而且要对自己有清醒的认识。

你应该清楚，开创自己的事业，选定一个行业或行当作为自己的赚钱门路，绝不像说的那么简单和轻松。它意味着一种全新的生活选择。这是一件十分严肃的事情，需要投入个人的全部精力，你可能要为此付出的心血和汗水将是超出设想的，它可能会改变你的一切。你所要开创的事业、所要选择的行业和行当，将成为你生命中的一个里程碑，蕴涵着人生价值的全部。

一、创业的谋略和方法

创业的路有千万条，这里仅提供一些创业的谋略和方法。

（一）凭借地利，胜人一筹

作为创业成功者的松下幸之助的成功诀窍是“不发明，只改进”。在别人的肩上“摘桃子”确实既省事，又实惠。但有两个标准必须明确：（1）借助他人的理念生产产品或提供服务，一定要比前人做得更好，要有新的创意；（2）摘的“桃子”的品位、档次、起点都要更高。创业者可以利用方便的环境条件，开辟许多创业门路，如烧烤小摊、旧货摊、火锅店、报摊、改衣店、闲置设备调剂店、新鲜果汁店、清洗服务店、早点店等。

（二）市场无难事，只怕有心人

初入市场者大多资金十分有限，一般不适宜选择需要大量投资方可开业的行当，或者需有较大投入方可取得规模经济效益的行业。因此，如果创业者手头没有充裕资金，应避免需要过多投入的行业，转而寻找市场空白点。可以说，消费者的困难就是经营者的机会，在人们的不方便处往往隐藏着人们的未被满足的需要，留心观察和分析人们的不便可以成为一门新行业的开始。所以，要想独辟蹊径，必须具备开拓精神和创新能力，对别人尚未注意到的市场空白有一种不同寻常的敏感，避重就轻，乘虚而入，从“空隙”“漏点”中占据并拓展自己的职业空间。

一般情况下，大众市场已拥有比较稳固的经营者，创业者如要硬性跟进，就会面临较大的竞争。但无论多么完善的市场，都会有许多空隙等待有人去补充和开发。对创业者来说，积极的做法是根据需要来寻找市场的空隙，拾遗补阙，迅速定位，让一个新的赚钱门路诞生在你的手中。其具体做法是：（1）分析市场的哪一空隙被人忽视；（2）发掘市场空隙和顾客的潜力；（3）确定个人的人力、物力及知识能否适应；（4）迅速有效地提供产品或特色服务。

创业者不妨试一试以下行业：天然食品店、流动餐车、净菜店、代客购物、个人形象设计等。

（三）跟着潮流走，机会多、风险少

经济越发展，赚钱致富的门路也就越多。人类活动的舞台也就是金钱流动的空间。而且一些新的行业要比工业、农业、商业、服务业等传统行业表现得更为红火、活跃。近年来，此起彼伏的股票热、期货热、房地产热、收藏热沸沸扬扬。如今人们无须像商贾那样走南闯北地推销、大包小包地采购、声嘶力竭地呐喊，也不必像企业家那样呕心沥血、辛勤耕耘。创业者可以投身于证券、保险、期货、房产中介等行业。

（四）利用经验找门路

俗话说：“隔行如隔山。”选择一个自己一无所知的行业作为发展事业的基地，这是要特别慎重的。人生的种种经验并非一种简单的堆砌，而是一个人阅历的集结、智慧的积累

和能量的储备。对于每个人而言，无论是愉快的经历，还是痛苦的经历，或者漫不经心的经历，都潜伏着可供利用的商机。经验作为你独有的一种资源，只要有心去利用，苦辣酸甜都是金。对于涉世不深的毕业生来说，跟着有经验的人去创业，不失为一种聪明的选择。例如：夜市里可捞金、垃圾中创财富、明星二手衣回收、电话道歉公司、搬家公司等。

（五）发挥想象去创业

有些赚钱、谋生、创业的门路，隐藏得既不深，也不远。它就在创业者想象的翅膀能够飞到的地方。有时候，无须投入过多的资本，一种观念的转换、一种理念的建立，就能使天地宽阔、境况大改。不管想象有多么稀奇古怪，甚至风马牛不相及，只要与现实合拍，便会出人意料地大放异彩。例如："男士不得入内"服装店、新潮专卖店、民工洗衣房、活动商店、夜间儿童乐园、健康饭店、家庭托儿所、心理咖啡馆、个人环卫公司等。

（六）脑筋急转"又一村"

要想在市场上找到适合自己的赚钱门路，创立适合自己发展的经营空间，就必须及时调整思维方式，最好是能够跳出常规，而不能像以往那样按部就班，上班、下班，听从指令，完成任务，机械地从事工作。事实上，有些赚钱门路只要你能在常规之外开动脑筋就可能有意外的收获。例如：家具寄卖店、废物利用公司、礼品回收店、流动厕所、涂画吧、特型人士时装店、左撇子商社、矮人餐馆等。

伟大功业的建成需要很长的时间，如果半途而废、浅尝辄止，事业成功的愿望只能是一个遥远的梦。有位名人说：巨大的成功靠的不是力量而是韧性。人生的竞技常常是耐久力的比赛，有耐心、有毅力的人往往会成为笑到最后、笑得最好的胜利者。

二、创业入行三件事

进货（卖什么）、找顾客（卖给谁）以及确定推销方法（怎样卖），这是创业者决定自己干哪行必须考虑和处理的三件大事。

（一）卖什么

公司应该经营哪类产品（或服务项目），需达到多大的营业额，要等市场调查后，充分明确以下资料才能判断和决定，千万不要轻举妄动。这些资料包括：

（1）自身状况。财务资金、资产、员工人数及素质、最低或最高营业额的承受力、发展规划。

（2）有关产品的市场销售最新情况。例如：哪些产品（或服务项目）畅销或滞销、供不应求或供过于求、大有发展潜力或即将过时、其中原因何在等。

（3）顾客需求情况。例如：购买有关产品（或服务项目）的顾客大都是些什么人（或团体），他们希望从中得到哪方面的满足和需要（如效用、技术、定价、交货期、安全感等），现时哪些产品（或服务项目）为什么能够较好地满足他们某方面的需要等。创业者在充分掌握了各项资料之后，对问题的考虑也就有了较为可靠的客观依据，从而也就可以根据公司的人力、物力、财力以及市场需求情况迈出切实可行的第一步。

（二）卖给谁

思考这一问题，为的是合理认定什么人可以成为公司销售产品（或服务项目）的“目标顾客”。其中，还涉及如何合理选择营业地点等方面的问题。

创业者可以通过市场细分的方法具体确定目标顾客。市场细分，即把全部有可能购买公司销售产品（或服务项目）以满足其某种需要的顾客，按照不同的特征划分为多种不同类型的群体，然后从中鉴别和认定哪些群体中，有哪几种类型的顾客最有希望成为公司的目标顾客。

由此可了解公司的目标顾客大都是些什么人，也可详细掌握这些人的具体资料：

(1) 年龄、性别、职业、文化程度、居住地点；

(2) 工资收入、生活方式、用钱标准；

(3) 对产品的需求程度、购买动机、使用习惯等。

知道了顾客的基本情况之后，就可投其所好找到一个可以与他们建立联系的营业地点。恰当选择营业地点是营销业务中一个需要着重考虑的问题。而且对于那些依赖顾客上门惠顾的行业，如餐馆、百货商品、高级服装店等来说，营业地点则意味着一切。倘若你想要在某金融区开设一间豪华型的以供应晚餐为主的餐馆，这表明你的考虑尚欠周全，因为此类地区每天下午5时30分过后，办公人员和来往的行人将会变得甚为稀少，生意就会十分萧条，在那里开设一家以午餐或早餐为主的餐馆倒可以考虑。

倘若在某工业区开设一家餐馆，情况又如何？毫无疑问，其结果也是徒劳的。在工业区里，每天从早到晚周围街道上的行人也是寥寥无几，很难找到你所需的食客。尤其是开设海鲜酒楼时应慎重选择。在现实生活中，我们常常会看见此类酒楼，大都甚为引人注目。如果供应的确是新鲜食材、厨师手艺好，足以使食客们大饱口福，无疑会宾客盈门，生意兴隆。

由此可见，营业地点的合理选择离不开对目标顾客的需求和特征的深入研究。理想的营业地点固然重要，但也不是绝对的。有时候，即便供选用的营业地点看起来不是很理想，但只要采用恰当的促销措施也可弥补其中的不足，化不利因素为有利因素，生意同样有成功的希望。

（三）怎样卖

思考这个问题为的是弄清楚通过什么途径或采用什么宣传推广方式才能与公司的目标顾客建立联系，并把产品（或服务项目）卖给他们。换言之，即要弄清楚究竟采用什么方法可以使那些潜在的顾客变成为现实的顾客。促使顾客形成某种购买动机尤其是取信于顾客，是需要创业者着重考虑的，尤其是对于上门服务或常规性服务等服务行业的创业者，这个问题更为重要。因此，配合行之有效的宣传和促销方法也是不可缺少的。但无论采用哪种宣传促销方法，总要明确地回答下列问题：

(1) 向顾客宣传什么？

(2) 怎样才能使顾客信服？

宣传的目的在于让顾客清楚地了解购买此公司产品（或服务项目）后，自己从中可以得到哪些实惠。不过，要准确认定哪些是顾客的需要并非轻而易举之事，非经一番认真调查研究不行。伟大的发明家爱迪生有句名言："完成某项新发明固然是困难，然而，认定什么才是所需要的发明则更是难上加难!"他的话对创业者很有启发。

真正了解到顾客的需要后，最高效率的宣传方法就是投放广告。这里应特别注意的是广告宣传可能失实。别以为宣传推广工作不外乎就是"王婆卖瓜，自卖自夸"，只要大肆宣扬一番产品如何价廉物美，就可诱使顾客惠顾。这样的想法实在太天真了。推销创新产品时更是如此。创新产品不同于过去任何一类产品，当它首次进入市场与顾客见面，顾客对它的第一反应通常是敬而远之。即便受好奇心的驱使，大都是站在一旁看是否有人买或等别人先买。说不定还要看看买过的人事后是否满意，然后才考虑自己是否购买。

产品（或服务项目）的性质不同，推销情况也有所不同。例如：如果出售的商品是名牌货，这对取信于顾客定会大有帮助；不过，即使是名牌货，通常亦要经过验证合格之后才足以取信于顾客。如果创业者所销售的产品并非名牌货，而且向创业者供货的又是某些知名度不大的厂家，而产品售价却高过其他名牌货或其他同类产品。这时候，创业者只好全力以赴和名牌货厂家进行竞争，只有取胜才有成功的希望。顾客在没有得到某种足以令人放心的保证之前，通常不会随便向某家公司购买其所需要的那种产品或服务。

三、成功创业者的基本素养

青年朋友们在就业的十字路口有一条非常诱人但又铺满荆棘的崎岖道路——创业之路。创业绝不是就业无可奈何的选择，而是经过深思熟虑的抉择。如果你抱定了要干一番属于自己事业的决心，而且知道自己想干什么，那么你已经基本具备了创业者的素质。但是，创业者中有成功者，也有失败者。要想成为一名成功的创业者，还须具备以下一些基本素养：

（一）改善自己生活的强烈愿望和首创精神

创业者要永葆积极的心态和一颗永远年轻的心。一般来说，25～44 岁是创业者成功的最佳年龄，但所有的开始都不算太早，也不会太晚。只要坚持创业初衷，努力拼搏，就会一步步走向成功。

（二）能同时扮演多种不同角色

特别在创业之初，创业者往往既是经理，又是推销员，还是会计和供应商。

（三）相信市场是广阔的

市场上永远存在未被挖掘的宝藏，关键是创业者是否独具慧眼去发现和把握机遇。特殊的产品＋特殊的人员＝成功。如果创业者能将所提供的产品（或服务）做到更好、更有特色、更具性价比，甚至三者兼备，就找到了成功的路径。

所有的创业者都认定"天生我材必有用"，认为创业是自己的理想，要具有向自己的智力、精力和忍耐力的极限挑战的勇气。选择了创业就是选择了困难，必须有迎接苦难和挫折的精神准备，绝不要认为创业是成功的捷径，更不可能是投机取巧。相信目标选对了，努力一定会有回报。大凡创业成功者背后都有一段辛酸史，他们是那些战胜了重重困难、压力、孤独和竞争对手，并不断超越自我的人。

（四）具有管理意识和出色领导才能

成功的创业者都是一些很具向心力的人。他们有容人之量、用人之法、收人之德。他们具有共同的特质：（1）有远见、有计划（包括时间、金钱），目标明确，工作中具有极高的合作精神，善于团结和激励别人，发挥他们的长处，能成为组织的核心和团队的精神支柱。（2）人格魅力。这种魅力是一种吸引力和影响力，而不是表面的浮华，他们身体健康、富有活力、头脑灵活、热情友善、令人愉快。（3）良好的心理品质。成功的创业者大都有极强的自我控制力、敏锐的观察力、丰富的想象力、思路清晰，特别善于总结经验、教训。（4）成功的创业者在组织内部都很有威信，“威”来自其管理办法，“信”来自其处事态度。

创业是人生的一次考验，创业过程中创业者将要经历一次对自己身体和心理的全面洗礼。创业者将会变得更加成熟、更加坚强、更加独立。请记住，没有天生的领导者和创业者，优秀的素质更多地靠自己后天的学习和在实践中磨炼。

第三节 创新力培养

创新力在工作中非常重要。创意的确是无限的，只要我们肯去想，没有什么事情是办不到的。一个小小的创意改变的不仅是现有的状态，它给我们开辟的前景将会是非常光明的。

一、树立创新观念

（一）有创意才会有改变

无论在哪个时代，团队必须有新的创意来改变现有的状态。当局面陷入被动，如销售业绩出现问题、产品质量遭到质疑时，一个小小的创意就会改变这种被动的局面。个性化时代更是要求创业者具备创新精神。如果不懂得创新，照搬照抄别人成功的经验或者设计，这样是不会有所成就的。

科学技术的不断发展就是人类依靠神奇的创造力实现的，它们改变了我们的生活，使我们的生活更加丰富多彩。创造性思维不仅仅应用于科学技术方面，生活中也充满了创意。一道富有创意的菜肴、一件富有新意的服装都会给我们的生活带来欣喜。其实，对于一般人来说，后者更为实际，而它带来的价值也能让你得到想要的东西。毕竟，我们一般人从事的行业并非科学研究，大部分是与我们日常生活息息相关的各种行业。但是，生活中的创意也同样可贵。

米老鼠的形象家喻户晓。说到米老鼠，就要说说它的“爸爸”——卡通大王华特·迪士尼。迪士尼在18岁时开始以绘制商业广告为生。后来，他开始研究创作动画片，而厂址就在好莱坞一间破旧的而且有老鼠经常出没的汽车房里，迪士尼一有空闲，就会饶有兴趣地观察钻出钻进的小老鼠。

有一次，他看见一只小老鼠非常可爱，便抓起笔即兴作画，一只穿着红天鹅绒裤、黑上衣、戴着白手套的小老鼠在画纸上出现了。突然，他发现这是一个多么好的创意。于是，在妻子的建议下，这只小老鼠有了名字，米奇（Mickey）就这样诞生了。迪士尼和助手塑造了一只对弱者同情、对强者却很淘气、好打抱不平、不自量力、急躁而且粗心的老鼠形象。

为什么人人讨厌的老鼠能被这么多人喜欢？因为迪士尼。迪士尼创造出来的米老鼠成了全世界儿童心中的精灵。米老鼠的形象不仅吸引了数百万的观众买票进入电影院，而且与米老鼠相关的其他各类产品——唐老鸭、米妮、高飞狗等卡通形象，使得迪士尼所建立的华特·迪士尼公司迅速成为美国卡通界的领军企业。而这一切都源于一个创意，那就是一只小小的老鼠。

（二）改变思路的尝试

随着社会的进步及职业结构的不断变化，人们必须要面对更加复杂的职业环境，越来越多的职业问题随之而来。一些人习惯了平淡而毫无激情的生活方式，自我设限、自我封闭、自暴自弃、自欺欺人、消极保守、碌碌无为，始终生活在茫然的迷思和失败的阴影之中……这是一种悲哀。

法国自然科学家约翰·亨利·法伯曾用毛毛虫做过一次很不寻常的试验。这些毛毛虫总是盲目地跟着前面的毛毛虫走，所以它们又叫游行毛毛虫。他在花瓶的旁边放了毛毛虫喜欢的食物——松针。毛毛虫开始绕着花瓶走，它们一圈又一圈地走，一连7天7夜，一直围着花瓶团团转。最后，终于因饥饿与筋疲力尽而死去。在不到20厘米远的地方就有很丰富的食物松针，而它们却饥饿致死。

许多人就像毛毛虫一样，放弃主宰自己的生命和命运，按别人的意愿过日子，却不能够自主地生活。这种人最突出的特点就是盲从。他们没有目标，就像一艘没有舵的船，永远漂泊不定，所以只会到达失望、失败和丧气的海滩。许多人犯了毛毛虫所犯的错误，他们遵循既定的方法与步骤，没有别的理由，只因为“大家都那样做”和“大家都认为应该那样做”。他们总爱给自己设定许多的条条框框，这种条框无意之间限制了想象的空间以及创造的潜能和奋进的范围。看似一天到晚在忙碌，实际上自己已经套上了可怕的“金箍”，最终注定碌碌无为。

如果一个员工或管理者认为现状“已经够好”，他便会以如同照镜子一般狭窄的视野来工作或进行管理，其未来不会有更大的发展。所以，为了保持竞争性，任何人都必须不断迎接挑战，所有这些挑战都可以让公司和个人不致因现有的成功而被蒙蔽。在世界著名的戴尔公司，这种自我批判的态度已深植于企业文化中。每个人都随时质疑自己，随时寻找改进产品的方法。创始人迈克尔·戴尔试着由上至下建立起以下的行为模式：员工在自己犯错误的时候，必须能够接受他人公开的反对或纠正。这是为了促进公开辩论，鼓励理性的“能人治理制度”。迈克极力使每个人尽量避免对自己的成就过度自傲。如果员工都开始觉得自己功成名就而停滞不前，那么公司就会面临破产的危机，员工就会丢掉饭碗。迈克知道，感到骄傲或骄傲本身并不是坏事。能以自己每天的工作为傲或以自己的公司为荣，这是一件了不起的事情。员工的努力最终也促成公司在营运上很大的绩效。承认员工的成就等于强调这些员工为公司带来的价值，并强调公司非常感激他们的努力。

所以说，在任何一个工作岗位上，员工能够踏踏实实、不浮不躁是每个管理者都愿意看到的。但是，更多的时候是不能让安分束缚住自己的手脚、故步自封，而要勇于创新，在做好本职工作的基础上更上一层楼，为自己创造出更多的机会。

（三）创意无处不在

很多创新都是由一些奇奇怪怪的想法产生的，创新者能从千头万绪或支离破碎的背后发现亮点，他们突破现有的束缚，找到最好的方法。只有以创新作为自己的行为理论，应用自己所学的知识，敢于发现现在的不足，才能取得更大的发展。

我们常说的知识，是指这个人对已知世界了解了多少，也意味着这个人水平的高低和能力的大小，但是这并不能说明知识就是创新。创新是对未知世界的探索，它要求以一定的专业知识为基础。通用电气公司总裁杰克·韦尔奇说：“在目前这个竞争激烈的新经济时代，一个企业家最差劲的表现就是缺乏创新、不思进取。”

想要打开一个全新的局面，就必须突破常规，突破现有知识的束缚，有一种把不可能变成可能的精神和能力。100 多年前，当时的科学界几乎达成了共识，那就是用金属制作的机械飞不起来。但是工人出身的莱特兄弟偏偏对这个理论怀有质疑，他们坚信可以打破这个科学家认定的事实。经过反复研究、无数次试验，他们把不可能变成可能，造出了飞机。到了现在，更为先进的飞机制造技术和飞行技术正是当时的人们所想象不到的，但这一切都变成了现实。

在现代这个竞争激烈的社会，创意决定一个员工的命运，同时决定一个企业的命运。很多企业中非常经典的创意都是员工完成的。当然，他们也因为自己的努力以及为企业创造巨大的价值获得了丰厚的回报。一个好的建议可以让一个面临破产的企业起死回生，能让一个默默无闻的企业名声大噪，也能让一个成功的企业扩大战果，独霸一方。所以，每个企业的管理者都很重视员工创意的培养。

每个人都有创造思考的能力，同时你身边也有无数个值得去发现的创意。只要多动脑筋，你就可以获得对公司、事业乃至于自己的生活有所助益的创意。独特的创意不是少数聪明人的专利，只要你善于发掘并保持积极的态度不断探索，你同样可以做到。否则，即使有好的创意也会被悲观的态度所扼杀。在工作中员工提出创意型建议时应注意以下几点。

首先，应该全面深入地了解公司，这是员工为公司提出创新性建议的前提。需要注意的是，盲目地说话会让管理者对你失去耐心和信任。虽然你可能一直在公司工作，对自己的工作环境和工作任务非常熟悉，但作为一名员工，你对公司的经营战略和发展规划却不一定十分熟悉。公司的外界环境会不断地变化，发展战略和规划也要相应地变化。所以，如果你不了解这些动向，即使提出了一些建议也没有实际意义。

其次，根据调查显示，员工的创新型建议 90％是不切合实际的，但不要因为害怕自己的建议不被采纳而不敢提出来。要知道，管理者的建议也同样有 90％是不切合实际的。理解了这一点，你就不用担心自己提出的建议不被采纳而遭到管理者的嘲笑了。如果你提出的建议有一些被采纳了，这些创意就足以让公司保持发展的活力。

最后，提建议之前做一些思考是有必要的。有的员工不管管理者喜不喜欢听意见，盲目提想法，结果往往会让那些刚愎自用的管理者拒绝甚至对其产生反感。如果管理者从谏如流、和善近人，并鼓励员工把自己的想法说出来，那你就应该大胆积极地提出自己的建议。

此外，学会观察也是非常有必要的，如果你能够留意审视目前工作的内容和环境，你就会发现那些需要立即解决的事情。你应该多思考如何让公司的经营更具效率，这样获得有益方案的可能性就会更大。

在追求创意的时候，假如尚未获得一个完整的有价值的、成体系的创意，不要轻易放手。因为创造的过程就是探索的过程，在这个过程中充满未知和变数，这些未知和变数由于存在太多的不确定性会使你很容易动摇。如果连你自己都没有自信的创意，如何能说服管理者？所以信心对于提高创意的成功率是至关重要的，一旦你犹豫了、动摇了，你的一切努力都可能化为乌有。

二、培养创新意识

（一）形成创新观念

不管是在哪个岗位工作的员工，都要接受周围环境在不停变化这个事实，都必须意识到：未来的世界不是一个故步自封的世界，而是一个充满竞争的世界，这种竞争主要是创造力和创造性的竞争。一些令人羡慕的发明家、企业家与普通人最不一样的地方在于：他们勇于从创新的角度思考，并且积极抓住机会，让他们的人生和事业获得跳跃式发展。不是只有那些大的发明家才会有这种看似神奇的魔力，我们也同样具有这种能力，只是我们之中的大多数人没有抓住创新的机会，没有捕捉到创新的灵感。

事实上，有很多影响人类生活的发明，如微波炉、圆珠笔等产品都不是专业人士的杰作，而是一些普通人的神来之笔。这些发明使得人类的生活发生了极大的改变。这些人能从创新的角度思考，追求突破，追求创新。因此，要有创新的思考能力，并不需要像爱因斯坦或是其他伟大的发明家那样取得能够改变整个人类生活的成就，有时只要让脑筋转个弯，改变一下方向就可以了。要在工作或生活上有所突破，秘诀是要更聪明地做事，而不是没有思考能力，一味地跟随别人工作。要更聪明地做事，就要学会创造性思考，树立创新观念，并且努力落实这些想法，才能在原有的基础上走出新路。

据说法国的一位著名歌唱家有一个美丽的私人园林，每到周末总会有人到她的园林里摘花、拾蘑菇、野营、野餐，把她的私人领地当作公共场所，弄得园林脏乱不堪、一片狼藉，管家让人围上篱笆，竖上“私人园林，禁止入内”的木牌子，仍无济于事。这位歌唱家得知这一情况后，在路口立了一些大牌子，上面醒目地写道：“请注意！如果在林中被毒蛇咬伤，最近的医院距此 20 千米，驾车约半小时可到达。”从此，再也没有人闯入她的园林。这就是一种创新、一种思维的突破。

日本的东芝电器曾经在 1952 年的时候积压了大量的电扇，7 万多名职工为了打开销路，搜肠刮肚地想了很多办法，也没有解决任何问题。有一天，一个职员想到了一个办法——改变电扇的颜色。当时，全世界的电扇都是黑色的，没有人想到电扇也可以做成其他颜色。这一建议引起了东芝董事长的重视，经过研究，公司采纳了他的这个建议。第二年夏天，东芝推出了一批浅蓝色的电扇，没想到在市场上掀起了一阵抢购热潮，几个月之内东芝就卖出了几十万台电扇。从那以后，日本乃至全世界的电扇都不是一副黑色的面孔了。

很多人以为成功是一步步慢慢累积的，其实这个观念并不完全正确。大多数人因为深受这个观念的影响，并将它应用于生活和工作中，结果一事无成。事实上，按部就班有时完全可能成为扼杀成功的诱因。

如果你以为那些成功创新的人一定都是绝顶聪明的人，那就错了。事实上，大部分的突破都是一般人在现有心智模式下产生的。关键不在于你够不够聪明，而在于你的态度：你是否愿意抓住机会，并加以利用。突破可能来自各方面的常识，将那些看起来很普通的东西加以重组，你就会发现，原来创新并不是一件很难的事。

（二）树立超越的信心

英国著名作家萧伯纳曾经说过："对于害怕危险的人，所处世界上的一切总是有危险的。"

一次，一个人同一位准备远航的水手交谈，他问："你父亲是怎么死的？"

"出海捕鱼，遇着风暴，死在海上。"

"你祖父呢？"

"也死在海上。"

"那么，你还去航海，不怕死在海上吗？"

水手反问："你父亲死在哪里？"

"死在床上。"

"你的祖父呢？"

"也死在床上。"

"那么，你每天睡在床上不感到害怕吗？"

这个故事含有深刻的人生哲理，言简意赅，反映出水手明知祖父、父亲都死在海上，却没有因为害怕再一次被大海吞噬的危险而改变自己的奋斗目标，仍然乐观地从事着自己的事业。

只有那些具备风险意识、无所畏惧、勇于探索和尝试的人才能克服一道道难关，锻炼和展现出自己的才华。如果只注意风险，就像上文中的故事那样，这个世界上就不会有一处让你感到安生的地方，就会处处有等待着你的陷阱、处处有等待着你的危机。唯有那些勇于追求、实现追求的人才能领略到人生最高的喜悦和欢愉。

（三）突破现有思维定式

有了创新思维，人类才有进步。一个人的思维能力总处在发展、变化的趋势中，但也会存在一种相对稳定的状态，这种状态是由一系列的思维定式所构成的。

人们不能发挥创造力的原因多种多样，有的是因为心中存在某种局限性观念，有的是存在某种思维障碍，所以要发挥自己的创造力和创新思维必须破除许多障碍。

常规有很多的好处，会使人在思考同类或相似问题的时候省去许多摸索和试验的过程，能不走或少走弯路，这样就既可以缩短思考的时间、减少精力和耗费，又可以提高思考的质量和成功率，还能在思考的过程中感到驾轻就熟、轻松愉快。但是，常规却使人们在遇到一些问题时百思不得其解。

日本一家公司的科技人员为了满足市场需要，开始设计一种新的小型自动聚焦相机。所谓自动聚焦就是相机要根据拍摄的对象自动测量距离，然后镜头做相应的调整，自动定焦距。设计这种相机有几个必须达到的基本要求：小巧轻便、容易操作、成本低廉。按照当时的技术水平和条件，在相机里装进电动机，体积就小不了，重量就轻不了，成本就很难降下来。如果要为它再去特别设计一种专用的超小型电动机，时间又很难保证。设计人员为此大伤脑筋，想了很多办法都行不通，设计工作在很长一段时间内裹足不前。后来一个非电机专业出身的技术人员想到：自动聚焦需要的动力很小，而且距离很短，不用电动机，用弹簧行不行呢？这个突破了“必须用电动机驱动”这一思维定式的新设想提出以后，设计人员沿着新的思路不断进行探索和试验，没过多久，就相继设计出了多种小型和超小型的自动聚焦相机。这种“傻瓜相机”给人们带来了很大方便，科技界给予了很高的评价，认为它代表了产品开发的一个新的重要方面——傻瓜化，即功能简单化、易操作化，同时也是高智能化、高科技化。

所以说，社会进步需要创新，企业发展需要创新，个人发展也需要创新。尤其是对于企业来说，只有所有员工不断突破思维定式、超越自我，企业才会获得迅速发展。

英特尔公司在招进员工后，非常注重鼓励员工不断挑战。它推崇的创新是在接受挑战之前能够掌握情况，并进行充分评估，尽可能地了解到种种变通之道与替代方案，以增加对失败的控制力，这被称为“可预期的风险”。在英特尔公司，每一位员工都有机会贯彻自己的想法。英特尔是一个很平等的公司，在这里不会有很多层的经理，每一个员工都可以在自己的级别上作出决定，不用什么事情都去请示，诸如“你很有头脑，却在上司那里受挫”这样的情况在英特尔是不会发生的。也许有时员工不确定，带着计划去与经理沟通，通常经理会鼓励员工去尝试，而不是泼冷水。正是在这样的文化氛围中，英特尔公司的员工才不会害怕失败，才积极主动地进行创新。

由此可以看出，创新能力越来越被企业所看重。你能想出一个别人想不到的主意，也许就能成就一番事业。在美国的硅谷，很多公司都是从一个好点子、一个优秀的团队起家的，那里没人过问你的学历，只要你有创新能力、有好的团队，风险投资就会落到你的头上。正如某知名公司董事长所说：“年轻人不能满足于众所周知的现成答案，应该善于挑战并提出新建议。我们已经注意到了某些求职者的这些特点。他们在求职前就已经向我们写信，对公司的事提出疑问，显露了他们的求知欲。”

三、提升创新力

（一）放手一搏的勇气

德国哲学家康德说过：“在人的心中有一种追求无限和永恒的倾向，这种倾向在理性中的最直观表现就是冒险。”

有一年的国际名酒博览会中，第一次展出了中国名酒茅台，那时茅台酒虽然在中国享有盛名，但是在国际上却还是默默无闻。展出的名酒都有美丽高级的包装，茅台酒却因为没有好看的包装而乏人问津。眼看展览会就要结束了，经过展示茅台展位的来宾却都是看一眼就匆匆地离开，负责展示的人员因为无法向上级交差，心理愈来愈急。这时一位展示人员灵机一动，“失手”打破了一瓶茅台酒，顿时场内香气四溢，许多来宾闻香而来，不多时，摊位上就聚集了大批观众。也因此，在这次展览会中，展览的中国酒厂接到了大批的订单。从此，茅台酒在国际上就有了市场。

成功往往需要孤注一掷的勇气，有勇气的人才能享受成功带来的喜悦。至于如何趋利避害，以最小的投入换取最大的利益，则是个技巧问题。遭受某种挫折，人们常常会认为是“命运不佳”或“命中注定”。有了这么一种消极的被动心态，可以想象这种人根本不会看见机会的存在。机会在哪儿？机会就在你能否掌握自己的心态、能否过滤掉不当的情绪及思想。若你能很容易调整好心态，你就能达到任何你想要追求的目标。突破尊严，突破控制与牵扯你的思绪，你就能回到自信、成功之路。茅台酒的成功推销，正是相关人员对不当情绪的摒弃，而用积极心态去放手一搏的成果。

冒险可以给你带来全新的体验。可以说，冒险的体验正是生活中进步和快乐的本源，因此对于未知的事物完全不必心怀恐惧，也不必费心做那种无谓的尝试，试图把生活中的方方面面都规划好。如果你想让生活丰富多彩，那么就让你的生活多一些意外，多一些弹性。事实上，无论是工作还是生活，如果总是重复同一个内容，又怎么能有新的收获呢？你应该清楚，生活并不是可以预先设计的，所以对于不可预知的未来，没有必要担心、惧怕，应该具有敢为人先的冒险精神，打破规矩、突破封锁，体验冒险带来的快乐。

大部分人习惯于做一些风险性比较小的工作，但是，往往风险的高低就意味着你所收获的多少。工作和生活永远是变化无穷的，我们每天都可能面临各种变化。假如你根本没有仔细想过去冒险，长期下来就会失去斗志。既然有想要成功的欲望，那就要有这样的勇气，敢于承担风险，因为冒险与收获常常是结伴而行的。风险和利润的大小是成正比的，巨大的风险能带来巨大的效益。险中有夷，危中有利。要想有卓越的成果，就要敢冒风险，冒险意味着离成功更近一步。我们无法预测未知事物的结果，但不论结果如何，都应该冒险。恐惧是面对未知时的正常反应，恐惧却依然需要冒险，这就是冒险的真谛。冒险者的心态就是：就算不能成功，至少尝试过了。但就是这种心态造就了他们的成功。不要害怕冒险，任何时候，如果有任何人或事情想要把你击倒，你就顽强撑住，只要对自己有信心，有放手一搏的决心，就采取行动，向前跨出一步。

（二）转变角度思考问题

创新意识意味着一种永不满足的追求。也就是说，现代企业员工的创新意识是同他极其强烈的成就欲望和事业心密切相连的。只要在工作中学会变换角度看问题，经常积极思考，就一定会成为优秀的人才。

据资料显示，现在全世界大约有两亿男士使用“吉列”刀片刮胡子，但你一定不知道，吉列公司创始人吉列先生当初产生这项发明的念头，是因为顾客的一句话。出身贫寒家庭的吉列，十几岁便开始当推销员。虽然工作尚算顺利，但是吉列却不想一辈子只当个推销员，他经常对自己说："有一天，我一定要开创一番不平凡的事业！"在一次与顾客闲聊时，曙光出现了，那位顾客无意间对吉列说："嗯，如果能够发明一种用过就扔的小商品，那不就可以让顾客不断来购买你的商品吗？""用过就扔？不断购买？"这句话立即激发了吉列的灵感。从那天起，吉列天天思索着："什么样的东西必须用过就扔掉呢？"

有一天早上，吉列正在一家旅馆的房间里刮胡子，当他拿起刮胡刀时，却发现刀口不够锋利。正值出差的他当然不可能随身携带笨重的磨刀石，于是他只好信手取过一块牛皮，轻轻地在上面来回磨，问题是刀口仍然不见锋利，无奈之下，他只好凑合着用。然而，不锋利的刀子可把吉列给整惨了，胡子不仅无法清除干净，更把他疼得哇哇叫。好不容易刮完了胡子，却见脸上留下了好几道伤痕。他感到非常生气，愤愤不平地想着："难道世界上就没有比这个更好用的刮胡刀吗？怎么没有人发明一些不必磨就锋利无比的刀子呢？"就在这时，他突然眼睛一亮："咦！这不正是'用完即扔'的最佳商品吗？"

一回到家，吉列便辞去工作，潜心研究薄刀片等刮胡用具，最后更设计出一款像耙子似的"T"形简易刮胡刀。就这样，安全又方便的吉列刮胡刀终于诞生了，到现在仍是许多男士必备的刮胡用具。

生活中有些问题不能解决，不是因为问题太过复杂，而是因为许多时候我们会受到思维惯性的束缚。只要我们换个角度想问题，问题就很容易解决。例如：一个年轻的妈妈想让刚买的婴儿床和自己的大床并在一起，这样就可以省去夜里的担心和麻烦。结果，在她想拆除小床的护栏时遇到了麻烦。她想按照床的设计，保留一个可以上下伸缩的移动护栏，而拆除那个固定的护栏，可是那个固定的护栏有着支撑床的功能。若拆掉，整个床就散了，这件事只好不了了之。直到有一天，这位妈妈站到床的另一面，她才突然发现，若将小床和大床靠在一起，即使没有移动护栏也无所谓，而拆了移动护栏以后，小床依然牢固，这个问题就得以解决了。如果她不走到床的另一面，她可能永远看不到这一点，而使自己陷入烦恼。

案例 8－1

劳动争议解决

小王大学毕业后一直在积极找工作。一天，在浏览某求职网站时，小王发现了某信息咨询公司的一条招聘广告。广告写明："岗位——市场推广员；用工形式——劳动合同制员工；薪水——每月底薪 2 600 元，并根据业绩另有提成。"小王看了觉得非常适合自己，立刻就把公司的招聘广告复印下来，并按上面的联系方式与该公司联系。经过简单面试后，被该公司正式录用。

在短暂的培训后，公司拿出了一份为期一年的市场推广代表合作协议，要求包括小王在内的新员工签字。小王翻阅内容，见密密麻麻几大篇，有条有理、文书规范、用语专业，其中约定了工作岗位、业绩提成等条款，想到招聘广告里提到的"根据业绩另有提成"，便爽快地签了字。一晃半年过去了，公司居然一直没有支付每月 2 600 元的工资，更没有为他缴纳社会保险。

小王找到公司交涉，公司却说与他签订了市场推广代表合作协议，所以他是公司的“代理商”而非签有劳动合同的员工，不存在劳动关系，不符合缴纳社会保险的条件。

小王听了非常气愤。向公司出具了当初打印的招聘网站发布的招聘广告，指出里面明明白白地写着招收“劳动合同工”，怎么能说自己是“代理商”呢？但公司强调，招聘广告在法律上属于“要约邀请”，不具有法律上的约束条件，双方的法律关系还是要以最终达成的协议为准，因此双方就是业务代理关系。

[分析]

几经交涉无果，小王只能向区劳动争议仲裁委员会申请仲裁，要求公司支付工资，补办招退工手续。本案最终经法院的调解，公司承认与小王的劳动合同关系，为小王补发工资和补办社会保险。

案例8-2

“口头协议”注意

小李大专毕业后和一家物流企业暂时达成了口头协议：在该公司试用3个月，一次性发薪3 200元，试用合格再签订就业合同。鉴于当时就业比较紧张，小李“将就”到了这家公司做文秘兼市场策划。为了给用人单位一个好的印象，小李几乎每天都是最先来到办公室，为了尽早熟悉业务，把工作做好，他不辞劳苦。小李的勤奋和好学博得了同事的好感，小李心里暗暗高兴。但就在试用期将满时，公司负责人告诉小李，由于他是大专生，不符合公司的招聘条件，公司决定终止与他的口头协议，并说终止协议的责任方在小李，所以公司没有义务支付小李两个多月的“劳务费”。

[分析]

小李的困惑是：当初招聘时，用人单位就已经知道自己是一名大专生，现在却以学历不符合为由终止协议，这实际上是一种变相的剥削行为，这对于求职者来说，就是一种权益的侵害。

案例8-3

实力来自平时的积累

小陆是一家职业学校的应届毕业生，毕业前她报名应聘本市的一家大型国有企业。笔试在这家企业的大礼堂里进行，小陆第一个做完交了卷，自我感觉良好。一周之后，包括小陆在内的25个人接到了面试通知。

小陆的专业是文秘，经常碰到公文写作和要求撰写的专业文章。在学校的三年中，小陆经常参加老师组织的社会实践活动，除前期调查收集资料外，更主要的是进行文章的写作。这些活动历时都比较长，小陆在其中投入了大量的时间和精力，极大地锻炼了自己。不断的积累、不断的收获，小陆的许多文章发表在校报上。到面试那会儿，小陆整理了一下公开发表的文章，竟然有30余篇。她挑了些好的订成一本个人作品集，带上它参加了面试。面谈进行得很顺利，考官对小陆显然很满意，聊了不到10分钟就通知小陆回去等通知。然后，小陆一边等着通知，一边参加其他单位的招聘。

转眼到了7月，这家企业打电话来通知小陆被录取了。她一颗悬着的心终于放到了实处。

[分析]

从案例中可以看出，小陆同学非常有实力。由于她基础好、专业精，尽管对面试没有做什么特殊的准备，还是获得了用人单位的认可，如愿获得了自己心仪的职位。

案例8-4

一个称呼换来一份工作

小王是某电脑城的一名员工，去年刚刚毕业。说起职场称呼，她满脸兴奋：“我应聘时就是因为一个称呼转危为安的。”

去年应聘时，由于她在考官面前太过紧张，有些发挥失常。就在她从考官眼中看出拒绝的意思而心灰意冷时，一位中年男士走进了办公室和考官耳语了几句。在他离开时，她听到人事主管小声说了句“经理慢走”。那位男士离开时从小王身边经过，给了她一个善意、鼓励的眼神，小王当时也不知道哪儿来的灵光一闪，忙起身，毕恭毕敬地对他说：“经理您好，您慢走!”她看到了经理眼中些许的诧异，然后他笑着对小王点了点头。等她再坐下时，她从人事主管的眼中看到笑意……

后来她顺利地得到了这份工作。人事主管后来告诉她，本来根据她那天的表现，是不打算录用她的。但就是因为她对经理那句礼貌的称呼，让人事部门觉得她对行政客服工作还是能够胜任的，所以对她的印象有所改观，最终录用了她。

[分析]

善始善终是面试的基本要求。小王在应聘失利的时候仍然能保持为人的礼节，展示较好的自身素质，也为自己赢得了这份工作。

实训练习

1. 就业协议与劳动合同是一样的吗?
2. 我国《劳动合同法》对试用期有什么特殊规定?
3. 请做一份创业计划书。

思政园地：用中国故事鞭策自己前行

“80 后”用科技革新改进生产力

“无论时代如何变化，劳动创造价值永远是推动经济社会发展的基础。只有大家齐心协力地劳动，才能不断地创造价值，推动历史的车轮往前走。”“80 后”产业工人秦世俊在参加完劳模表彰大会后说。

秦世俊参加工作 14 年，累计完成 25 年的工作量，实施技术创新、小改小革 660 多项，提高了 1～8 倍的生产效率。“我庆幸自己的工作有一个踏实的起点。”在中航工业哈尔滨飞机工业集团，秦家“两代劳模”的故事为人们津津乐道。秦世俊的父亲曾被评为公司十大劳模之一。如今，儿子青出于蓝而胜于蓝了。

一身臭汗、满襟油泥，是父辈们的车工形象。“与父亲不同的是，现在产品加工靠软件控制、智能化操作，不仅劳动环境大大改善、劳动强度大大降低，而且加工精度和工作效率也成倍提升。”秦世俊说。

尝到了超越父辈的甜头，秦世俊在追求数控加工的道路上越走越远。他研究出“逆向思维、反向采点”的腹板加工新方法，将生产效率提高了 8 倍，一次交检合格率达到 100%。在加工新机型尾减安装平台时，他创新的方法让零件加工周期一次性大幅缩短，加工成本降低了 75%。

“工作条件越来越好、效率越来越高，这样的变化说明国家在发展、社会在进步。”工作 13 年就当上高级技师的秦世俊说，“但不论怎样，脚踏实地、爱岗敬业的基础不能丢。在这样的‘变’与‘不变’之间，年轻工人一代才能走好现代工业之路。”

资料来源：中国文明网，2015 - 04 - 29.

参考文献

[1] 丁梦，王霖，张宝红．大学生就业指导［M］．镇江：江苏大学出版社，2017.

[2] 王占军．大学生职业生涯规划咨询案例精编［M］．上海：华东师范大学出版社，2018.

[3] 埃德加·H. 沙因．职业锚：变革时代的职业定位与发展［M］．4 版．陈德金，等译．北京：电子工业出版社，2016.

[4] 孙宗虎．职业生涯规划管理务实手册［M］．北京：人民邮电出版社，2018.

[5] 格里高力·E. 哈苏克苏．发现你的职业性格［M］．穆瑞峰，等译．北京：电子工业出版社，2018.

[6] 曹宇红．开启职场“第二曲线”［M］．北京：电子工业出版社，2020.

[7] 姚玮洁．终生不失业：应对剧变社会的不变法则［M］．北京：电子工业出版社，2020.

附　录

《中华人民共和国劳动法》

《中华人民共和国劳动合同法》

《就业服务与就业管理规定》

信息反馈表

尊敬的老师：

您好！为了更好地为您的教学、科研服务，我们希望通过这张反馈表来获取您更多的建议和意见，以进一步完善我们的工作。

请您填好下表后以电子邮件、信件或传真的形式反馈给我们，十分感谢！

一、您使用的我社教材情况

您使用的我社教材名称			
您所讲授的课程		学生人数	
您希望获得哪些相关教学资源			
您对本书有哪些建议			

二、您目前使用的教材及计划编写的教材

您目前使用的教材	书名	作者	出版社
您计划编写的教材	书名	预计交稿时间	本校开课学生数量

三、请留下您的联系方式，以便我们为您赠送样书（限1本）

您的通信地址			
您的姓名		联系电话	
电子邮箱（必填）			

我们的联系方式：

地　址：苏州工业园区仁爱路158号中国人民大学苏州校区修远楼

电　话：0512-68839320　　传　真：0512-68839316

网　址：www.crup.com.cn　　邮　编：215123